国际政治语言学译丛

丛书主编——孙吉胜

STRATEGIC
NARRATIVES
Communication Power
and the New World Order

战略叙事

传播力与新世界秩序

[英] 阿利斯特·米斯基蒙
[英] 本·奥洛克林
[美] 劳拉·罗塞尔
_著

孙吉胜 等
_译

Alister Miskimmon
Ben O'Loughlin
Laura Roselle

上海人民出版社

丛书总序
语言与国际政治

语言是影响国际关系的重要因素,会影响国际关系的进程与结果,无论是研究国际关系、国际政治、外交还是国际传播等都不能忽视语言和话语。语言具有政治性、社会性、建构性与实践性等特点,语言使用本身也是一种社会实践。语言一方面是人们沟通、交流必不可少的媒介,另一方面也建构身份和国家间彼此认同,会影响知识和理念的生产,也会影响国家对外政策和行为。针对同样的话题、同样的事件、同样的客观事物,采用不同的叙事、不同的框定角度、不同的修辞手段等会呈现出完全不同的画面,直接影响人们对问题本身的界定、理解及相关认知,进而影响相关政策。此外,语言本身也体现权力,语言的使用也和权力相关,语言可以塑造影响力、感召力和吸引力,也可以建构话语权和话语霸权。因此,无论是国家还是个人,在语言面前都具有施动性,可以通过使用语言带来某些改变,甚至大的变革。当前,各国之间关系除了涵盖政治、经济、军事等领域外,语言也成为一个重要维度,话语和叙事成为各国博弈的重要方面,国际关系在某种程度上说也体现为语际关系。

数字时代,语言的作用更加凸显。科技进步带来了信息传播基础设施的极大改善,人们随时随地可以利用各种网络媒体、各类社交平台以及智能手机来读取、生产和传播各种信息,信息的生产方式和传播模式都与过去大相径庭。在全媒体时代,每个个体都可以讲述和编织自己的故事,它们可以瞬间传遍世界,甚至产生全球性影响。正因如此,各国必须对语言、话语和叙事等更加重视。在百年未有之大变局下,世界的不稳定性不确定性明显增加,人类不时面临新挑战,如何来描述、解释世界的新变化、新挑战、新问题,如何动员各方力量加以应对都不得不通过语言来实现。当一些新挑战、新问题出现,不确定性增加时,

1

语言就更加重要。2020年新冠肺炎疫情暴发后，各国除了抗疫之外，围绕病毒溯源、抗疫举措、疫苗生产与分配等也在进行叙事之争。2022年乌克兰危机以来，美国、俄罗斯、乌克兰、欧盟等各方都在进行着不同的叙事，利用网络媒体等平台展开了叙事战、信息战和认知战，各方都在努力引导国际舆论，塑造对己有利的国际环境，以争取更多国际支持，这些也都与语言的使用直接关联。

国际关系学界在20世纪80年代末出现了"语言转向"，学者们开始从语言角度来研究国际关系和国际政治：或是借鉴语言学中的核心概念，或是借鉴语言学的研究角度，或是直接把相关问题的具体语言直接置于研究核心，或是把语言学中的相关理论与国际关系理论相结合进行理论创新，语言学和语言哲学中的一些概念，如言语行为、语言游戏、隐喻、语际关系、互文性、语言力、话语、霸权话语、修辞等也不断出现在国际关系的研究中。在这个过程中，人们意识到，不仅需要研究言语使用者，研究其在语言面前的施动性，如言语策略，同时也需要关注言语对象，同样的话语，不同的言语对象因背景知识、经历经验不同会产生完全不同的理解。自国际关系研究出现"语言转向"以来，人们通过言语行为来研究国际规则的建构和国际规范的演变，研究为何原本不属于安全范畴的问题可以进入安全议程；通过语言游戏来研究国际关系如何发生诸如冷战这样的巨变；通过研究具体话语来研究对外政策演变；通过话语分析来研究战争；通过对隐喻的观察来研究国际关系理论；通过研究语言的表象力来研究国际危机的化解；通过叙事来研究安全政策。近年来，学界对叙事的研究尤其重视，从安全政策到本体安全，再到战略叙事，使叙事成为国际关系研究的新维度。一些国外学者也开始研究中国的叙事。这些研究不仅丰富了国际关系建构主义、后结构主义、安全化理论、实践理论等理论研究，也拓宽了对战争、冲突、国际安全、对外政策、气候变化、难民、公共卫生、恐怖主义等具体问题领域的研究，为人们认识和理解这个世界增添了新角度和新思路，也产生了很多新认识、新理解和新感悟。

中国近年来一直高度重视软实力、对外话语体系建设、国际传播和国际话语权，强调要讲好中国故事，传播好中国声音，加快构建中国话语和中国叙事体系。语言影响国家形象、国际地位，也影响软实力。随着中国国力的提升和国际影响力的增强,语言的重要性更加凸显。一方面,中国需要有效化解和解构世界对中国的误解和误读。自改革开放以来,尽管中国在各个方面和各个领域都发生了巨大变化,但是世界对中国的认知并不总是全面客观。在国际舆论场中,中国一直面临多重挑战,中国主题"他议"和中国形象"他塑"现象依然普遍,对中国的误解和误读不时出现,中国迫切需要在世界上塑造客观公正的中国形象。另一方面,中国需要让世界更好地理解中国的新理念、新主张、新政策。如何让世界更好地理解这些新内容也需要进一步思考中国为世界提供什么样的话语,中国需要如何来加强对外话语体系建设。此外,中国还面临提升国际话语权的任务,国际话语权的提升与话语质量直接关联。

国内学界近年来日益重视国际关系和国际政治中的语言与话语,不同领域的学者开始从自己的研究角度展开研究,尤其在国际关系、国际政治、外交学、传播学、外国语言文学等领域。2010 年,笔者在外交学院专门设立了国际政治语言学(International Political Linguistics)这一博士研究方向,这也是国内首个国际政治与语言学之间的跨学科博士研究项目,旨在对国际政治中的语言以及语言中的国际政治进行系统深入的研究,也产出了系列研究成果,如《语言、意义与国际政治》《国际关系理论中的语言研究:回顾与展望》《跨学科视域下的国际政治语言学:方向与议程》《国际关系中语言与意义的建构——伊拉克战争解析》《国际政治语言学研究的源起、现状与前景》《以国际政治语言学深化区域国别研究》等。2017 年,笔者开始建设"国际政治语言学"系列丛书,《国际政治语言学:理论与实践》《叙述、身份与欧洲化的逻辑》《话语操控与安全化话语机制研究》等已经出版,《国际政治语言学:话语、叙事与国际话语权》近期也将出版。此外,国内学者近几年围绕语言战略、外语能力、语言治理、语言规划、外交话语、对外话语体系等进行的研究也进一步丰富了国际政治语言学的研究议程。

国外学界针对国际政治和国际关系中语言的研究自 20 世纪 80 年代末以来已经产出了很多高质量成果,相关研究也在不断推陈出新,对国内该领域的研究产生了很好的推动和启示作用。为了更好地批判性吸收和借鉴国外相关学术成果,在中国语境下进行更好的理论创新和政策研究,现推出"国际政治语言学译丛",主要选取国外对于国际关系中的语言和话语研究最经典和最前沿的成果,这些研究既有理论探讨,也有案例论争,可以从不同角度更好地呈现语言对国际关系和国际政治的影响。这些也将更好地促进国内外学者的学术交流,促进我国国际政治语言学研究的理论创新和学术发展。本译丛也可以为中国讲好中国故事,传播好中国声音,更好地构建对外话语体系和中国叙事,提升中国的国际话语权提供理论启示。

丛书主编:孙吉胜

2023 年 1 月 28 日

致　谢

这本书是过去这些年我与一些好奇心强、知识渊博的人士对话的成果，这些对话非常有益。战略叙事这一想法最初是来自萨塞克斯大学(University of Sussex)的安德烈亚斯·安东尼亚德斯(Andreas Antoniades)。基于他的洞察力和精力，2009年我们在纽约举办了第一次关于战略叙事的研讨会，也得到了国际研究协会(ISA)的慷慨资助。这次会议产生了一篇会议论文《大国政治与战略叙事》(Great Power Politics and Strategic Narratives)，该论文在萨塞克斯大学发表。安德烈亚斯在这个项目的进展过程中发挥了重要作用，我们感谢他在我们完善这些想法过程中所发挥的作用。

这些想法通过一系列关于战略叙事的会议不断完善。2009年，玛丽·吉莱斯皮(Marie Gillespie)和英国经济与社会研究理事会(ESRC)社会文化变革研究中心在伦敦共同召开了"国家重构会议"。玛丽为本次会议投入了大量时间，进行了很多思考。我们很高兴地发现人们在围绕身份、媒体和全球政治等议题进行一系列学术研究。这些想法又在美国和瑞典的两个研讨会上继续完善。非常感谢2010年在美国华盛顿召开的美国政治研究学会(APSA)政治交流小组，以及在斯德哥尔摩召开的2010年国际关系研究常设小组会议的项目主席。美国政治研究学会的理查德·戴维斯(Richard Davis)以及常设小组会议的安德烈亚斯·诺尔克(Andreas Nölke)允许我们围绕不同国家以及战略叙事在不同领域所发挥的作用进行了几天的学术讨论。我们还在波茨坦大学、挪威战略研究所(奥斯陆)、挪威大西洋委员会(奥斯陆)、悉尼大学、澳大利亚国立大学、伊隆大学、利兹大学、伦敦国王学院、汉堡大学，牛津安南贝格(Annenberg-Oxford)夏校、维也纳外交学院、伦敦大学皇家霍洛威学院、伦敦大学、国际关系研究学会、英国国际关系研究会以及2011年、2012年、2013年美国研究年会上讲述了本书的相关章节。

很多人都为本书的问世作出了贡献，他们评析本书的文稿，对战略叙事的讨论不断激发我们思考，在写作过程中为我们提供支持和热情帮助。他们是海伦·阿代尔（Helen Adair）、理查德·安德森（Richard Anderson）、克里斯蒂娜·阿奇蒂（Cristina Archetti）、阿梅莉亚·阿赛诺尔特（Amelia Arsenault）、米歇尔·本特利（Michelle Bentley）、费利克斯·贝伦斯科特（Felix Berenskoetter）、戴维·贝茨（David Betz）、罗宾·布朗（Robin Brown）、鲍勃·博因顿（Bob Boynton）、安德鲁·查德威克（Andrew Chadwick）、费利克斯·西塔（Felix Ciuta）、斯蒂芬·科尔曼（Stephen Coleman）、尼克·卡尔（Nick Cull）、基娅拉·德佛朗哥（Chiara de Franco）、夏洛特·爱波斯坦（Charlotte Epstein）、费德里科（Federica）、费拉里（Ferrari）、卡琳·菲尔科（Karin Fierke）、凯茜·菲茨帕特里克（Kathy Fitzpatrick）、劳伦斯·弗里德曼（Sir Lawrence Freedman）、伊齐奥·加利亚多内（Iginio Gagliardone）、巴斯蒂安·吉格里奇（Bastian Giegerich）、玛丽·吉莱斯皮（Marie Gillespie）、本·戈德史密斯（Ben Goldsmith）、詹姆斯·高（James Gow）、莱娜·汉森（Lene Hansen）、西蒙·哈兹洛克（Simon Haselock）、安德鲁·霍斯金斯（Andrew Hoskins）、贾森·柯克（Jason Kirk）、迈克尔·库钦斯基（Michael Kuchinsky）、史蒂文·利文斯顿（Steven Livingston）、萨拉·洛根（Sarah Logan）、弗里茨·迈耶（Fritz Mayer）、艾伦·麦克唐奈（Allan McConnell）、埃伦·米茨凯维奇（Ellen Mickiewicz）、玛丽萨·莫兰（Marissa Moran）、萨拉·奥茨（Sarah Oates）、唐娜·玛丽·奥格尔斯比（Donna Marie Oglesby）、门罗·普赖斯（Monroe Price）、肯·罗杰森（Ken Rogerson）、薇薇恩·施密特（Vivien Schmidt）、菲利普·塞布（Philip Seib）、戴维·史密斯（David Smith）、鲁珀特·史密斯（Sir Rupert Smith）、莎伦·斯普雷（Sharon Spray）、妮科尔·斯特里姆劳（Nicole Stremlau）、萨菲亚·斯威默莱（Safia Swimelar）、卡梅伦·蒂斯（Cameron Thies）、安杰·维纳（Antje Wiener）、科林·怀特（Colin Wight）以及简·齐隆卡（Jan Zielonka）。

米斯基蒙（Miskimmon）与奥洛克林（O'Loughlin）的大部分研究得到了伦敦大学皇家霍洛威学院欧洲政治与新政治交流中心的支持。罗塞尔(Roselle)的研究得到了伊隆大学高级教师奖学金资助。

我们非常感谢达西·布洛克(Darcy Bullock)的出色工作以及劳特利奇(Routledge)出版社的编辑团队，感谢丛书编辑肯·罗杰森(Ken Rogerson)对本书的支持，感谢多位匿名评审专家。我们也感谢卢克·莫尔托夫(Luuk Molthof)对书稿所做的准备工作。

序　言

　　我们从思考权力转移开始。从一个世界秩序到另一个世界秩序的所有现代转型都涉及大的国际冲突。我们从 2007 年开始讨论战略叙事。当时的新闻报道使我们意识到，世界权力正在从西方向东方转移，从美国和欧盟转移到金砖国家和其余国家。根据现有国际关系理论，我们一直认为会发生根本性的体系战争，战争的胜利者将决定世界秩序下一阶段的特点。我们也会有疑问，关于未来秩序有哪个大国会创造出各国都接受的叙事吗？一个令人信服的叙事会使世界避免第三次世界大战吗？

　　尽管有些天真，但是这段时间各国领导人确实在努力通过叙事使他们的一些大的想法合法化。反恐战争产生了一批英雄和坏人，人们认为"9·11"事件是诱因，反恐战争是心灵和思想的战斗，要经过一代人的努力才能胜利。反恐叙事被用作重构国内与国际秩序的正当理由。接着，全球金融体系坍塌。但是，政治家们以及媒体又向世人呈现了一系列可以指责的事件，同时也呈现了一个皆大欢喜的结局，要求人们作出牺牲，紧缩经济，当然不用进行大规模的政策改变。通过这些安全与经济叙事，政治领导人们试图塑造人们这些年的经历。他们通过战略性叙事塑造了人们对过去、现在和未来的常识性理解，使一些具有高度争议性的政策获得了合法性。

　　这些战略性叙事很少成功。人们必须始终假定这种传播会失败，人们很难被说服。快速变化的媒体生态使领导人们越来越难以控制他们的叙事，甚至越来越难以确定他们是在对谁讲话。国际关系依赖传播，传播在以不同方式发挥作用。本书主要关注领导者们在这个充满挑战的语境下如何战略性地利用叙事。人们所面对的是这样一种语

1

境,传播速度更快、触及范围更大、涉及面更广,但同时也产生了新的焦虑、脆弱性和风险。但无论如何,政治家们别无选择,只能围绕自己的叙事来塑造共识。由于过去权力转移总是暴力性的,他们现在毫无选择,只能努力避免。

系列丛书编辑前言

何为叙事、叙事如何发挥作用，二者之间是有区别的。无论是选择特定的词来描述某个时刻，比如"奥巴马医改"，还是为一系列行动提供理由的故事，如"大规模杀伤性武器"，叙事都很重要。

我们在本书开始先要理解叙事究竟是指什么。我们非常赞赏学者们努力来解释它们为何能够以某种方式发挥作用，在什么条件下可以利用（以及不可以用），在何时叙事可以为个人、国家和国际利益所操控和塑造。

米斯基蒙、奥洛克林和罗塞尔确实提供了这样的解释，使我们不仅仅了解何为叙事，还通过把历史事件与当代事件相结合，让我们更加理解叙事的形成与发展不是在真空中进行。相反，战略叙事的影响可能远比我们想象的要广泛得多。

——系列丛书编辑肯尼思·罗杰森（Kenneth Rogerson）

目　录

第一章
绪 论

21世纪初,在国际关系与传播的交叉点上一直在发生一些有趣的事情,给人们这样一种感觉,即国际关系如何进行、行为体是谁、都涉及什么,这些都受到新媒体生态的影响。我们在本书中认为,叙事在一个传播环境中如何形成以及如何投射(project)对解释国际关系的发展动力非常有帮助。这一论点基于三点:一是叙事对人际关系至关重要,它塑造了世界,约束了我们的行为;二是政治行为体会战略性地利用叙事;三是传播环境对叙事如何传播以及叙事会产生什么效果会产生根本性影响。本书主要研究21世纪媒体生态中的战略叙事。

国际关系学者还没有把叙事的传播融入到更广泛的理论观点中,如结构、施动性、国际体系的秩序建构等。本书希望从内容、理论和实践层面对战略叙事进行研究以弥补这一不足。进行这一研究主要希望能更好地了解我们所处的不断变化的世界。1918年和1945年两次世界大战结束被视为两个关键节点,行为体通过权力建构了新的国际秩序。冷战的结束是另一个关键节点,在这个节点之上建立了新的世界秩序。然而,权力在世界范围内变得更加分散,我们认为当前传播环境不断变化,这使主要大国通过解释和实施自己的战略叙事来定义国际体系变得更加困难。理解世界变化和延续的动力将取决于强有力的经济和政治行为体间叙事的一致程度。人们一直传统地认为,权力转移涉及暴力,即以一种秩序取代另一种秩序,[1]一种新的理念战胜旧的理念。[2]针对新的世界秩序,提出一个被广为接受的战略叙事将是当前权力转移时期能否基本保持和平的关键。

至于叙事的传播如何使行为体管控这种权力转移,我们研究的一个重要起点是曼努埃尔·卡斯特尔(Manuel Castells)最近的作品《传播力》(*Communication Power*)。[3]卡斯特尔的贡献至关重要,因为他明白权力关系是如何通过传播来运作的。他研究了权力运作如何被他所称的"网络社会"重新建构。[4]在网络社会中,媒体技术使经济、社会和政治生活中的新型网络关系模式以及相互联系的新方式成为可能。到21世纪初,卡斯特尔发现的主要变化是"大众自我传播"的出现。[5]互联网和社交媒体意味着向众多人广播和讲述的能力不再仅限于精英,任何人都有可能尝试。卡斯特尔的分析表明,传播改变了权力的运作方式。21世纪初,新的传播网络的形成似乎打乱了精英们所学的管理传播的模式,这使一些新的社会和政治组织得以形成,以2011年的系列抗议和叛乱浪潮为标志,[6]也使国际关系中大国之间产生了更多的焦虑和脆弱性,[7]引发了一系列试图控制全球传播的尝试,有一些尝试很巧妙,有一些很笨拙。卡斯特尔对政治行为体如何在网络社会中建构叙事以实现国际关系目标的研究还比较有限。他研究了美国政府在2003年伊拉克战争前为使其干预合法化而如何使用了叙事,[8]也研究了对"阿拉伯之春"的不满(grievance)叙事,[9]其研究价值体现在一个具有深远理论意义的变化。卡斯特尔把一个变化的传播环境与政治如何运作联系了起来。聚焦网络与传播并不是说要放弃对政治制度以及物质权力的研究。相反,我们是研究政治制度及物质权力在网络与传播中如何深深交织在一起。卡斯特尔的传播力(communication power)理论使人们意识到国际关系正在被不断变化的媒体生态所扰乱。

战略叙事是政治行为体对国际政治的过去、现在和未来构建共享意义以塑造国内外行为体行为的一种方式,是政治行为体扩大影响力、管理预期、改变其运作环境的工具。叙事是关于国家和体系本身的叙述,关于我们是谁以及我们想要什么样的秩序。战略叙事的重点是影响他人的行为。正如弗里德曼(Freedman)所言,从短期来看:"叙事的设计或培育主要是塑造他人对发生事件的反应。"[10]从长期来看,令国内外受众接受自己的叙事可以塑造他们的利益、身份以及他们如何来理解国际关系的运作与未来发展方向。最近,美国的两名现役军人发表的文章非常有影响,他们呼吁要有一个国家战略叙事来为美国面对不确定的未来的对外政策指明方向。[11]在前言中,安妮-玛丽·斯劳特(Anne-Marie Slaughter)认为:[12]

一个叙事是一个故事。而美国的战略叙事必须是所有美国人在他们的生活中都可以理解和发现的……我们努力成为其他国家愿意倾听、愿意依赖的国家,成为其他国家出于尊重和敬仰而愿意模仿的国家。[13]

斯劳特重点强调,需要有一个总体的国家叙事。这与约瑟夫·奈(Joseph Nye)提出的著名软实力概念相关。奈在最初所关注的核心是形成一个新的美国针对国际事务的叙事,塑造后冷战时代的意义,帮助那些政策制定者在这个新秩序中明确方向。在美国的辩论主要集中在奈所提出的观点,即"硬实力"不足以塑造柏林墙倒塌后的世界。他呼吁,美国要有更多的战略投入来应对国际体系中潜在的不稳定因素,以确保苏联解体后美国在世界上继续保持其主导地位。[14]根据奈的观点,权力既基于吸引力,也基于强迫,这一点在汉斯·摩根索(Hans J. Morgenthau)的著作中也有所体现。[15]这场辩论也反映在欧盟中。欧盟领导人们努力理解到底什么决定了欧盟的世界地位,尽管欧盟缺少真正的"硬实力"。曼纳斯(Manners)所提出的欧洲规范性力量(normative power)概念表明,效仿欧盟的规范基础对欧盟的国际影响力来说至关重要。[16]在欧洲还有很多辩论是关于如何"来让其他地区的人们信服欧洲模式和欧洲的益处",把重心转到欧洲影响其他国家的施动性上。[17]卡尔多(Kaldor)及其同事们认为,欧洲应该利用一种人权战略叙事来对其他国家施加影响,使欧盟的对外政策在欧盟各国合法化。[18]但是,当前把这些价值观转变为关于未来的一种叙事还没有实现。过去,欧洲曾塑造了这样的叙事,即欧洲从历史上各国不断重复残酷的内部战争转变为通过史无前例的团结和一体化而远离战争。而对于当前出生在与那些战争毫无关联的年代的欧洲人来说,很难说这种叙事是否还有意义。但是,欧洲领导人们还没有一个立足未来、表明欧洲将向何方发展的叙事。

战略叙事这一概念在战争、安全和战略沟通领域日益突出。[19]例如,英国国防部声明,在全球信息环境中,人们很容易听到各种相互竞争的叙事。例如,有些竞争叙事是故意的,如来自我们的对手或者来自敌对媒体。当我们的叙事与其他竞争叙事相遇时称为"叙事之战",尽管在现实中这是一场持久竞争,而不是有赢家和输家的战斗。[20]

对战略叙事的兴趣与过去十年关于新公共外交的想法不谋而合。社交媒体的到来为普通人提供了与政治和媒体机构以及彼此间互动的机会。令人惊讶的是，世界大国也都纷纷投资多语种跨国电视。中国中央电视台、半岛电视台、英国广播公司、法国电视台、今日俄罗斯、美国有线电视新闻网和伊朗新闻电视台都试图为世界各地的观众提供传播渠道和在线平台，让观众围绕一些内容和事件进行讨论。[21]这也提出了新的问题，即与国内外的公众互动现在可能已达到了一种新程度。[22]如果你是一位政治领导人，你能用"公共外交2.0"把你的战略叙事展示给公众，让他们相信其正确性，甚至可以成为其传播者（vehicles）和支持者吗？这一点是很有可能的，而且是第一次在一个真正的国际基础上，将一个公共领域和世界对话的规范模式付诸实践。更为讽刺的是，将这些模式付诸实践以实现一些工具性目标，如影响海外公众让他们向自己的政府施压来执行某些政策似乎也成为可能。

但是，人们还没有完全理解这些传播过程正在如何影响国际关系中的一些传统问题，如权力、合作与秩序。在当代对外政策和公共外交中关于战略叙事的概念缺少一个叙事形成（formation）、投射、接收（reception）* 以及阐明国内、国际如何互动的框架。因此，我们的目标不仅是进行一场关于叙事对国际关系影响的学术辩论，还要明确当前的一个政策和实践领域，该领域正在显现，但缺少明确的界定。

我们认为，关于国际行为体的叙事会框定人们对国际体系中行为的预期。但是，也有一些国家或民族的战略叙事是针对国家本身，而不是描述其在国际体系中的地位。因此，国家身份与角色也与行为体有关联。这就与国家叙事有关，国家叙事把国家作为行为体，并阐明其特点。关于国家特性或是角色理论等都属于此类。[23]关于美国例外论[24]，以及关于把国家意识形态作为国家再生的叙事[25]也都属于此类。但是，这些集体行为体如何被建构？它们如何被叙事所限定？新行为体

---

* Reception一词在本书中的含义首先体现接收到信息，就如同收到一封信，但有时也强调接收效果，如同意、反对、赞同、默许等。在翻译过程中，如果没有具体的语境，统一译为"接收"。——译者注

伴随着叙事的形成过程又会怎样？我们认为，关于国际体系以及相关行为的叙事传播受特定语境的限制，需要进行战略性地创造。因此，战略叙事构建了国际体系以及预期的行为体行为。以战略叙事为核心可以使我们理解领导人如何"过滤身份话语"[26]，甚至如何建构一种新的国际秩序。

此外，我们对国际体系叙事中针对定义和描述行为体叙事重要性的讨论表明，政治行为体在一定的环境中，在政策制定以及执行过程可以基于战略目的来使用叙事。换言之，行为体可以建构政策，"通过展示其身份和国家的道德目标来解释其政策"。[27]政治行为体建构叙事的能力水平不同，行为体本身也受这些能力的限制。政治行为体不是拥有一个身份，而是多个，主要受语境的影响。叙事可以战略性地创建，但是行为体并不是在任何时间都能够建构一个叙事。例如，关于大国的叙事是由国内外语境、传播环境以及政治领导人的目标所塑造。这一点直接表明了理解政治竞争（contestation）（第四章会讨论）以及媒体生态（在第五章会重点讨论）的重要性。

何为叙事？

当你看到一个叙事时，如何知道这是一个叙事？肯尼思·伯克（Kenneth Burke）在其著名的《动机的语法》（Grammar of Movies，1969）中指出，叙事需要一个行为体、一次行动、一个目标或意图、一个场景和一个工具。从概念层面，叙事是一种框架，把原本没有关联的现象以某种因果变化联系起来。[28]这种变化最终是把一个整体的各个组成部分赋予意义，主要是把人的行为关联起来，产生整体意识。[29]一个叙事包含一个最初的场景或秩序、一个破坏该秩序的问题以及一个重建秩序的解决方案，尽管这个秩序可能与最初的情形相比会有些细微变化。叙事需要有一个可以产生意义的特殊结构，包括行为体、事件、情节、时间、背景和空间。[30]战略叙事是一系列事件和身份的表象，是一种传播工具，而政治行为体——通常是政治精英们——通过战略叙事，赋予过去、现在和未来以明确的意义，以实现政治目标。关键的一点是，战略叙事将利益、目标结合在一起，需要把最终目标讲清楚，并提出了实现目标的建议。

行为体在叙事结构中至关重要。行为体的角色化是基于他们的自我表象以及其他人对他们的理解,这些一起塑造了行为体的声誉。50年前,摩根索写道:"在生存和权力的斗争中……别人对我们的看法与我们的实际身份同等重要。"[31]行为体通过选择和强调他们的历史或是行动的某些方面来促进产生某种理解或是对他们特点的评价,从而框定出他们自己和其他人的特点。与此相同,叙事本身的主题,既关于国际体系、行为体和具体问题的叙事,也会时刻被不同行为体以某种方式来框定。因此,这些框定影响在一个叙事内各组成部分共享意义的生成,叙事同时赋予各组成部分某些关联意义。因此,我们既需要关注行为体的角色化或是在叙事内行为体的建构,也需要关注政治行为体对叙事的战略性使用。

叙事包括事件、情节、场景以及在这其中所包含的时间概念(sense of time),如开始、中期和结束。国际关系涉及诸如国家或国际组织的行为体,它们有自己长期以来所形成的关于自身、各个问题领域以及国际体系的叙事。但是,国际关系也涉及事件、危机、峰会以及其他各类插曲和事件,所有这些本身就可成为一种叙事。一些分析人士用一些术语来描述这些短时叙事或是插曲故事。[32]奥图泰尔(ÓTuathail)使用了"故事主线"(story line)一词,指出"故事主线是塑造意义的组织手段,将政策挑战的不同要素联系在一起,形成一个合理连贯、令人信服的叙事"[33]。他认为,在政治生活中的每一个时刻,领导人都会根据正常角色和情况遵循自己的剧本(script),而这些剧本也为他们提供了所遵循的"故事主线的基石"。[34]普赖斯(Price)还用"剧本"这个词来描述2011年"阿拉伯之春"期间的一个事件,当时当地和全球媒体都预期会出现政权和领导人倒台的多米诺骨牌效应。他指出,2011年2月1日,埃及总统胡斯尼·穆巴拉克(Hosni Mubarak)似乎没有按照剧本行事:

> 当穆巴拉克向埃及公众讲话时,人们普遍预计他会认识到崛起的公民社会的重要性,会表达出对这种根本性变革进程的尊重,并体面地宣布退出政治舞台。但相反,他发表了一篇愤怒、辩护性的演讲,强调他将继续控制权力,而不是就这样结束。埃及军方、

街头抗议者以及欧洲和美国的国际反应几乎一致。穆巴拉克犯了一个大错,他在某种根本程度上违背了人们的预期。结果 24 小时内,他自己不得不被迫辞职。[35]

对普赖斯而言,这些剧本具有战略意义,因为它们能够就行为体在这种情况下应该如何行事形成共识。我们知道,某些事件会成为模板,通过这些模板,新事件被赋予意义——东欧"颜色革命"是 2011 年"阿拉伯之春"的模板,"另一个越南"和"泥潭"是美国在 2003 年后要避免在伊拉克出现的模板。[36]这些模板事件具有叙事性,具有事前、事中和事后叙事,具有一种因果转换关系,在以上情况下分别指政权更迭和军事失败。因此,模板建构了一种预期,决定了人们如何来理解一个新的事件会如何进行;对事件的理解将遵循剧本。这些预期反馈到事件中,塑造行为,从穆巴拉克没有按照剧本行事所产生的震惊更清楚地显示了这一点。然而,要解释整个过程需要分析更多因素,而不仅仅是剧本本身,如穆巴拉克讲话那天人们是否遵循了这一脚本。我们需要分析叙事的形成和接收,理解它为什么令人信服,并使行为体如此行事。[37]

正是这种时间维度和对变化的理解将叙事与话语和框架(frame)区分开来。叙事可以把观众引向由领导者们用话语和框架精心打造的叙事未来。话语是传播的原材料,是关于法律、历史、神学的知识主体,行为体会把话语通过情节编制到叙事中。我们借用福柯(Foucault)关于话语的概念,即话语是一系列意义和实践,其中包含关于什么可以说和什么可以做的规则,同时也赋予行为体所扮演的角色。[38]话语并不像叙事那样具有将行为体从一种现状带到另一种现状的因果转换特点。行为体只能根据他们所处的历史情境,通过可用的话语来形成和投射某种叙事,因此话语对叙事行为具有结构性影响。行为体为了影响他人观点和行为,会本能地运用话语来构建叙事。历史、类比、隐喻、符号和图像都能够触发和/或塑造叙事。

根据罗伯特·恩特曼(Robert Entman)所言,框定(framing)是指"选择和突出事件或问题的某些方面,并在它们之间建立某种联系,从而产生特定的解释、评价和/或解决方案"的行为。[39]框定是政治领导人、记者和其他精英经常采取的一种做法,尤其与公众舆论塑造有关。[40]有大量学术著作试图找出外交政策领域的新闻报道或政治演讲中存在的特定框架，并将这些框架与公众舆论或政策领域的变化联系起来，[41]甚至通过经验研究来明确框架与态度间的因果关联。[42]与话语一样，框架作为分析单位缺乏叙事必须具有的时间性（temporal）和因果性特点。换句话说，叙事有助于理解框架为何产生作用，如何产生作用。一篇新闻报道可能以某种方式描述一个事件，但它不一定介绍过去的原因或未来的结果（尽管新闻通常的一个特点就是推测）。但是，叙事的各组成部分必须以某种方式来框定，因此如何框定是必须要研究的。

为了理解国际关系，有必要对三种类型的叙事进行区分：体系叙事、身份叙事和议题叙事（issue narratives）。体系叙事主要是针对国际事务的结构特点。罗伯茨（Roberts 2006）认为，叙事有助于我们解释结构是如何"随着时间的推移而形成、维持、变化和转变的"[43]。行为体的施动性贯穿整个过程。正如第二章所述，身份叙事主要针对国际事务中行为体的身份，总是处于不断协商和争论过程中。议题叙事具有战略意义，主要塑造政策讨论的领域。比亚利·马特恩（Bially Mattern）、爱泼斯坦（Epstein）、哈杰尔（Hajer）和希梅尔芬尼（Schimmelfennig）都曾在其研究中把行为体如何通过战略塑造相关政策话语来追寻某些政策或是限定选项作为其研究重点。[44]

在国际关系中，叙事是动态、不断协商的社会产物，主要基于国家与其社会内部以及国外重要行为体的互动。[45]领导人们不能毫无基础地即兴创作叙事。国家战略叙事的范围受制于该国对国内和国际的普遍理解，以及基于对其历史的解读和对声望的评价而产生的预期。[46]因此，战略叙事的一部分任务是在这些约束条件下，在事件进行时赋予其叙事性（narrativity）。这是一项艰巨的任务，但它非常有可能战略性地影响他人。那么整个传播过程，包括叙事的形成、投射和接收，为我们指出了哪些与战略叙事相关的问题呢？

战略叙事的形成

解释战略叙事的形成涉及对行为体的战略目标和传播类型的理解。[47]议程设置、合法化、转移注意力、获得默许、提高关注度和动员都可以是传播的目标。战略叙事的设计可以考虑短期和/或长期目标。除了目标之外,政治行为体在构建战略叙事时可以使用不同类型的沟通技巧,如说服、论证(argument)和表象力(representational force)。

理解一个行为体的战略目标是研究战略叙事以及更广义的政治的核心问题。在国内层面,在政策制定过程的每个阶段,如议程设置、决策和实施等阶段,政治行为体都会努力设定辩论的条件和范围,影响政策的思考和决策过程,并指导如何来实施政策。亚历山大·乔治(Alexander George)认识到国内环境和政策合法性的重要性,他提出的政策合法性概念认为,行为体必须说服他人其政策是可实现的,且符合规范要求。[48]政策合法性"与政治精英和公众舆论的作用密切相关,因为这些力量在决策过程中会发挥重要影响,并可能成为领导人及其议程的制衡力量"[49]。那么,如果将某个政策描述为符合一种被接受的叙事,这种叙事描述了问题本身以及需要解决和应该采取行动和所要实现的目标,政策的合法性就可以得到增强。如果一个行为体使人们关注到被认为是虚伪的事情,或者与人们普遍接受的叙事不匹配,那么叙事的受众可能就不愿作出某种相关决定。这与针对角色理论中的角色归置(altercasting)的理解有关,即相关的他人使某个行为体承担某个角色,从而引发相应的适当行为,角色归置也是社会化的一种方法。[50]围绕战略叙事的国内政治辩论对政治结果而言至关重要。此外,在执行外交政策时,可以在国际层面来寻求政策的合法性。普特南(Putnam)和其他学者都关注到在这种情况下进行双层博弈的重要性。

除了议程设置和一个政策语境下的政策合法性外,政治行为体可能会有更广泛的长期目标,既在国际领域中塑造针对自己的积极认知。这一点与"软实力"概念有关,软实力主要强调让他人"想要你想要的东西"的重要性。[51]正如海登(Hayden)所言:"软实力资源如何被赋予修辞能力(rhetorical capacity)……在大多数对软实力的描述中都没有详细阐述。"[52]对此,我们认为是政治行为体的叙事能力增强了对外国受众的吸引力。这与海登把"'政策'描述作为需要支持软实力行动的战略观点相吻合,包含关于施动者(行为体)的性质、实施影响的途径(角色和情节)以及可实现的结果(未来目标)的假设"[53]。根据行为体所希望达到的长期或短期影响的类型,行为体对媒体的利用也不同,会有不同预期。长期目标通常包括使用战略叙事来增强对行为体本身的积极看法。公共外交就属于这一类。[54]

在我们讨论战略叙事在新媒体生态中的投射之前，需要先来讨论政治行为体使用的沟通类型。沟通可以有多种形式，但在国际关系文献中最常被引用的可能是说服、论证以及表象力或胁迫。说服与论证有关，论证通常指通过一段时间的交流行动达成共识。[55]例如，里斯（Risse）认为："论证和求真行为的前提是行为体在他们交流互动过程中不再有固定利益，对说服、挑战以及为达成合理共识进行的对抗挑战持开放态度。"[56]但是，克雷布斯（Krebs）和杰克逊（Jackson）认为："在政治舞台上确实存在说服，（但）这也很少见。"[57]

越来越多的学者把修辞视为一种力量，并以此为重点进行研究。克雷布斯（Krebs）和杰克逊（Jackson）提出了修辞胁迫（rhetorical coercion）模式："修辞胁迫发生在策略被证明成功之时：当言语对手被逼到墙角，被迫支持他们本来会拒绝的立场时……修辞胁迫是一种试图通过使用语言来扭转力量的政治策略。"[58]比亚利·马特恩（Bially Mattern）针对表象力的研究也是侧重权力，认为国家对自我（self）的概念"超越了存在的特定身份或角色（自我-他者）"，并且"存在的主体间性受制于（取决于）社会语言身份结构建构的持续性，这种身份结构是建构的基础，也是身份的来源"[59]。她认为，在混乱或危机时期，表象力包括挑战行为体主体性（自我），以及迫使对方选择符合先前确立的叙事的能力。这在某种程度上与元权力（metapower），或"全球互动如何重新配置、建构或重构身份、利益和制度"相关。[60]这种对表象或元权力的使用通常与危机或混乱相关，而其他类型的沟通则不然。希梅尔芬尼格的修辞陷阱（rhetorical entrapment）概念，如欧盟和北约的例子所示，并不以危机为中心。[61]斯蒂尔（Steele）的反思话语和被视为反权力（counterpower）的阿谀奉承也是如此。他认为，一个不是特别强的行为体（less powerful speaker）可以通过要求"受众证明其对自我认同的叙事理解与看似矛盾的行动或不作为之间的脱节"来激励强行为体（a powerful actor）。[62]正如本章所述，我们对战略叙事的理解与这种类型的沟通联系更紧密。因此，不同类型的沟通将影响战略叙事的形成以及背后的动机。

投　射

　　勾勒出战略行为体的目标并将其概念化,指出行为体可能使用的沟通类型只是一方面,但如果不关注这种沟通发生的媒体生态,我们就忽略了这个过程本身的一个关键组成部分。我们认为,在新媒体生态中,战略叙事的投射给行为体带来了巨大的机遇和挑战。毫无疑问,随着 20 世纪和 21 世纪进入卡斯特尔所描述的传播力时代,大众传播环境变得日益复杂,尽管这种情况并不均衡。传播学和政治传播学的研究表明,媒体类型可以影响信息的构建方式。[63]从报纸和电视报道的差异到互联网发挥的新作用,我们需要关注媒体本身的特点。这与战略叙事的构建直接相关,包括通信技术的普及、透明度的提高、互动行为的增多以及不断加速和变化的时间边界(time horizon)。[64]此外,我们在关注行为体时需要承认,一些行为体会比其他行为体更擅长在各类媒体上进行传播。

　　通信技术的发展增加了可以在公共场合交流的人数。罗宾·布朗(Robin Brown)认为:"从电话到互联网通信技术的传播正在创造一个更加开放、更加公开的政治环境,而这种环境改变了有效的政治战略的类型。"[65]行为体必须考虑他们可能受到挑战和他们的信息受到质疑的环境(见第四章)。斯蒂尔(Steel)认为:"各种技术形式(如互联网)加速了信息的传播,因此这些信息会略微'领先'试图对其进行分类和管理的大国。"[66]通信技术的普及和获取使非政府组织能够围绕与外交(以及国内)政策有关的问题组织起来,并就其立场进行交流。从这个意义上说,技术使一些其他行为体获得了权力。汉森(Hanson)认为,互联网的发展提高了政府行动和世界各地事件的透明度。[67]特别是新技术使非政府行为体能够更容易交流,使国际事件能够更广泛传播。[68]利文斯顿(Livingston)将透明度分为:(1)国内透明度,主要指国家信息的披露;(2)强制性透明度,主要指试图从他人那里获取信息;(3)系统性透明度,主要指通信技术的扩散。[69]新的社交媒体使更多互动成为可能,也改变了信息的时间选择(timing)? 传播不再一定是从传播者到受众的单向传播。当前,观众自己也可以成为行为体,可以发表评论,也可以表达自己的喜好,重新组合图像、信息和叙事。这些做法立刻影响政策的可能性微乎其微,但在事件和政策周期中会产生累积效应,也会有观众可以发挥作用的时刻。[70]图像和信息可能(重新)出现在人们预想不到或预期外的时间(从某些行为体的角度来看)。[71]这使我们回到本章刚开始讨论的国家。如果新的行为体有更多机会传播自己的叙事或挑战他人,这对国家意味着什么?普赖斯认为,当"新媒体巨头、新地区联盟、新地缘政治都在重新规划信息空间"[72],新媒体环境就已经影响了主权。从短期来看,通过使用图像或主导一个议题叙事,修辞陷阱是可行的;但从长期来看,要说服他人并使其以不同方式看待世界则更加困难,我们将在下文进行更详细的探讨。

在新媒体生态下的接收

媒体生态是指媒体所包括的环境、行为体和技术。媒体类似于有机生命,存在于一个由一系列复杂的相互关系组成的平衡且不断变化的系统中。[73]技术的发展和新的强行为体的出现对这些相互关系产生了连锁反应,改变甚至是转变了原有的平衡,就像古腾堡印刷机的出现一样,也许互联网的出现也是如此。[74]今天的新媒体生态[75]以数字技术的迅速扩散为标志,这些技术正在产生质的变化,并在我们生活的各个领域的实践中带来明显变化。结果是更多的物质生活、社会关系和国际关系被记录、传播和辩论,可能达到了近乎瞬间和无边界的程度,行为体被迫适应。这些也使我们见证了参与式、多模态和多语言媒体生态的发展,这些生态由相互竞争、相互重叠的地方、国家和跨国竞争叙事以及不同的可视性和不断演变的行为构成。这些发展推动人们重新评估社会和政治理论中的传统问题,同时引发对科学和政府的制度关切,也引发学术界关注如何进行经验研究。国际关系必须说明媒体如何促进个人和社会之间联系的新方式,说明这种联系如何产生了虚拟和现实公共社区的新形式。这些联系是否使公众绕过国家而能够独自相互交谈?政治领导人应该如何最好地与这些相关公众和社会交流?合法化、授权和问责过程如何受到影响?归根结底,媒体生态决定了国际关系中的传播如何发挥作用,它也是解释国际互动如何进行并对其参与者产生意义的不可或缺因素。

确定叙事对受众的影响或效果,无论他们是精英还是公众,至少需要在他们接触到叙事之前及之后就要分析其态度、观点和行为。要解释任何影响都需要对这些受众如何消费新闻和政治信息以及如何比较信息来源,如何赋予这些信息可信度及其是否在非政治空间与朋友、家人或同事进行讨论有更好的了解。要解释受众如何接受和解读叙事,需要完全了解受众所处的媒体生态、导致受众转向某种特定叙事的文化语境,以及政治领导人将各种叙事推向这些受众的政治背景。一旦将这些过程考虑在内,我们就会发现多数受众远远不仅仅是叙事的被动接收者,他们大多对在其媒体生态中传播的战略叙事有深入理解。不仅如此,他们还会考虑这些叙事的形成、投射和调节方式。因此,受众不是叙事可以随意投射的白板,讲究技巧的战略叙事实践者必须考虑目标受众的政治和媒体素养,只有这样才能创造出可信和令人信服的叙事。

叙事何时具有战略意义?
说服光谱 (Spectrum of Persuasion)①

分析叙事在国际关系中的作用需要关注行为体如何从国际事务中选择原始素材来创建一个叙事,以对具有政治色彩的过去、现在和未来赋予意义。瑞安(Ryan)对"成为一个叙事者"和"拥有叙事性"作了重要区分。[76]国际事务可以具有叙事性,但并不是只有一位作者,因为通过叙事使人们了解一些事件取决于观众的理解。这些事件本身不是叙事,而是被认为具有叙事性。关于冷战结束的叙事并没有发起者,但人们通过叙事的语义特点可以来理解叙事,如政治领导人和活动家的行动,从一个历史时期过渡到一个不确定的新开端所定义的时序性,以及许多因果关系的特点等。事实上,围绕经济、国内、地缘政治、军事和文

---

① spectrum 本书统一译为光谱,是复色光经过色散系统(如棱镜、光栅)分光后,被色散开的单色光按波长(或频率)大小而依次排列的图案,全称为光学频谱。本书中该词主要强调从强到弱、从深到浅的一个范围区间。——译者注

化原因等仍存在很多辩论。[77]

这种做法的目的不仅仅是分析行为体在国际关系中使用的叙事。对叙事本身的分析可能就非常有意思。然而，要对战略叙事在国际关系中的作用提出一个明确观点，我们必须要清楚行为体试图用叙事来做什么。有关战略的多数概念都强调依赖调动现有手段来实现目标。[78]更直接地说，鲁梅尔特（Rumelt）认为，战略是"用实力对抗弱点"[79]。很多政治活动都涉及有战略的参与者，他们面对特定环境和特定问题，用语言说服他人。[80]他们必须要作出决定，也会用语言来让对方持有他们所希望的观点。如果行为体清楚必须就某个问题作出决定，他们会努力来影响彼此的决定。如果我们分析国际关系中的沟通动力，就会看到行为体在战略上相互作用，以实现长期目标。虽然人们可能经常习惯性地利用叙事的某些方面，但关于叙事的有些方面还需要进行有意识的思考。政治领导人战略性地使用叙事、话语和框架，思考国内外可能产生的影响或反应。[81]如果一些行为体基于习惯和框架或是针对某个场景所做的叙事不太令人信服，这种失败表明他们缺乏叙事技能，并不是说他们没有目的或是战略不存在。

但是，行为体并不能为每一个新的语境和情况构建新的叙事。人们可能会反对，叙事只是国际关系的一部分，叙事可以超出行为体的控制范围自由行事，或者在文化上已经深深根植于某个政治社会，潜意识地存在于行为体的思想中。我们会发现，一个国家的叙事可能会避开其自身的投射，例如，伊肯伯里（Ikenberry）认为，美国 1945 年后关于世界更加向自由体系转变的叙事已经在东亚一些地方被接受并制度化，而东亚实际上独立于美国的任何叙事。东亚国家建立了地区经济和安全体系，但与美国的价值观和美国领导人所推动的自由秩序相一致。[82]如果伊肯伯里所言正确，这种情况就会引出施动性和意图这一重要问题。

准确地说，叙事既可以理解为构建行为体的思想和行动的范围，也可以理解为行为体用来说服对方的工具。鉴于叙事对行为体如何理解国际关系，如分析单位、历史轨迹、特定行为体的性格或身份等至关重要，那么在某种意义上，行为体就产于这些意义结构中，并不断塑造他们的观点和行为。但是，由于对国际关系的这些理解是不断受到挑战和重构的,我们必须研究国家和其他有影响力的行为体如何设计有关国家及其特征、历史轨迹和国际体系的战略叙事,如何围绕这些问题进行叙事之争。叙事结构并不是预先给定的,如果我们假定国家和体系自然就是那个样子(naturalization),没有任何行为体以这样或那样的方式推动这个过程,那么我们就会忽视国际关系的一个重要部分。治国之道不仅涉及国际关系,而且涉及建构国际关系的整体意义。[83]

我们认为叙事作为结构以及叙事作为施动性工具相互影响,这一点可以从我们所说的说服光谱得到最好理解,其范围从研究行为体在一个体系中互动的浅层分析(thin analysis)到研究一个体系及其特点如何形成的深层分析(thick analysis)。浅层分析更加简约,将一些行为逻辑视为给定的,分析在一定时段内行为体之间的互动,之后基于发现来预测行为体未来可能如何行事。对于在一个特定的时间框架内针对谈判的研究,或许是达成一个主要集体决策之前的谈判研究,这样的办法就非常有效。研究中也许会涉及谁的战略叙事在新条约中获胜,或是谁的战略叙事最有效地赢得了公众舆论的支持。而深层分析必须分析更多历史细节,因为要说明行为体及其偏好、结构及影响最初如何形成,在特定的时段如何影响互动。例如,对战略叙事的浅层分析会假定一些国家具有统一一致的战略叙事,然后分析当各国努力就一个国际问题或危机达成一致时它们如何来考虑相互之间的叙事。而深层分析可能会研究这些叙事的形成如何影响它们在互动阶段的表现。可能在构建国家叙事时,该国的精英们掩饰了某些有问题的历史事件,而其他国家会在谈判桌上对其进行讨论以削弱该国的谈判立场。或者进行深层分析的研究人员会提出一个霸权国或帝国如何构建了关于被其他国家想当然接受并运行其中的国际体系的叙事,因为这个过程很可能成为后续互动的条件。他们可能也会担心,在游戏开始之前大国已经胜利了。

这些都是分析选择,取决于研究者希望解释什么样的战略叙事过程。基于布伦特·斯蒂尔(Brent Steele)针对国际关系和沟通的研究,[84]关于说服光谱,我们提出四种观点。

- 更浅层(very thin):理性主义者。在无政府状态下,行为体具有自己的偏好,此类理论是在这种情况下来研究关于行为体互动的理论。说服对于物质诱惑(胁迫、讨价还价)是次要的,交流只是被理解为传递意图而发出的信号或是用来操控印象的廉价言辞。但是,说服可能是通过使用某些修辞技巧或是一个他人可以接受和同意的路线图或规划而诱使对方采取行动。言语操控因此可以向对方灌输某种观点,达到所期望的效果。[85]媒体生态可以理解为行为体传递信息的场所。有些行为体在媒体系统中拥有更多权力,可以更多地控制对方知道什么以及何时知道。

- 浅层(thin):交流行动。此类研究从理性行为体开始,研究他们如何通过令人信服的说明来相互说服。人们关注媒体生态的特点,将其理论化为一个公共领域,因为是否有机会在该领域发声、在哪儿发声以及礼貌规范、风格和类型等都会影响辩论展开的方式。媒体不是一个中立空间。辩论过程会去除那些无力和不令人信服的主张,将行为体置于理性辩论中,使那些持最具说服力观点的行为体说服他人来接受自己的建议。但是,辩论过程的主要作用是将行为体的身份细化为参与者群体的规范和标准。这些转变可能是温和的,但却是真实的。[86]这种情况属于浅层分析,主要因为在分析时认为所有行为体是一致的,都是偏好和身份相对稳定的理性行为体。

- 深层(thick):反思性的。一些人的沟通和行动会触发另一些人的反应,当行为体学会以有利的方式相互回应时,权力会产生对抗力(counter power),形成一个相互担心害怕的焦虑网络。[87]一个行为体熟练、果断破坏对手的话语行动也会导致对手改变行为,修正自我认知。[88]这些沟通过程不仅仅涉及理性观点的交换,行为体可以利用媒体生态,利用一些姿态和象征性行为围绕彼此的地位、声誉、身份和形象展开竞争。因此,媒体生态远不止是行为体交流信息或观点的场所,而是一个不可预测、结构性的、循环叠加生态系统,在这个系统中,视觉、象征、情感等对说服而言都至关重要。

- 更深层(very thick):后结构主义。战略行为体(在可能的范围内)投射一个包含主体地位的话语,让其他人融入其中,赋予其明确身份,并依此来言行。这些话语可以以各种形式呈现,或是物质的或是表象性的,也包括叙事。[89]话语形成的结构条件变化非常缓慢,它会通过建构力量逐渐发挥作用(产生和建构系统的身份和意义),而不是像一个行为体对另一个行为体实施严格的行为约束力那样。媒体生态也是话语体系,包含一系列规则,会持续发挥作用,产生稳定的新闻和政治信息,并通过它们来不断重构国际关系的意义。

我们认为一旦到了深层分析,理性行动就会重新开始。行为体的身份可能通过变化非常缓慢的结构已经建构而成,但这些结构条件本身可能就是影响叙事竞争的话语主题。戴维·坎贝尔(David Campbell)[90]描述了研究对外政策从理性主义者到后结构话语分析方法的转变,即"从关注跨越历史、静态的和预先设定边界的国家间关系到同时关注'国家'和'国际体系'边界的建构"[91]。考虑到国际关系中的行为体对他们如何理解国际体系的形成至少在一定程度上是具有反思性的,强国中的行为体可能就会认为可以运用自己的权力来建构坎贝尔所称的国家和国际体系的边界。[92]

研究人员得出了以下结论。由于这些边界不断受到挑战,不断被重构,因此需要研究国家和其他强行为体如何投射国家和国际体系的战略叙事,如何与其他行为体进行竞争。如果认为国家和体系是自然形成的,没有任何行为体以这样或那样的方式推动其意义的形成,那么我们就会忽视国际关系的一个关键部分。因此,我们必须研究这些边界和身份(建构性权力)的建构,同时还必须研究行为体如何在特定情境和历史关系中发挥其施动性来巩固这些边界和身份,以引导其他行为体采取某些特定的行为(行为权力)。

这种复合、循环的国际关系行动理论由于我们对国际关系中话语的后结构主义研究而变得更加复杂。关于话语在国际关系中的作用,以及话语的本体作用如何使我们来分析话语竞争,有三点需要说明。第一,话语是通过重复来维持的;科学、法律和国家地位是通过实验室、法庭和公共活动中的实践被不断建构的话语。因为这些都是人类的实践,所以总是存在错误、不同理解、创造力和发现的空间,也存在围绕一个事件多个话语的互动。因此,话语从来都不是固定不变的。由于话语产生了权力关系,一些行为体会比其他行为体从这些关系中获益更多,因此总会有一些群体想要挑战正在讨论的话语或挑战围绕某个问题正在讨论的辩论条款。这种不固定性为政治和竞争创造了空间。第二,话语赋予物质和制度以意义,这些物质和制度随后成为这些话语的依托。乔纳森·巴赫(Jonathan Bach)认为,在现代国际关系中,"主权国家"的某些结构已成为理解政治群体间关系的基础,这取决于通过公民身份、边界和战争等现象所做的物质和法律安排。这种国家形式"作为一种先验、非历史的"被自然接受,许多国际事务也是由此而来。[93]本特利(Bentley)对某些武器如何在不同历史关头成为大规模杀伤性武器的研究同样显示了偶然性以及贯穿其中的政治和权力,在这些情况下,物质通过话语获得意义。[94]然而,在物质对象或制度以及用来描述它们的语言或经验之间并没有本质的对应关系。同一事物可以用相互竞争的方式来解释,可以引发争论和对立。第三,话语创造了行为体的主体地位,如科学领域的实验室助理或期刊编辑、法律领域的法官或被告、涉及国家地位的国家公民或非法移民等。[95]许多人填补了这些位置,建构了群体的内外之分,也建构了相互竞争的身份和利益。

话语的不固定性、对物体的任意框定以及对身份群体的建构都会产生政治。在我们的分析中,政治领导人介入其中,将这些话语编织成叙事。如果叙事的原材料本身产生了政治分歧和斗争,那么由它们而形成的叙事也会如此。因此,叙事内容,也是它们的本体基础,使政治竞争不可避免。[96](正是由于这个原因,一定程度的模糊性,即通过抽象化模糊低层次话语差异,可能会增加战略叙事对多重受众的吸引力。)因此,"赢得"任何叙事之战并不容易。或者正如前外交官罗伯特·库珀(Robert Cooper)所言:"影响外国人很难。"[97]

我们在此提出的论点很新颖,令人兴奋,因为这意味着战略叙事具有双重权力效应。战略叙事是一种传统韦伯主义或行为主义意义上的权力工具,即 A 让 B 去做 B 不想做的事情,同时也是可观察的塑造行为的方式。如果你的战略叙事令人信服,盟友将投入资源,公众将重新选举你的政党来延续你的外交政策,而敌人将意识到如果不改变方向会前景暗淡。但战略叙事也是一种权力工具,建构了国际事务的经验,赋予行为体以身份,赋予体系以意义。如果各国认为国际安全最好是通过在危机时刻结成联盟来保护或修复人权，那么它们可以将自己确定为保护人权的国家，或至少是支持保护人权的国家。它们的政策也将遵循这一身份。因此，这两个过程相辅相成：如果你的叙事成为另一个国家身份的重要组成部分，就会塑造它们的行为。或者，如果一个国家说服另一个国家始终如一地致力于某一具体政策和行动，那么另一个国家可能会以自然执行这些政策的国家身份来体现其价值观。例如，爱泼斯坦解释了一些非政府环境组织是如何说服一些国家改变其利益和身份：从支持捕鲸叙事、工业捕鲸实践和被视为"捕鲸国"转向表达反捕鲸叙事，并认为需要表达和展示他们的反捕鲸证明（credentials）。[98]毫无疑问，他们接受了新的叙事，这从其政策行为及其对自己与捕鲸国的沟通和表现中可以体现出来。身份和行为相互关联，必须一起解释。

我们的论点如何展开：各章概览

在本书中，我们的主要目标是将战略叙事理论化，并确定行为体使用叙事实现其目标的范围和限制。为此，我们将重点放在国际关系理论中的行为体、秩序、竞争和基础设施四个主要概念上，通过这些概念，可以从理论层面阐述什么是叙事以及如何来战略性地使用叙事。我们意识到基础设施还没有被视为一个关键概念，一旦我们解释一下传播环境在战略叙事的形成、投射和接收中的作用，它就成为一个需要认真对待的概念。这些概念的范围可以使我们把关注重点超出外交政策分析、政策合法性研究或公共外交等子领域，尽管它对这些领域都产生了影响。在随后的另一本书中，我们会提出一系列实证案例研究，来思考我们解释叙事能否产生影响所需的方法。[99]但是，我们在本书的四章中也都包含了案例研究，以帮助阐明论点，展示战略叙事如何产生作用。

第二章研究在新媒体生态中，权力和社会互动的交叉如何影响政治行为体。第二章主要探讨大国、崛起国、弱国和国际组织，包括非政府组织和其他非国家行为体，探讨国际政治如何塑造这些行为体的叙事建构和战略叙事，以及行为体的叙事建构和战略叙事如何塑造国际政治。第二章将叙事与国际关系研究中与身份相关的问题联系起来，重点探讨(自我-他者)身份关系和(自我)主体性、施动性-结构辩论以及与集体和个人身份相关的问题。并且，我们探讨了政治行为体如何利用有关行为体主体间性和主体性(自我的概念)的叙事来追求外交政策目标。例如，欧盟成员国正在利用战略叙事来帮助塑造一体化进程。最后，我们总结了 20 世纪 40 年代美国大国叙事的构建，并展示深深植根于其中的大国战略叙事的延续是如何在后冷战体系中建构对外政策行为。新的传播环境对这些战略叙事产生了重大影响，增加了政治行为体使用叙事的相关挑战。

第三章探讨叙事如何成为国际秩序概念的核心以及行为体如何挑战或强化秩序的过程。[100] 国家使用叙事来解释正在发生的事件，从而建构国际反应；在危机情况下尤其如此。在危机期间，行为体依靠既定叙事向其国内、国际受众解释应如何摆脱危机。危机中的战略叙事讲述了危机的性质、危机的解决应该包括哪些方面，以及危机后的情况如何，应该如何。我们通过对 2011 年利比亚危机的考察来阐明这一点。这一事件使国际舆论产生分歧，但最终牵涉北约根据联合国安全理事会第 1973 号决议的授权实施禁飞区。我们展示了法国和英国的战略叙事如何影响其他国家的反应，以说服它们同意通过 1973 号决议。界定利比亚辩论的叙事竞争是关于国际秩序叙事的缩影。战略叙事在三个主要方面帮助我们理解国际秩序。首先，战略叙事建构了人们对秩序的看法。其次，它们在秩序的形成过程中会发挥作用，例如，有关等级的战略叙事提出，地位的存在是有原因的，它建构了角色、预期以及权威关系。最后，对叙事的分析有助于解释秩序如何得以维持。

在对行为体和国际秩序进行理论阐释后，第四章主要探讨当出现叙事冲突时会发生什么，什么才算胜利。不同的国际关系学者讨论了各种形式的竞争，从短期方面一个国家围绕某一特定问题[101]被另一个国家置于短期困境以及对框架的大量研究，到长期方面行为体有目的地寻求对国际关系核心术语的话语转换。[102]本章介绍了两个维度，为分析人员提供了明确的研究途径，以明确竞争内容和竞争方式。第一个维度是前文介绍的说服光谱，从浅层到深层的分析。第二个维度涉及叙事竞争的许多方面，包括叙事内容、它与具体事件的关系及其形成、投射和接收过程。关于战略叙事确实存在很多竞争点。本章通过过去半个世纪三个涉及叙事竞争的例子来解释这些维度,这三个例子分别是在以色列与其邻国的冲突中出现的叙事竞争,20世纪60年代和70年代世界上大部分国家和公民从支持捕鲸转向反捕鲸时所涉及的叙事,以及对伊朗核计划的争论。我们通过这些分析来强调战略叙事如何利用长期存在的话语、新闻和事件等素材,分析在战略叙事竞争中不同类型行为体的作用。我们的目标是明确能够促进共享叙事的条件以及哪些叙事可以成为主导叙事的决定因素。了解战略叙事如何运作对于研究国际关系的人来说非常有价值,无论是对国家、国际组织还是对非政府组织都是如此。当然最后我们也提醒,不要寻求过于简化的叙事成功模式或模板。

第五章将讨论媒体和传播在当代国际体系中行为体使用战略叙事中的作用。我们直接讨论卡斯特尔通过其网络社会理论所阐述的传播力领域。决策者将战略叙事视为影响海外公众的工具,在这场新的游戏中,"人民"被具体化为权力和希望的场所,其作用必须加以利用。我们国家的各部门正在采取双轨战略。他们必须利用当今的媒体生态,在国家和跨国公共领域传播他们的叙事。但他们也必须围绕塑造这些生态系统的基础设施而展开竞争,因为基础设施有时比某些具体声音和某些传播方式更有优势。美国追求的互联网自由议程包括两个方面:一是媒体生态中关于自由的叙事,二是努力塑造媒体生态,让更多声音支持关于自由的叙事。其他国家也在进行同样的博弈。英国政府公开表示担心自己正在输掉这场叙事之战。本章将探讨各国努力利用和建构国际政治传播这一新的层次时所遇到的困难,主要研究奥巴马2009年在开罗的演讲以及英国广播公司(BBC)国际广播电台使用阿拉伯语服务的情况。这些困难包括政策制定者提出的关于"人民"的构想、对影响力的理解,也包括他们无法控制媒体生态,因为媒体生态更多是受商业和技术而非地缘政治敏感性的影响而不断变化。此外,文化间对话本身的价值与海外公众熟知的公共外交目标的工具性以及利益导向的目标之间也存在紧张关系。因此,我们看到在媒体和外交政策机构的实际政策中出现了各种各样的说服,既寻求塑造眼前的观点和行为,也要努力建构人们理解自身身份和利益的长期条件和结构。

第六章总结了我们的论点,并概述未来战略叙事应用的潜在途径。

我们认为,战略叙事提供了一个理论框架,它基于传播和国际关系领域的现有文献,明确战略叙事可以帮助解决具体问题和分析性问题。我们的目标是将传播和国际关系领域的观点结合在一起,以更好地理解推动和塑造当代世界的力量。

我们的贡献

我们想要对理解国际关系中的传播和权力作出的贡献主要是解释如何从战略上使用叙事。我们的探讨是基于国际关系二十年来的出色研究,它们研究了行为体所持的主流思想、规范、话语、框架和叙事,并解释了其起源、形成、推广、传播、翻译、模仿、制度化和竞争。其他一些研究还包括叙事对行为体身份是如何起核心作用的,[103] 如何表象盟友或敌人[104],以及行为体如何实现本体安全[105],一些研究探讨行为体如何通过叙事阐明其政策。[106] 所有这些研究都证明了叙事对国际关系的重要性,主要是因为人类经常通过叙事了解世界,对事件赋予叙事性。而我们重点研究行为体如何来使用叙事。虽然行为体生来就生活在一个叙事的世界,并通过叙事了解自己和环境,但这并不排除他们也可以战略性地使用叙事来影响他人的态度和行为。事实上,由于叙事对行为体身份和行为的重要性,政治领导人不努力通过叙事影响他人是不明智之举。

为了解释行为体如何战略性地使用叙事,首先需要解释媒体生态,因为叙事的投射、接收和解释是通过媒体生态进行的,国际关系中的传播不是在真空中进行。媒体和传播在国际关系中发挥的许多作用已经被广为探讨。关于议程设置以及政治领导人是否追随记者或相反已经有很多令人印象深刻的研究。以维基解密和阿布·格莱布(Abu Ghraib)丑闻为标志的国际事务透明度的提高使人们重新关注在国际事务中谁拥有什么信息,应该拥有什么信息等问题。互联网和网络 2.0 版(Web2.0)的出现激发了人们对新的联通模式的兴趣。我们似乎生活在一个既有国家媒体系统和文化,又有跨国的各种新兴变化的世界,这些变化经常让政治领导人感到意外。联通的瞬时性并不稳定。数字化从根本上增加了重新评估和重新记录事件和时间线的可能性,而在以前的时代,这些事件和时间线本应更加明确。当数字图像从参与者那里恢复时,关于冲突的国家叙事就可以得到强化,但同样,这些叙事也可以被打断。正如阿布·格莱布监狱所表明的那样,胜利的叙事很快就会变成耻辱的叙事。因此,总体而言,国际关系信息流动和变化的组织过程,如议程设置、把关和归档,都会因为新媒体生态的影响而发生质变。但是,这既涉及连续性,也涉及变化:传统上的强行为体仍在发挥控制作用。但参与者数量的增加和控制的偶然性同时赋予了创造事件意义的过程以不同的特质。

意象(image)的影响作用似乎可以证明这些趋势。学者们最近表明,国际关系似乎正在出现一种新的视觉性(visuality)。[107]自 20 世纪 90 年代卫星电视出现以来,实时、即时新闻报道事件的可能性使政治领导人必须要控制可能影响其政权和政策合法性的任何事件的外在表现或形象。[108]使用者生成意象的流行和传播,无论是实际的还是仅仅是预期的,都强化了这一必要性。领导人必须设法管理和应对国际关系的这一视觉维度,这就需要学习如何将正在发生的事件进行视觉化叙事,并将其融入长期的战略叙事中。正如我们在第二章中所讨论的那样,"基地"组织人员在 21 世纪中期就非常擅长此类做法。

所有这些媒体动态甚至可能正在创造一种新的国际关系本体。在新的模式中,有更多信息被更多的参与者叙述,而不仅仅是映射到物质权力的层级。例如,在第三章中,我们认为政治行为体对秩序的战略叙事建构为秩序的产生和维持以及消亡提供了令人信服的解释。关键的一点是,随着新媒体生态的出现以及权力和权威在世界上的进一步流散,秩序建构变得更加复杂。例如,如果我们接受后结构主义所持的语言的本体优先地位,因为语言赋予国际关系的内容以意义,数字通信就意味着关于国际事务的语言有了更多产生、记录、保存、搜索、使用和操纵的空间,那么我们就可以提出国际关系的基本本体是否正在发生变化这一问题。如果当前的国际秩序及其等级制度通过合法化实践得以维持,而合法化是通过传播产生的,但传播本身已发生了变化,那么我们就必须从根本上重新确定传播、合法性和等级制度。这是一个本体性问题,也是我们所提出的观点的影响,我们希望读者能参与其中,并对其进行探讨。需要再强调的一点是,国家领导人和公众实际是通过叙事来体验国际事务。[109]人类通过将事件有序化，通过组织时间线和其中发生的事件来建立意义，从而在一定程度上控制存在，这一切都要通过语言实现。[110]因此，作为国际事务的领导者，其工作的一部分就是设计和传播战略叙事，通过叙事使其他人来体验各种事件，其任务是建构事件的真实性。如果盟国或国内公众切实相信阿富汗正在取得进展，或者国际安全的未来将通过联盟实施军事干预和发展计划来实现，那么他们就会表现得如同这是常识一样。最终，他们将接受承诺实现这些叙事的政策。这些就是我们讨论战略叙事的原因。它们有助于行为体实现目标，因此具有战略意义。而它们的目标是让观众的行为举止达到其要求。这样，叙事成为实现目的的手段：其他国家或公众按照叙事者的意愿来行事。

如何理解叙事、语言和话语在国际关系中的作用在过去二十年中通过大量实证研究已经显示出其理论影响力。在许多方面，我们希望在这些传统的基础上再接再厉，并将学者的这些研究与我们的研究相结合。我们希望关注叙事的战略性质、在建构国际关系经验中的作用，以及这些过程如何依赖于叙事所需经过的媒体生态；所有这些都将为学者的研究增添新的重要维度。

（孙吉胜　译）

注释

1. Abramo F. K. Organski, World Politics(New York：Knopf, 1958).

2. Jeffrey W. Legro, Rethinking the World：Great Power Strategies and International Order(Ithaca, NY：Cornell University Press, 2005)；John M. Owen IV, The Clash of Ideas in World Politics：Transnational Networks, States, and Regime Change, 1510—2010(Princeton, NJ：Princeton University Press, 2010).

3. Manuel Castells, Communication Power(Oxford：Oxford University Press, 2009).

4. Manuel Castells, The Rise of the Network Society：The Information Age：Economy, Society, and Culture, Vol. 1(Oxford：Wiley-Blackwell, 2011)；Manuel Castells, The Power of Identity：The Information Age：Economy, Society, and Culture, Vol. 2 (Oxford：Wiley-Blackwell, 2011)；Manuel Castells, The Internet Galaxy：Reflections on the Internet, Business, and Society(New York：Oxford University Press, 2003).

5. Manuel Castells, The Rise of the Network Society：The Information Age：Econo-

my, Society, and Culture, Vol. 1（Oxford：Wiley-Blackwell, 2011）；Manuel Castells, The Power of Identity：The Information Age：Economy, Society, and Culture, Vol. 2 （Oxford：Wiley-Blackwell, 2011）；Manuel Castells, The Internet Galaxy：Reflections on the Internet, Business, and Society（New York：Oxford University Press, 2003）.

6. Manuel Castells, Networks of Outrage and Hope（Cambridge：Polity, 2012）.

7. Brent J. Steele, Defacing Power（Ann Arbor：University of Michigan Press, 2012）, 85；Nik Gowing, "Time to Move On：New Media Realities—New Vulnerabilities of Power," Media, War & Conflict 4, no.1 （2011）.

8. Manuel Castells, Communication Power（Oxford：Oxford University Press, 2009）,155—189.

9. Castells, Networks of Outrage and Hope, 105.

10. Lawrence Freedman, "Networks, Culture, and Narratives," Adelphi Papers Series45, no.379 （2006）:22.

11. Wayne Porter and Mark Mykleby, A National Strategic Narrative（Washington, DC：Woodrow Wilson International Center for Scholars, 2011）, accessed May 23, 2013, http://www. wilsoncenter. org/sites/default/files/A％ 20National％ 20Strategic％ 20Narrative.pdf.

12. Anne-Marie Slaughter, introduction to Porter and Mykleby, A National Strategic Narrative, 4.

13. 需要注意的是，一些学者对叙事和故事进行了区分，将故事描述为关注事件或情况，而叙事具有时间跨度、特定的行为体、情节和背景，参见 Daniel Leonard Bernardi, Pauline Hope Cheong, Chris Lundry, and Scott W. Ruston, Narrative Landmines：Rumors, Islamist Extremism, and the Struggle for Strategic Influence（New Brusnwick, NJ：Rutgers University Press, 2012）。

14. Joseph Nye, "Soft Power," Foreign Policy 80（1990）:153—71.

15. Hans J. Morgenthau, Politics among Nations（New York：Knopf, 1963）；Hans J.Morgenthau, Truth and Power（London：Pall Mall Press, 1970）.

16. Ian Manners, "Normative Power Europe：A Contradiction in Terms?" Journal of Market Studies 40, no.2（2002）:235—58.

17. Sven Biscop, "The Value of Power, the Power of Values：A Call for an EU Grand Strategy," Egmont Paper No.33（2009）:4.http://www.egmontinstitute.be/paper-egm/sum/ep33.html. Accessed 15 July 2013.

18. Mary Kaldor et al., "Human Security：A New Strategic Narrative for the EU," International Affairs 83, no.2（2007）:273—88.

19. Freedman, "Networks, Culture, and Narratives"；Frank Scott Douglas, "Waging the Inchoate War：Defining, Fighting, and Second-Guessing the 'Long War,'" Journal of Strategic Studies 30, no.3（2007）；Brian Fishman, "Using the Mistakes of al Qaeda's Franchises to Undermine its Strategies," Annals of the American Academy of Political and Social Science 618, no.1（2008）；Jens Ringsmose, and Berit Kaja Børgesen, "Shaping Public Attitudes towards the Deployment of Military Power：NATO, Afghanistan and the Use of Strategic Narratives," European Security 20, no.4（2011）:505—28.

20. Ministry of Defence, "Strategic Communication：The Defence Contribution," Joint Doctrine Note 1/11, 2011, accessed May 22, 2013, http://www. mod. uk/NR/rdonlyres/7DAE5158-63AD-444D-9A3F-83F7D8F44F9A/0/20110310JDN111_STRAT_COMM.pdf:2—10.

21. Andreas Antoniades, Alister Miskimmon, and Ben O'Loughlin, "Great Power Politics and Strategic Narratives." March 2010. Working paper no.7, Centre for Global Political Economy, University of Sussex. Accessed 15 July 2013. http://pcmlp.socleg.ox.ac.uk/sites/pcmlp.socleg.ox.ac.uk/files/greatpowerpolitics.pdf.

22. James Pamment, New Public Diplomacy in the 21st Century: A Comparative Study of Policy and Practice(London: Routledge, 2012).

23. Kaleavi J. Holsti, "National Role Conceptions in the Study of Foreign Policy," International Studies Quarterly 14, no.3(1970):233—309; Cameron G. Thies, "International Socialization Processes vs. Israeli National Role Conceptions: Can Role Theory Integrate IR Theory and Foreign Policy Analysis?" Foreign Policy Analysis 8, no.1(2012): 25—46; Cameron G. Thies, "The Roles of Bipolarity: A Role Theoretic Understanding of the Effects of Ideas and Material Factors on the Cold War," International Studies Perspectives(2012), Article first published online: 21 August, DOI: 10.1111/j.1528-3585.2012.00486.x; Stephen G. Walker, "Role Theory and Foreign Policy Analysis: An Evaluation," in Role Theory and Foreign Policy Analysis, edited by Stephen G. Walker, 241—259(Durham, NC: Duke University Press, 1987).

24. Seymour Martin Lipset, American Exceptionalism: A Double-Edged Sword (New York: Norton, 1997).

25. Daniel Woodley, "Radical Right Discourse Contra State-Based Authoritarian Populism: Neoliberalism, Identity and Exclusion after the Crisis," in Analysing Fascist Discourse: European Fascism in Talk and Text, edited by Ruth Wodak and John E. Richardson, 17—41(New York: Routledge, 2013).

26. Jeffrey T. Checkel, "Social Constructivisms in Global and European Politics: A Review Essay," Review of International Studies 30, no.2(2004):234.

27. Marc Lynch, State Interests and Public Spheres: The International Politics of Jordan's Identity(New York: Columbia University Press, 1999), 18.

28. Tzvetan Todorov, The Poetics of Prose (Paris: Ithaca, 1977), 45.

29. Geoffrey Roberts, "History, Theory and the Narrative Turn in IR," Review of International Studies 32, no.4(2006):703—714.

30. Daniel Bernardi et al., Narrative Landmines.

31. Morgenthau, Politics among Nations, 73; See also Morgenthau, Truth and Power.

32. Many, but not all, scholars make a distinction between narrative and story. Halverson, Corman, and Goodall, for example, describe a narrative as a "system of stories." Jeffry R. Halverson, H. Lloyd Goodall, and Steven R. Corman, Master Narratives of Islamist Extremism(Basingstoke: Palgrave Macmillan, 2011).

33. Gearóid ÓTuathail, "Theorizing Practical Geopolitical Reasoning: The Case of the United States' Response to the War in Bosnia," Political Geography 21, no.5(2002): 627.

34. ÓTuathail, "Theorizing Practical Geopolitical Reasoning," 609.

35. Monroe Price, "Al-Obedi's Tripoli Surprise and the Packaging of Libya's Future," Huffington Post, April 20, 2011, accessed May 22, 2013, http://www.huffingtonpost.com/monroe-price/strategic-narratives-of-t_b_851701.html.

36. Andrew Hoskins, Televising War: From Vietnam to Iraq (London: Continuum, 2004); Andrew Hoskins, "Temporality, Proximity, and Security: Terror in a Media-

drenched Age," International Relations 20(2007):453—66; Hoskins and O'Loughlin, Television and Terror(London: Palgrave Macmillan, 2009).

37. Antoniades et al., "Great Power Politics and Strategic Narratives."

38. Michel Foucault, The Archaeology of Knowledge, trans. A. M. Sheridan Smith (London: Tavistock, 1972); Michel Foucault, Power/Knowledge: Selected Interviews and Other Writings, 1972—1977(London: Vintage Books, 1980); Michel Foucault, The History of Sexuality: An Introduction, trans. Robert Hurley(London: Penguin, 1984).

39. Robert M. Entman, Projections of Power: Framing News, Public Opinion, and US Foreign Policy(Chicago: University of Chicago Press, 2009), 5. 他做的强调。

40. Robert M. Entman, review of Framing Public Life: Perspectives on Media and Our Understanding of the Social World, edited by Stephen D. Reese, Oscar H. Gandy, Jr., and August E. Grant(Mahwah, NJ: Lawrence Erlbaum, 2001), in Political Communication 23, no.1(2006):121; Hsiang Iris Chyi and Maxwell McCombs, "Media Salience and the Process of Framing: Coverage of the Columbine School Shootings," Journalism & Mass Communication Quarterly 81, no.1(2004):22—35.

41. Gadi Wolfsfeld, Media and the Path to Peace(Cambridge: Cambridge University Press, 2004); Derek B. Miller, Media Pressure on Foreign Policy: The Evolving Theoretical Framework(Basingstoke: Palgrave Macmillan, 2007).

42. Michael Pfau, Michel M. Haigh, Theresa Shannon, Toni Tones, Deborah Mercurio, Raina Williams, Blanca Binstock, "The Influence of Television News Depictions of the Images of War on Viewers," Journal of Broadcasting & Electronic Media 52, no.2 (2008):303—322; Thomas E. Nelson, Rosalee A. Clawson, and Zoe M. Oxley, "Media Framing of a Civil Liberties Conflict and Its Effect on Tolerance," American Political Science Review 91, no.3(1997):567—583; David Domke, David Perlmutter, and Meg Spratt, "The Primes of Our Times? An Examination of the 'Power' of Visual Images," Journalism 3, no.2(2002):131—59; Thomas Petersen, "Testing Visual Signals in Representative Surveys," International Journal of Public Opinion Research 17, no.4(2005): 456—72.

43. Roberts, "History, Theory and the Narrative Turn in IR," 712.

44. Janice Bially-Mattern, Ordering International Politics(New York: Routledge, 2005); Charlotte Epstein, The Power of Words(Cambridge: The MIT Press, 2008); Maarten Hajer, The Politics of Environmental Discourse: Ecological Modernization and the Policy Process(Oxford: Oxford University Press, 1995); Schimmelfennig, The EU, NATO and the Integration of Europe: Rules and Rhetoric(Cambridge: Cambridge University Press, 2003).

45. Alister Miskimmon, Ben O'Loughlin, and Laura Roselle, "Forging the World: Strategic Narratives and International Relations," Royal Holloway/Elon University Working Paper, accessed May 22, 2013, http://newpolcom.rhul.ac.uk/storage/Forging%20the%20World%20Working%20Paper%202012.pdf; Ted Hopf, Social Construction of International Politics: Identities & Foreign Policies, Moscow, 1955 and 1999(Ithaca: Cornell University Press, 2002); Maja Zehfuss, Constructivism in International Relations: the Politics of Reality, Vol. 83 (Cambridge: Cambridge University Press, 2002).

46. Jack Snyder, Myths of Empire: Domestic Politics and International Ambition (Ithaca, NY: Cornell University Press, 1991).

47. 我们并不是说这些是不同的过程。事实上,我们认为这两者密不可分,在此进行区分是为了概念清晰。

48. Alexander George, "Domestic Constraints on Regime Change in US Foreign Policy: The Need for Policy Legitimacy," in American Foreign Policy: Theoretical Essays, edited by G. J. Ikenberry, 583—608(Glenview: Scott, Foresman, 1989).

49. Laura Roselle, Media and the Politics of Failure: Great Powers, Communication Strategies, and Military Defeats(Basingstoke: Palgrave Macmillan, 2006), 9.

50. Cameron Thies, "Role Theory and Foreign Policy," Working Paper, 2009, accessed May 22, 2013, http://myweb.uiowa.edu/bhlai/workshop/role.pdf.

51. Joseph S. Nye, The Power to Lead(New York: Oxford University Press, 2008), 29.

52. Craig Hayden, The Rhetoric of Soft Power: Public Diplomacy in Global Contexts(Lanham, MD: Lexington Books, 2012), 51.

53. Hayden, The Rhetoric of Soft Power, 56.

54. Hayden, The Rhetoric of Soft Power; Jan Melissen, The New Public Diplomacy (Basingstoke: Palgrave Macmillan, 2005); Philip Seib, Real-Time Diplomacy: Politics and Power in the Social Media Era(Basingstoke: Palgrave Macmillan, 2012).

55. Thomas Risse, "International Norms and Domestic Change: Arguing and Communicative Behavior in the Human Rights Area," Politics & Society 27, no.4(1999); Thomas Risse, "'Let's Argue!': Communicative Action in World Politics," International Organization 54, no.1(2000):1—39.

56. Risse, "'Let's Argue!'"

57. Ronald R. Krebs and Patrick Thaddeus Jackson, "Twisting Tongues and Twisting Arms: The Power of Political Rhetoric," European Journal of International Relations 13, no.1(2007):36.

58. Krebs and Jackson, "Twisting Tongues and Twisting Arms," 36, 42.

59. Janice Bially Mattern, Ordering International Politics: Identity, Crisis, and Representational Force(London: Routledge, 2005), 97.

60. J. P. Singh. "The Meta-Power of Interactions: Security and Commerce in Networked Environments," in The Meta-Power Paradigm: Impacts and Transformation of Agents, Institutions, and Social Systems: Capitalism, State, and Democracy in a Global Context, edited by Tom R. Burns and Peter M. Hall(New York: Peter Lang, 2012), 472.

61. Frank Schimmelfennig, The EU, NATO and the integration of Europe: Rules and Rhetoric(Cambridge: Cambridge University Press, 2003).

62. Steele, Defacing Power, 85.

63. Marshall McLuhan, Understanding Media: The Extension of Man(Cambridge, MA: MIT Press, 1994).

64. Andrew Hoskins and Ben O'Loughlin, Television and Terror: Conflicting Times and the Crisis of News Discourse(Basingstoke: Palgrave Macmillan, 2007).

65. Robin Brown, "Getting to War: Communication and Mobilization in the 2002—03 Iraq Crisis," in Media and Conflict in the Twenty-First Century, edited by Philip Seib (New York: Palgrave, 2005).

66. Steele, Defacing Power, 52.

67. Elizabeth Hanson, The Information Revolution and World Politics(Lanham:

Rowman and Littlefield, 2008).

68. Philip Seib, ed. Towards a New Public Diplomacy (Basingstoke: Palgrave, 2009).

69. Steven Livingston, "Transparency and the News Media," in Power and Conflict in the Age of Transparency, edited by Bernard I. Finel and Kristin, 257—85(New York: Palgrave, 2003), 257.

70. Andrew Chadwick, The Hybrid Media System: Politics and Power(New York: Oxford University Press, 2013).

71. Andrew Hoskins and Ben O'Loughlin, War and Media: The Emergence of Diffused War(London: Polity, 2010).

72. Monroe E. Price, Media and Sovereignty: The Global Information Revolution and Its Challenge to State Power(Cambridge: MIT Press, 2002), 250.

73. McLuhan, Understanding Media; Neil Postman, "The Reformed English Curriculum," in The Shape of the Future in American Secondary Education, edited by Alvin C. Eurich (New York: Pitman, 1970); Mina Al-Lami, Andrew Hoskins, and Ben O'Loughlin, "Mobilisation and Violence in the New Media Ecology: The Dua Khalil Aswad and Camilia Shehata Cases," Critical Studies on Terrorism 5, no.2(2012):237—256.

74. Ronald J. Deibert, Parchment, Printing, and Hypermedia: Communication in World Order Transformation(New York: Columbia University Press, 1997).

75. Hoskins and O'Loughlin, War and Media.

76. Marie-Laure Ryan, "On the Theoretical Foundations of Transmedial Narratology,"in Narratology beyond Literary Criticism: Mediality, Disciplinarity, edited by Jan-Christoph Meister, Tom Kindt, and Wilhelm Schernus(Berlin/New York: De Gruyter, 2005), 6.

77. Timothy Garton-Ash, "1989!" New York Review of Books 56, no.17(November 5, 2009), accessed May 22, 2013, http://www.nybooks.com/articles/archives/2009/nov/05/1989.

78. Lawrence Freedman, The Evolution of Nuclear Strategy(London: MacMillan Press, 1981); Luis Simon, Geopolitical Change, Grand Strategy and European Security (Basingstoke: Palgrave Macmillan, 2013).

79. Richard Rumelt, Good Strategy, Bad Strategy: The Difference and Why It Matters(London: Profile Books, 2011).

80. Michelle Bentley, "War and/of Words: Constructing WMD in US Foreign Policy," Security Studies 22, no.1(2013):68—97; Hajer, The Politics of Environmental Discourse; Michael Billig, Arguing and Thinking: A Rhetorical Approach to Social Psychology (Cambridge, MA: Cambridge University Press, 1987); Quentin Skinner, Liberty Before Liberalism(Cambridge: Cambridge University Press, 1998); Ludwig Wittgenstein, Philosophical Investigations(Oxford: Blackwell, 2001).

81. Morgenthau, Politics among Nations; Joseph S. Nye, "Soft Power," Foreign Policy 80(1990):153—171.

82. G. John Ikenberry, Liberal Leviathan: The Origins, Crisis, and Transformation of the American World Order(Princeton: Princeton University Press, 2012).

83. Jonathan P. G. Bach, Between Sovereignty and Integration: German Foreign Policy and National Identity after 1989, Vol.23(Münster: LIT Verlag, 1999), 60.

84. Steele, Defacing Power.

85. Krebs and Jackson, "Twisting Tongues and Twisting Arms," 36.

86. Marc Lynch, "Why Engage? China and the Logic of Communicative Engagement,"European Journal of International Relations 8, no.2(2002):187—230.

87. Steele, Defacing Power.

88. Bially Mattern, Ordering International Politics.

89. Hajer, The Politics of Environmental Discourse; Epstein, The Power of Words.

90. David Campbell, Writing Security(Minneapolis: University of Minnesota Press, 1992), 26.

91. Campbell, Writing Security, 69.

92. Campbell, Writing Security, 69.

93. Campbell, Writing Security, 69.

94. Bentley, "War and/of Words."

95. Epstein, The Power of Words.

96. The logic we use here is that set out in theories of the essential contestability of political concepts. 我们在此使用的逻辑是在政治概念的基本可争论性的理论中提出的。Walter B. Gallie, Philosophy and the Historical Understanding(New York: Schocken Books, 1964); Glen Newey, "Philosophy, Politics and Contestability," Journal of Political Ideologies 6, no.3(2001):245—61. 以下学者提出了不同观点，参见 Jacques Derrida, Of Grammatology(Baltimore: Johns Hopkins University Press, 1974); Charlotte Epstein, "Constructivism or the Eternal Return of Universals: Why Returning to Language Is Vital for Prolonging the Owl's Flight," European Journal of International Relations 19, no.3(forthcoming); Christopher Norris,Derrida(London: Fontana, 1987)。

97. Robert Cooper, The Breaking of Nations: Order and Chaos in the Twenty-First Century(London: Atlantic Books, 2004), 113.

98. Charlotte Epstein, The Power of Words in International Relations: Birth of an Anti-Whaling Discourse(Cambridge, MA: MIT Press, 2008); Charlotte Epstein, "Moby Dick or Moby Doll? Discourse or How to Study 'the Social Construction of' All the Way Down," in Constructing the International Economy, edited by Rawi Abdelal, Mark Blyth, and Craig Parsons(Ithaca: Cornell University Press, 2010).

99. Alister Miskimmon, Ben O'Loughlin, and Laura Roselle, eds., Forging the World: Strategic Narratives and International Relations(Ann Arbor: Michigan University Press, 2014).

100. Roberts, "History, Theory and the Narrative Turn in IR."

101. Krebs and Jackson, "Twisting Tongues and Twisting Arms."

102. Epstein, The Power of Words.

103. Steele, Defacing Power; Felix Berenskoetter, "Parameters of a National Biography," European Journal of International Relations(2012) first published on October 16, 2012 as doi:10.1177/1354066112445290; Hajer, The Politics of Discourse; Catarina Kinnvall, "Globalization and Religious Nationalism: Self, Identity, and the Search for Ontological Security," Political Psychology 25, no.5(2004):741—67; Catarina Kinnvall, "European Trauma Governance and the Psychological Moment," Alternatives: Global, Local, Political 37, no.3(2012):266—81; Bach, Between Sovereignty and Integration.

104. Campbell, Writing Security.

105. Steele, Defacing Power; Kinvall, "Globalization and Religious Nationalism"; Ayşe Zarakol, "Ontological(In) Security and State Denial of Historical Crimes: Turkey and Japan," International Relations 24, no.1(2010):3—23; Ayse Zarakol, After Defeat: How the East Learned to Live with the West, Vol.118(Cambridge: Cambridge University Press, 2010); Stuart Croft, Securitizing Islam: Identity and the Search for Security (Cambridge: Cambridge University Press, 2012).

106. Epstein, The Power of Words; Erik Ringmar, "Inter-Textual Relations: The Quarrel Over the Iraq War as a Conflict between Narrative Types," Cooperation and Conflict 41, no.4(2006):403—21.

107. Lene Hansen, "Theorizing the Image for Security Studies: Visual Securitization and the Muhammad Cartoon Crisis," European Journal of International Relations 17, no.1(2011):51—74; William J. T. Mitchell, Cloning Terror: The War of Images, 9/11 to the Present(Chicago: University of Chicago Press, 2011); William J. T. Mitchell, "There Are No Visual Media," Journal of Visual Culture 4, no.2(2005):257—266; Ben O'Loughlin, "Images as Weapons of War: Representation, Mediation and Interpretation," Review of International Studies 37, no.1(2010):71—91; Cynthia Weber, "Popular Visual Language as Global Communication: The Remediation of United Airlines Flight 93," Review of International Studies 34, no.1(2008):137—53.

108. Eytan Gilboa, "Global Television News and Foreign Policy: Debating the CNN Effect," International Studies Perspectives 6, no. 3 (2005): 325—41; Hoskins and O'Loughlin, War and Media; James Gow and Milena Michalski, War, Image and Legitimacy: Viewing Contemporary Conflict(London: Routledge, 2007); Ben D. Mor, "Using Force to Save Face: The Performative Side of War," Peace & Change 37, no.1(2012): 95—121; Ben D. Mor, "Public Diplomacy in Grand Strategy," Foreign Policy Analysis 2, no.2(2006):157—76; Ben D. Mor, "The Rhetoric of Public Diplomacy and Propaganda Wars: A View from Self-Presentation Theory," European Journal of Political Research 46, no.5(2007):661—83; Ben D. Mor, "Accounts and Impression Management in Public Diplomacy: Israeli Justification of Force during the 2006 Lebanon War," Global Change, Peace & Security 21, no.2(2009):219—39; Ben D. Mor, "Credibility talk in Public Diplomacy," Review of International Studies 38, no.2(2012):393—422; Michael C. Williams, "Words, Images, Enemies: Securitization and International Politics," International Studies Quarterly 47, no.4(2003):511—31.

109. Bach, Between Sovereignty and Integration; Berenskoetter, "Parameters of a National Biography."

110. Bach, Between Sovereignty and Integration.

第二章

战略叙事中的行为体

引　言

　　国际关系理论中关于行为体的角色问题一直充斥着潜在的张力（tensions）。张力之一是国际关系理论明确聚焦于国家这一政治行为体，忽视了政治领导人和学者一再强调的过去半个世纪中非国家行为体的扩散。张力之二涉及物质因素决定论，即认为行为体性质或是由这些物质因素所界定，或是毫无施动性。描述"国家"的限定词常常与国际体系中被认知的实力地位有关。大国、崛起国和弱国等表述都可以说明这一点。然而，当认识到这一点时，我们已经进入到叙事领域，因为我们正在描述的行为体符合关于什么行为体在国际体系中运作以及如何运作的叙事。事实上，在描述国际主权的基本规范时，现实主义者会在体系层面界定行为体。斯蒂芬·杰伊·古尔德（Stephen Jay Gould）指出："那些错得最为离谱的故事，往往是我们自以为最为熟知、从而不去审视或者质疑的故事。"[1]聚焦战略叙事的研究要求我们甄别和审视当今国际关系中的行为体，这可以回应辛金克（Sikkink）所呼吁的"更为清晰地阐述施动建构主义的理论"。[2]

　　我们认为，叙事赋予行为体自身和他者以意义。第一，本章将叙事赋予的意义和国际关系文献中的身份相联系。借此，我们将关注点聚焦于关系（自我-他者）和主体性（自我）视角下的身份、施动者结构辩论以及集体和个体身份有关的议题。总体而言，该部分提出了我们的设想：行为体如何被广泛的国际关系文献中的叙事所塑造。第二，本章概述了国际关系理论叙事中的行为体及其属性、行动和动机。我们解释了行为体数量和类别的增加以及他们在国际体系叙事中的地位。新的媒体环境已经改变了叙事竞争的方式,改变了不同团体甚至个人在当今世界舞台上宣称自己是有目的的行为体的方式。第三,我们探究政治行为体在追求外交政策目标时如何战略性地利用叙事来解决行为体的主体间性和主体性(自我概念)。例如,欧盟成员国自身正在利用战略叙事塑造一体化进程。在气候变化谈判中,发展中国家正在寻求利用战略叙事的新手段。非国家行为体尝试利用战略叙事来塑造国际政策议程,并在各个国家和跨国社会中获得支持。新的信息工具在上述过程中也很重要。第四,我们简要讨论了美国的战略叙事。回顾美国在 20 世纪 40 年代建构的大国叙事可以发现,其过程和冷战叙事的建构相关联。通过分析美国的国家安全战略报告和乔治·H.布什(George H. W. Bush)、乔治·W.布什(George W. Bush)以及奥巴马在联合国大会的发言,我们认为,深嵌式大国战略叙事的持续塑造了(structure)后冷战体系中美国的外交政策行为。

叙事和国际关系理论中的行为体

与身份的联结

理解叙事语境中的行为体需要我们重点关注身份研究。身份是国际关系研究尤其是建构主义理论的核心概念。在国际关系理论中,早期关于国家身份作用的建构主义文献提出,国家身份影响外交政策和国际关系。[3]建构主义得以发展,主要是因为现实主义和理想主义未能解释冷战的结束、欧洲日益增长的一体化、非国家行为体的兴起以及人权相关规范和实践的变化。[4]苏联为什么于 1991 年解体了? 为什么这一过渡较为和平? 欧盟是否会发展并繁荣兴盛? 人类的尊严在国际体系中是否会得到珍视?

为了回答上述问题,很多人开始聚焦身份研究。他们宣称,现实主义和理想主义的视角不能提供充分的说服力,因为上述问题涉及的国际体系变化需要关注观念和身份。建构主义关注的重点之一是身份如何影响利益建构,而利益可能影响行为。因此,鲁索(Rousseau)和加西亚-雷塔梅罗(Garcia-Retamero)提出:"只有在自我和他者之间的身份确立之后，权力才会影响人们的威胁认知。"[5]其他学者进一步指出，权力并不独立于身份问题，因为表象力（representational force）就是权力本身；表象力"借由潜在暴力对他者的自我感知形成可信威胁"，从而使他者陷入困境。[6]

很多身份研究聚焦于国家身份。林奇（Lynch）提出，身份是指"每个国家如何理解地区和国际组织的意义和目的，国家在世界上应该发挥的作用以及值得追求的利益"[7]。国家在国际体系中的偏好假定都以信仰、地位、名誉、声望、信誉等为基础，而后者均与国家身份有关。身份明确了行为体的重要特征。本书认为，身份是"宣示对特定内容的关注"[8]或者"贴标签"。[9]国家身份的建构或重构的具体进程尽管不是十分明确，但和传播直接相关。建构主义认为，身份是复杂、多维的（multifaceted），必须随着时间的推移而不断被建构或重构；[10]我们认为这和叙事的传播直接相关，而叙事必然包括行为体。我们对行为体的关注部分回应了现有建构主义研究对结构的关注。正如辛金克所指出的，建构主义的研究聚焦身份如何建构行为体在世界上的行为，而不是行为体是否、何时以及如何在建构过程中发挥作用。[11]这和巴尼特（Barnett）对建构主义的批评类似：过多关注观念或文化，而对行为体在制度或者战略语境中的施动性关注太少。[12]

比亚利-马特恩（Bially-Mattern）曾经说过："身份不是自然事实，而是永远在进行的社会建构。"[13]很多学者至少在广义上谈道了传播对身份建构过程的重要性。例如，温特提出，"修辞实践"通过"增强意识、对话、讨论和说服、教育、意识形态的努力（ideological labor）、象征性行动等"手段，可能影响身份和利益。[14]里斯（Risse）有关"论证"的概念也尝试解释身份是如何变化的。[15]凯克（Keck）和辛金克提出，"网络是帮助解释规范变化的传播结构"。[16]然而，这些学者都没有深入探究这一传播是如何运作的。虽然马奇（March）和奥尔森（Olsen）关注"适当性逻辑"，"认为人类行动是由适当性或者典范性行为所驱动，并组织成为制度"，[17]但是我们认为，由于叙事结构包括行为体和叙事赋予行为体的施动性，战略叙事更加有助于理解国际关系中的身份建构和行为。叙事确定了行为体是谁，具有什么特点，拥有什么属性，采取什么行动，以及具有什么动因。行为体被置于一个环境或语境中，行为体经常会影响环境,然而环境也会影响行为体。我们也认为,政治行为体可以战略性地利用叙事来塑造他人的行为。

如果聚焦国家行为体,那么我们认为国家参与的是多重叙事。这些叙事对应着叙事身份,即国家认为自身如何在国际体系中行动:是作为大国、崛起国、盟友、敌人抑或国际主义者等。例如,勒格罗(Legro)通过探讨融入主义(integrationism)、分离主义和修正主义三种立场来研究国家(nation)对国际社会的态度,但他并没有明确聚焦叙事。[18]也有叙事描述的是国家的人民或者国家本身,认为他们热爱自由、宽容、高效等等。马特恩在讨论国家拥有不同但互相重叠的叙事时提到了这一点。虽然我们如比亚利-马特恩那样根据关注点的关系性(自我-他者)或者主体(自我)的不同从概念上对这些叙事进行了区分,但是不同叙事对叙事中行为体的预期依然可能有所重叠。例如,美国例外论的叙事包括了自由、平等主义、个人主义、民粹主义和自由竞争等特征,也同样在呼吁和全世界分享这些特征。[19](美国例外论的理念与被描述为正常或正常化的行为体形成了鲜明对比,后者包括下文探讨的俄罗斯和德国。)

国家身份(national identity)在文献中被定义为“建构的、公共的国家自我形象,其基础是政治共同体的成员身份以及国家成员共享的历史、神话故事、符号、语言和文化规范”[20]。斯奈德(Snyder)在其联盟建设的研究中提出,因为“神话故事对于统治联盟的权力和政策合法化是必需的,因此领导人必需要维护神话故事,否则会危及他们自己的统治”[21]。这些神话故事作为政治工具并不是被简单地战略性利用,尽管这也是真实存在的,正如斯奈德所说,“战略合理化的提倡者和更广泛的大众相信了这些故事。”[22]不仅如此,这些信仰会影响未来的政策决定。[23]

越来越多的学者在研究中提出,民族国家处于叙事之中并被叙事所塑造。例如,贝伦斯考特(Berenskoetter)认为,国家有传记式叙事,该叙事指定“一个经历的空间(赋予过去以意义)和与其相互交织的预想空间(赋予未来以意义),两个空间分别以经历和可能性所及为边界”[24]。马特恩认为:“叙事先于所有其他形式的传播交流,并且对其他形式的传播交流而言是必要的。”[25]对上述大多数学者而言,把叙事作为理解身份的概念基础是因为叙事结构中的行为体处于语境中,且包含了时间和空间维度。

施动性/结构

即使行为体被赋予了施动性,叙事会赋予行为以结构性。因此,战略叙事概念弥补了关注施动性或结构的两种研究之间的差异。比亚利-马特恩提出,这一差异在国际关系理论和叙事理论中都存在。[26] 对于国际关系理论结构主义学者,很多研究指出华尔兹和其他结构主义者"夹带"或"偷偷植入"了施动性概念(比如通过民族主义)。[27] 另外,国际关系学者中也有人只关注施动性而忽略了对结构、语境和信息的要求。例如,博弈论认为关于国际行为,很多有意思的概念都是既定的,包括利益、信息易变性和社会动力等。我们和比亚利-马特恩以及辛金克一样拒绝上述两种极端看法:"施动性和结构两者之间相互建构;"[28] "结构和施动性是彼此的决定性因素。"[29] 克鲁兹(Cruz)对后殖民时代哥斯达黎加和尼加拉瓜的分析就是例证。[30] 哥斯达黎加政治精英利用叙事来强调其人民爱好和平、勤奋,"在此过程中为精英之间建立共识创建了足够的空间,并最终带来了制定和执行发展政策所必需的政治稳定"[31]。因此,这一叙事过程创建了一种鼓励团结合作的结构,协助推动了有关政策。尼加拉瓜所使用的战略叙事非常不同,这一叙事促使政治竞争者选择先发制人的排他主义做法,从而关闭了有效的发展领导力的空间。[32]

集体/个体行为体

国际关系中另一个重要的概念性问题就是如何理解和区分集体和个体身份以及不同的集体身份和个体身份。心理学家已经对个体身份开展了广泛研究。它们与集体身份可能不同,但是也可能有关联。具体情况与集体和个体记忆有关。[33] 集体身份"是一个行为体的群体广泛接受的一组观念,这些观念界定了他们的集体性以及集体所遵循的一般规则"[34]。利维(Leavy)在强调媒体在建构集体身份中发挥的作用时提出,"叙事是集体记忆得以创建、塑造、强化的手段,是意义得以传递的方法"[35]。埃德(Eder)进一步指出,"集体身份是允许控制行为体网络边界的叙事建构。"[36]我们认为,即使集体叙事是在个体参与内部辩论的过程中创建的,但依然是可以辨别的。正如斯蒂尔(Steele)所述:"叙事本身是社会内部辩论的结果,但是因为它源于国家施动者,因此最接近国家在国际关系中追求的身份承诺。"[37]因此,国家叙事是由国家领导人阐述的。同样,其他政治行为体的集体叙事也可以通过分析集体性加以确定。

国际关系战略叙事中的行为体

我们现在要回顾一下在二战后的世界中国际体系的重要行为体。我们在政治领导人(和学者)阐述的叙事中可以发现它们。每个行为体都有自身的特征、属性和预期行为,我们认为这些都和身份相关,并且会塑造行动。下面要讲述的是基于潜在的硬实力能力(hard power capabilities)对国家的区分,可以分为大国(great powers)、正常国家(normal powers)、崛起国(rising powers)、弱国(weak powers)和流氓国家(rogue powers)等。需要指出的是,我们并不认为硬实力能力在建构行为体的过程中不发挥作用。但是我们认为,即使在自身硬实力能力发生变化的情况下,这些类型的叙事行为体依然可能努力在行为上与其行为体的属性及预期保持一致。因此,我们列举的国际关系著作的例子表明,行为体会以一些特定的方式行事,其原因并非全部归结于实力,而是因为和叙事内的行为体特征相关联的身份。我们会在这部分讨论非国家行为体的兴起以及这类行为体的有关特征和预期。叙事方面的著述表明,对行为体的定义和特征的界定方式会影响外交政策进程中的个人和群体,包括政治领导人、利益集团、官僚机构行为体、外交官、记者和公众。

单极霸权/霸权国(Unipole/Hegemon)

我们首先讨论单极霸权或者全球霸权,因为从理论角度讲,这一行为体在国际体系中即使受到限制也是程度最小的。在伊肯伯里、马斯坦多诺(Mastanduno)和沃尔福思(Wohlforth)编写的著作[38]中,芬尼莫尔（Finnemore）是唯一一个提出如下观点的人："尽管美国是数个世纪中最接近于单极霸权的国家，但是自从冷战后获得这一地位以来，美国在很多政策领域都遭遇了挫败。"[39]她对此的解释是即使是单极霸权国，也需要寻求合法性和在制度构成的社会世界中生存。这一过程是困难的，在不断被社会建构，并且可能导致虚假："他们一边为了追求其他目标违反规则和价值观，一边宣称坚持规则和价值观。"[40]我们认为，战略叙事概念可以帮助我们更充分理解这一点。聚焦叙事可以帮助我们理解合法化在什么时间是重要的，为什么是重要的，以及在哪些方面是重要的。换言之，叙事确定了我们对行为体的预期，而虚假是对叙事的干扰。即使单极霸权国也拥有叙事。

大国

有些人并不接受或者认同当今国际体系的单极性，而是认为大国会决定体系结构。换言之，在二战后的国际体系叙事中，一个核心的行为体就是大国。在这一叙事内，一个大国的特征包括：强调主权（行动的独立性）、领导力（决定体系结构）和责任（对他者）。正如戴维·莱克（David Lake）所述："地位塑造国家的行为，人们预期大国会和其他国家行为不同，大国尤其容易参与更多的联盟关系、更多冲突以及距离其本土更远的更多冲突。"[41]我们认为，叙事帮助我们理解地位是如何被定义和决定的，如何在阐述对国家行为包括大国行为的预期时发挥核心作用的。因此，接受大国叙事意味着应该至少在一定程度上导致不同政治体系的类似行为。有证据表明确实如此。例如，奥茨（Oates）证明，与英国对恐怖主义的反应相比，美国和俄罗斯（领导人、媒体和观众）对恐怖主义的反应彼此之间更为相似。[42]罗塞尔（Roselle）提出，尽管美国和俄罗斯拥有不同的政治和媒体制度，但是它们在从失败的战争中撤退时表现相似。[43]美俄行为的相似性可以归因于双方对国家在国际体系中的行为预期是相似的。

人们预期大国会以特定的方式行动，这一观念凸显了叙事的重要性。如果实力赋予一个国家追求任何行动路线的能力，那么为什么对于大国的行为会有特定的预期呢？为什么强大的国家在没有实现军事目标时不能简单承认失败并离开呢？有些学者指出，这一困境的核心是信誉，因为过去的行动会影响其他人将来是否或者如何信任你。[44]普雷斯（Press）则反驳了这一点，认为"一个国家的信誉——至少在危机期间——不是由过去的行为决定的，而是由（硬）实力和利益决定的"[45]。但是，普雷斯也承认，他的研究提出了一个"新的困惑"："那些因为担心本国的信誉而非常厌恶撤退的领导人，会本能地忽视敌人遵守或违背承诺的历史。"[46]我们认为，聚焦于战略叙事会澄清这一困惑。因为叙事会阐明强大的国家能够和应该做什么，从而在实力因素之外进一步限制了国家行为。

美国在越南的失败案例和苏联在阿富汗的失败案例说明，大国地位的认同会影响政治行为。[47]在这两个案例中，国内听众被告知了同样的故事：大国没有失败，没有背叛他们的盟友，他们的行动是光荣而值得尊敬的。领导人设计并支持越南化政策和阿富汗民族和解政策，以便帮助他们的盟友变得强大并获得自卫能力。在这两个案例中，领导人都知道他们的盟友依旧脆弱，但是依然坚持撤军行动。在这两个案例中，撤军的故事符合大国在国际体系中适当和合法的角色：大国叙事。在这两个案例中，领导人都没有说国家未能实现目标。在这两个案例中，荣誉是最为重要的表述，荣誉是为了完成保卫他者的使命，而这是大国身份的核心任务。大国并没有承认它们在南越垮台和阿富汗陷入混乱方面扮演的角色。事实上，美国公众预期并预测到了南越会被北越所击败。苏联军方也预期到阿富汗会陷入混乱。然而，两个超级大国都坚持认为它们带着荣誉完成了撤军，它们也建构了同样的故事来解释这一行动，并使其正当化。事实上，在尼克松总统的副助理德怀特·蔡平（Dwight Chapin）给白宫办公厅主任 H. R. 霍尔德曼（H. R. Haldeman）的备忘录中，在谈道签署 1973 年《巴黎和平协定》的媒体战略时，他说："我们为美国人民提供的战争故事应该是他们能够理解并且坦然接受的。"[48]

正常国家

国际叙事中另一类重要的行为体是正常国家。这一概念常常指苏联解体时期和之后的俄罗斯,[49]但是在德国的语境中也使用过。

通过分析苏联有关国际体系的叙事转变,我们可以看到行为体在叙事中的力量。在苏联早期的叙事中,国际体系中的行为体是强调斗争的经济体系;后来,这一叙事转变为强调苏联成为国际体系中的正常大国。如勒格罗所述,居主导地位的苏联"信仰"或者叙事是"资本主义和社会主义两大阵营之间不可避免的竞争,各种力量有利于社会主义,社会主义终将取得胜利,并且形成新的国际体系"[50]。而在戈尔巴乔夫和他的支持者推崇的叙事中,国家是主要行为体。苏联叙事不断变化,其中最重要的变化是苏联的共产主义身份。新的叙事没有把经济体系或者阶级作为行为体,而是以苏联这个国家作为伟大的社会主义制度的典范,确定国家为国际体系的主要行为体,并宣称,苏联是这个以国家为中心的体系中的正常大国。"正常"这一概念在苏联引起了共鸣。

我们需要注意的是,在两种叙事(共产主义叙事和国家叙事)中,苏联都被描述为大国,具有上文讨论的大国属性和针对大国的预期行为。叙事的变化包括对国际体系内行为的不同理解。正常的大国会参与国际谈判,并在国际舞台上寻求认可。共产主义叙事强调经济阶级和制度之间不可避免的矛盾。聚焦于国家行为体而非经济行为体的叙事在关于国际体系如何运作方面符合更为广泛的国际主流叙事。如勒格罗所述:"美国和西欧国家的政府以及非政府组织从地位和资源两个方面大力支持'新思维'和戈尔巴乔夫。"[51]这是因为苏联正在改变叙事,新的版本更符合西方关于国际体系的叙事。这一转变伴随着回报。

有趣的是,德国正在努力创建的叙事中也包括与正常化有关的观念。不过,德国不是在寻求成为欧洲的正常国家,而是把正常化这一术语作为一个过程。德国在二战后的发展驳斥了很多国际关系理性理论的预期。德国一直非常不愿使用进攻性的军事力量,因此,莫尔(Maull)称其为"民事力量"。[52]德国已经努力将自己深深嵌入多边制度,这限制了它单边运作的空间。[53]德国(西德)实现了托马斯·曼(Thomas Mann)的名言:"欧洲的德国,而非德国的欧洲。"然而,自20世纪90年代末以来,有一种普遍的观点认为,德国正在经历正常化过程,开始执行更为明确的由国家利益驱动的政策。[54]例如,布尔默(Bulmer)和佩特森(Paterson)认为:

　　比较而言,正常化的体现是有更大的意愿采取单边手段,在政策声明中更倾向使用国家利益的话语以及使用权力以避免议程上出现某些议题。从权力资源的角度而言,政治和经济影响力和更为固定的结构化属性相关,不易发生变化;但是,更多的使用影响力推动强制性要求则和正常化相关。[55]

　　因此,正常化意味着要在欧洲一体化的语境中更加关注德国利益。正常国家的叙事表明国家的行事方式更多是基于自利(self-interested)。自利这一概念要求国家决定自利的内涵,而根据建构主义者的观点,这明显超越了未确定的安全感,还包括更多其他内容。

　　同样,国家而非经济体系作为行为体的转变是叙事中的重要变化。这一转变早于崛起国是和平或者进攻性的阐述,也因此或许更为重要;因为以国家为中心的国际体系叙事表明,国家是和平的还是进攻性的先决条件会受到行动的影响。

崛起国(Rising Powers)

　　崛起国这一概念也包括其他国家,比如有的叙事把金砖国家中的巴西、俄罗斯、印度、中国和南非等描述为后冷战世界的新兴经济大国。其中的两个国家(巴西和印度)要求成为联合国安理会成员,它们认为这一角色符合自己上升的地位。但是,崛起国在国际体系中会做什么?勒格罗提出,有人对崛起国如何使用自己的实力和独立性表示担忧。[56]有人担心崛起国会尝试改变国际体系。[57]因此,崛起国被视为危险,这就会导致具体的威胁假定,从而影响决策和外交政策行为。

　　许多学者指出,决策者在努力制定清晰和令人信服的政策时,只是了解一个国家的物质因素变化,并无法为他们提供有关国家行为的足够信息。事实上,关于崛起国将会如何行事的假定可能会导致次优的结果,因为这些假定会成为自我实现的预言。我们再次发现,为了理解国际关系,我们需要理解崛起国的叙事。

弱国/流氓国家

在今天的国际叙事中被界定为行为体的最后一组国家是弱国[58]和

流氓国家。

在罗特伯格(Rotberg)看来,弱国包括:

> 范围广泛的一系列国家:由于地理、物质或者根本的经济制约而弱小的国家;基本强大,但是由于内部对立、管理缺陷、贪婪、暴政或者外来攻击而暂时弱小或者一些具体情况导致(situationally)的弱小国家;前述两种情况结合导致的弱小国家。弱国常常有民族、宗教、语言或者其他社团性张力,这些张力尚未或者尚未彻底转变为公开的暴力冲突。[59]

这一定义意味着,在理解弱国时,不同的理解或者叙事是非常重要的。相互激烈竞争(strongly contested)的叙事或者和不同叙事相关联的群体对于国家的软弱都起到了重要的作用,这是无法用硬实力来衡量的。

或许在分析尤其是美国的政策制定者所说的流氓国家时,我们可以清晰地看到国家行为体叙事的影响力。从叙事性(narrativity)角度看,弱国/流氓国家概念本身就在暗示,它是流氓国家时我们在 A 时间点,为了实现它不是流氓国家的转变,我们需要到达 B 时间点;而叙事情节中的一些因果变化可以让所有人实现预期的结果。有关流氓国家的叙事阐述的预期是这些不遵守国际体系规则的国家经常通过追求核武器等方式发出了威胁信号。[60]利特瓦克(Litwak)提出,这一叙事可能存在问题:

> 流氓国家的指定(designation)意味着恶魔化一组迥然不同的国家,这严重扭曲了政策的制定。把遏制和接触作为互不兼容的战略是错误的二分法,而这一指定会使这样的二分法永久化。[61]

利特瓦克指出,亚历山大·乔治(Alexander George)[62]认为,理解国家在体系中的社会化是非常重要的;换言之,我们需要理解国家如何接受关于目标和行为的更为广泛的叙事。例如,在本书第四章"叙事竞争"中,我们看到欧盟和美国如何努力推动伊朗的社会化,以使其加入多边核能控制体系,但由于多种原因以失败告终。另外,现在像叙利亚、伊朗和缅甸这样的国家的挣扎,通过大国偏好的体系叙事而在国际社会中获得了既定的含义。[63]例如,奥洛弗林(O'Loughlin)认为:"对于中国、俄罗斯和其他国家推动的基于主权和独立国家的国际秩序而言,叙利亚、伊朗和缅甸成为实现该秩序的重要案例。"[64]美国和欧盟的叙事强调推动民主和保护人权；对于它们的叙事而言，突尼斯、埃及和利比亚就显得尤为重要。

国际叙事中的新行为体

建构新叙事的挑战之一就是新的行为体何时可以被纳入这些叙事。国际关系现有的研究中已经引入了大量新的行为体，[65]但是，学者很少明确关注这些非国家行为体的角色是如何建构的。非国家行为体挑战了国际关系中聚焦国家的传统概念，凸显了理解叙事和叙事权力的重要性。跨国倡议网络（advocacy networks）、跨国企业以及恐怖组织是最频繁被提及的世界舞台上重要的新行为体。本书所述也包括其他类型的行为体，比如侨民群体（diaspora groups）、个人和包括全部由网上人物组成的虚拟群体或者类似匿名者黑客组织（Anonymous）的地下团体。我们认为，这些行为体也包含于有关世界如何运作、能怎样或者应该如何运作的叙事之中。这为以下问题带来了新的启示：新的媒体生态如何改变这个世界叙事建构的语境。建构国际体系新叙事兼/或维护旧叙事的挑战在于，在这个技术互联的世界语境中，行为体的数量急剧增加。虽然本书第四章和第五章将会更明确聚焦新的技术生态，但是我们还是需要指出，这个日益互连的世界已经影响了群体和个人成为行为体的能力，也影响了他们努力阐释的叙事，而这些叙事可能挑战或者支持居于主导地位的（和传统的）精英叙事。

越来越多的研究认为非国家行为体对于国际关系非常重要。例如，凯克和辛金克有关跨国倡议网络的重要研究认为，非国家行为体可以"通过使用它们的信息、观念和战略权力来改变国家制定政策的信息和价值语境，从而引起国际体系的变革"。[66]然而，凯克和辛金克并没有具体解释什么因素会使信息或者观念变得强大或引起反响。他们确实提出，跨国倡议网络和其他非国家行为体关注一个国内的问题，可能会影响国家外部的政治行为体来采取行动，引起变革。就其本质而言，这种回旋镖模型（boomerang model）认为倡议团体可以挖掘利用一国外部的叙事，比如有关人权的叙事，然后国家作为行为体可以利用硬实力和与国际体系秩序有关的战略叙事来影响他者。当然，这一能力的核心是跨越国际边界的沟通能力。倡议团体可以发现、接触并寻求网上支持者。文献中没有充分讨论的问题是对于这些跨国倡议团体是否存在具体的预期。例如，我们是否预期这些团体会聚焦于特定的问题（比如人权），或者它们是否只能以具体特定的方式进行沟通？

恐怖分子是另一个相关的例子，他们在国际体系叙事中的行为体身份日益凸显，但是他们的目标预期被假定为恶毒的。鉴于跨国恐怖主义的兴起，最近创新性的研究已经讨论了恐怖团体或者关于恐怖团体的信息跨界扩散和竞争，以及媒体和不同国家的公民如何通过不同的渠道和平台转换、翻译这些故事。[67]在21世纪初期，国家安全机构开始认真对待"基地"组织激进化所带来的威胁，这不仅仅是因为恐怖主义可能带来潜在的人身伤害；同时，"基地"组织借助其高度网络化的结构传播了一种长期存在的叙事，而安全机构很长一段时期不知道如何对其进行反驳。"基地"组织如何运作是未知的，这使政策制定者非常焦虑。"基地"组织成员作为个人或者"基地"小组（cells）的一部分创建了积累性的叙事进程，形成了"全球微结构"，以在独立于"基地"组织领导层的情况下维持对抗西方的叙事。[68]信息基础设施使这一过程成为可能；借由这些设施，紧急事件以渗透的方式通过业余人士或者"基地"官方媒体制作的数字工具（博客、社交网络、视频等）迅速融入已经确立的叙事。[69]

"基地"组织的叙事努力说服穆斯林观众，正在发生的冲突是更为广泛的犹太复国主义斗士对伊斯兰教发起的全球攻击的一部分。"基地"组织的"圣战"分子宣称是反击这一全球攻击的唯一关键前锋。这一叙事是连贯并前后一致的。如阿万（Awan）及其同事所述，[70]乌萨马·本·拉登（Osama bin Laden）在1996年《反对美国占领两大圣地的战争宣言》[71]中传递给世界的早期信息是：

> 穆斯林遭受了犹太复古斗士联盟和他们的合作者的侵略、罪恶和不公；穆斯林信徒的鲜血变得最为廉价，他们的财富成为敌人的战利品。他们的鲜血洒遍了巴勒斯坦和伊拉克。黎巴嫩卡纳（Qana）大屠杀的恐怖场景依然历历在目。塔吉克斯坦、缅甸、克什米尔、印度阿萨姆邦（Assam）、菲律宾、法塔尼（Fatan）、奥加登

（Ogadin）、索马里、厄立特里亚、车臣以及波黑的大屠杀接连发生。这些大屠杀引人颤抖,撼动良知。[72]

这一叙事为那些对世事感到困惑或失望的人提供了确定性。在基于伪造的文件和编造的证据发动的伊拉克战争导致平民伤亡时,在小布什使用了"圣战"[73]这一词语时,在关塔那摩基地和阿布格莱布监狱（Abu Ghraib）"展示"了西方的动机时,把美国及其盟友界定为邪恶的力量是毫不困难的。例如,在 2003 年入侵伊拉克的前序事件中,本·拉登认为"小布什-布莱尔轴心宣称要摧毁恐怖主义,但是即使对大众而言这也不是什么秘密:他们真正要摧毁的是伊斯兰教。"[74]"基地"组织意识到,美国所塑造的二元叙事（非友即敌,with us or against us）和"基地"组织的叙事形成了镜像,并强化了后者。因此,他们欢迎小布什成功连任,并在 2008 年总统大选中支持小布什的共和党同僚约翰·麦凯恩参议员。[75]

在"基地"组织叙述世界事件的同时,西方新闻媒体在不断建构"基地"组织成员激进化的叙事;这些叙事中通常包括"宗教转向"以及外表的变化,比如蓄胡须,以此作为激进化的象征。关于被定罪并在监狱服过刑的成员的新闻报道通常会在叙事中添加"恢复正常"或者"悔过"阶段。[76]这些前"基地"组织成员偶尔也会被国家雇佣为反叙事间谍,和"基地"组织成员利用同样的数字媒体空间就伊斯兰教义的诠释以及他们对国际政治的叙事展开辩论。因此,叙事之战包括了国家和非国家行为体、政治和宗教行为体等复杂的混合体,其战场除了网络也有线下关系网络,并同时在地方和全球层面开展。第四章将会进一步详述战略叙事竞争背后的动力机制。

美国的大国叙事

美国大国叙事的战略叙事建构可以清晰地说明战略叙事是如何在国际关系中发挥作用的。这一案例并不是要穷尽历史史料,而是告诉我们如何在解读历史时聚焦战略叙事的视角。它和冷战后建构叙事的困难程度形成鲜明对比。关于冷战后的情况,我们首先讨论的是不断变化的信息环境和战略叙事行为体的急剧增加。在二战刚刚结束时,媒体环境由报纸和广播所主导。即便如此,政治行为体在投射战略叙事时需要同时考虑国内和国际听众。媒体的考量和公众舆论以及国会支持的重要性要求强有力的广义叙事。如乔治(George)指出:"我们从最高层次的政策制定转换到大众层面时,会发现赋予外交政策合法性的主张和信仰被高度简化了。"[77]但是,新的媒体生态有了更多的行为体,互动性增加,面对的受众更为复杂,时间和空间维度出现弯曲;这一切都增加了简化叙事的难度。

确立美国的大国地位

在观察二战后美国大国叙事的发展情况时,我们将通过两个独立的事件来概述美国战略叙事建构的过程:1947 年的希腊和土耳其危机(导致后来的杜鲁门主义)和 1950 年美国国家安全委员会 NSC-68 号文件的起草。通过这些案例,我们可以看到国内因素、公共舆论和媒体如何影响、改变、塑造和制约叙事。我们也会说明政治行为体如何利用叙事实现战略目的。因此,美国在冷战叙事中创建自身大国行为体身份的案例为我们提供了相互建构的叙事范例,表明了战略意图如何影响叙事建构。我们并不是说是这两个时间点创造了叙事,而是指冷战体系中美国的大国身份叙事是在 20 世纪 40 年代和 50 年代期间(再次)建构的。

到了 1947 年,乔治·坎南已经写了他的长电报,正在推动后来所谓的"遏制"战略;该战略强调美国要聚焦欧洲来挑战共产主义行动。美国的杜鲁门政府在 1947 年以前已经开始对苏联强硬,但是,如约翰·李维斯·加迪斯(John Lewis Gaddis)所述:

> 希腊-土耳其危机的重要意义在于,这是杜鲁门政府第一个需要专门拨款的项目;这意味着已经在执行中的政策需要获得国会支持。这促使杜鲁门政府用普适性语言陈述或者夸大陈述其政策目的。[78]

英国在 1947 年 2 月宣布其决定不再继续为希腊和土耳其提供财政支持,这促使美国的一些政治精英采取行动,清晰阐述一种叙事来表述美国作为大国的承诺。然而,美国人并不想拯救希腊和土耳其,美国军队在 1947 年已经大量遣散了,并且共和党人更关注的是减税而不是提供海外援助。[79] 事实上,根据艾萨克森(Isaacson)和托马斯(Thomas)的研究,共和党于 1947 年 11 月掌控了国会,是因为他们承诺要回归正常,而非宣称履行大国应有的国际承诺。

尽管如此,我们可以看到关于美国大国地位的叙事得以战略性地建构,其语境是以两极对抗为特征的危险的国际体系。博斯德尔夫(Bostdorff)在其关于杜鲁门主义的著述中对此进行了清晰的阐述。[80] 这一建构是通过政治领导人的声明和致辞来实现的。很明显,国内政治影响了叙事的建构,因为支持对希腊和土耳其进行援助的人需要说服国会中的反对力量来获得足够的投票以支持拨款。例如,参议员对外关系委员会的共和党参议员范登伯格(Vandenberg)告诉杜鲁门总统,他必须说服国会和美国人民,因为他们在经历二战的牺牲后已经厌倦了。他说:"总统先生,你能获得这一资助拨款的唯一方式就是发表演讲,让国人感到形势吓死人。"[81] 杜鲁门的致辞起草之后,马歇尔将军等数人要求演讲的语言要再和缓一些。杜鲁门的回复是,没有这样的语言,国会不会同意拨款。[82] 艾萨克森和托马斯这样解释克拉克·克利福德(Clark Clifford)对致辞文本的编辑:"他理解要抓住美国人的心,就要把问题描述成光明与黑暗之间的斗争。"[83] 善与恶的叙事逐渐形成。

曾经担任次国务卿和国务卿(1949 年)的迪安·艾奇逊(Dean Atchison)并没有按照字面意义去理解杜鲁门主义。[84] 加迪斯也提到了这一点。艾萨克森和托马斯写道:"对艾奇逊而言,夸大其辞只是手段,是为了操纵那些倔强而单纯的国会议员为正当的政策买单。"[85] 但是,演讲的语言对于世界形势和美国在其中的角色提出了令人信服的叙事:

> 极权主义政权的种子源于痛苦和贫困的滋养。它们在贫困和纷争的邪恶土壤中扩散、成长。当人民对美好生活的希望破灭时,它们就成熟结果了。我们必须维持这一希望的火焰。
>
> 世界上自由的人民期待我们的支持去维护他们的自由。如果我们对于我们的领导地位犹豫不决,我们会危及世界和平,也必然会危及我们国民的福祉。

急剧变化的世界形势已经把重大责任置于我们的肩上。[86]

在需要考虑国内政治形势的语境下塑造叙事的问题是，这一对比鲜明、简单粗暴的叙事是会影响未来政策和叙事的。该叙事在1950年秘密安全部门的NSC-68号文件中得以强化，这也凸显了战略叙事的重要性。NSC-68号文件强调了苏联的危险性，描述了美国作为大国对抗苏联的责任，呼吁大幅提高军费开支：

> 在一个日益缩小的世界里，我们面临着核战争的威胁，仅仅试图阻止克里姆林宫的计划是不够的，因为国家间秩序的缺乏越来越不可容忍。这一事实迫使我们为了自己的利益承担世界领导责任。它要求我们作出努力，接受其中内在的风险，根据自由和民主的原则采取行动，以创建秩序、维持正义。[87]

该报告是秘密的（在1975年以前），但是有学者谈道："起初，（尼采[Nitze]和）政策规划委员会（Policy Planning Staff）曾经计划公开文件的大部分内容。这就是为什么语言显得如此响亮和简单的原因。"[88]事实上，艾奇逊说，让叙事"比真相更清晰"是非常必要的。

我们需要认识到，NSC-68号文件并不能单独创建长期或成熟的战略叙事；但是1950年6月朝鲜的形势又推动了叙事的发展。加迪斯认为，真正的承诺始于朝鲜战争，但是叙事此前已经形成，可以支持对朝鲜的干预。[89]他提出，夸大的言辞和（朝鲜战争前）更为克制的政策是有出入的，但是"既然把苏联描绘为试图主导世界的国家，把全世界的共产党描述为克里姆林宫的傀儡，白宫官员就很难解释为什么美国没有在共产主义出现的所有地方都进行抵抗"[90]。换言之，政治领导人因为自己的叙事而陷入了两难困境。

因此，二战后发展的战略叙事强调大国对抗。美国被描述为善恶之争中的英雄。国内政治和相对受限制的媒体系统在叙事简化中起到了尤为重要的作用。这为我们理解叙事建构提供了什么启示？首先，战略考量在叙事建构的过程中尤为重要。美国国内关于美国角色的辩论、苏联威胁的特征描述、国际体系的架构以及政治行为体等以特定的方式对语言进行了结构化，从而增加了叙事被接受并成为美国外交政策基石的几率。这说明理解国内政治、观众和信息环境是非常重要的。其次，政治领导人可能会因为自身叙事而陷入两难困境，这反过来会限制或者塑造未来的选择。叙事可以被创建,同时也具有约束力。

后冷战语境

苏联解体后,美国的大国冷战叙事发生了什么变化? 20 世纪的大多数时间里,美国和苏联都深陷于以意识形态、政治和经济差异为标志的竞争中。通过建立竞争的联盟结构、宣称我方优越性并鼓励自己的公民认识到本国的优越性等方式,美国和苏联宣布了自己在两极世界中的大国地位。如果叙事在塑造国际关系和外交政策的基本框架(contours)中发挥了重要作用,那么我们应该预期,即使在新的叙事竞争空间出现的情况下,冷战叙事至少会在一些方面继续影响冷战后的外交。事实上,在美国于后冷战体系履行大国身份的过程中,我们既可以看到连续性,也看到变化。同时,不断变化的媒体生态大大增加了投射战略叙事的复杂性。

通过分析可以发现,美国国家安全战略继续依赖与大国叙事有关的要素。由于领导人所代表的权威的声音和对传播效果的重视,对领导人讲话的研究可以帮助我们管窥其战略叙事。[91]具体而言,在有关今天的国际体系叙事中,行为体和情节(行动和目标)是涵义广泛的类别。正如在后冷战初期,分析语境中的战略叙事非常重要,这就需要明确行为体、行为体的目标和角色以及它们在所描述世界中的地位。

在小布什任总统时期,美国在 2002 年和 2006 年发布的两份国家安全战略阐述了国际体系的战略叙事。[92] 2002 年,小布什总统已经派兵阿富汗,并正在准备对伊拉克开展军事行动。而到了 2006 年,美国和全世界反对伊拉克战争的声音日益高涨。小布什总统 2002 年的战略叙事强调了国际体系中恐怖分子等非国家行为体和流氓国家带来的威胁,并提出了美国作为世界领袖应该采取什么行动来对抗这一威胁。然而,在 2006 年,这一叙事发生了变化,更加强调美国在国际体系中推广民主的重要性。美国电视继续“再现当选领导人所推动的政治话语中的基本框定和假定”[93],但是从 2002 年到 2006 年,小布什总统投射其战略叙事的媒体环境已经变得日益复杂,其他可替代性行为体已经能够与其进行叙事竞争。例如,半岛电视台(Al Jazeera)对伊拉克和阿富汗战争提供了一种不同的叙事,[94]网络传播着其他观点和形象;正如前文所述的"基地"组织案例所证实的那样,更为广泛的行为体可以就美国战略叙事的可信度展开论战。这凸显了国际关系中的虚假行为需要面对的不断变化的环境。[95]

通过比较小布什总统 2008 年在联合国的讲话和奥巴马总统 2009年在联合国的讲话,我们可以发现即使不同总统之间也存在叙事的连续性。这一案例中,总统和执政党派都发生了变化。很多著述都讨论了奥巴马总统在理念和信息方面承诺和带来的变化。奥巴马的战略叙事强调,充满敬意的美国在国际体系中寻求合作。然而,在持续的叙事中,美国依然是日益复杂的世界中自由世界的领导者。奥巴马的叙事超越了恐怖主义的威胁,围绕共享的利益和挑战展开。但是,在小布什政府和奥巴马政府的叙事中,美国在国际体系中的领导地位都一再被强调,并且新的媒体生态都挑战着美国投射其战略叙事的能力。

小布什总统——2002 年和 2006 年国家安全战略的战略叙事

美国行政部门定期发布文件来详细阐述美国的国家安全战略。《1986 年戈德华特-尼古拉斯国防部重组法案》(Goldwater-Nichols Defense Department Reorganization Act of 1986)第 603 条规定:

> 全面描述和讨论美国在全球的外交政策义务和国防能力;就保护和推动美国利益、实现所述目的和目标所需的国家力量要素的长期和短期利用提出建议;评估美国执行其国家安全战略的能力。[96]

小布什总统时期发布了两份国家安全战略报告:"9·11"之后的2002 年,以及伊拉克和阿富汗战争持续几年后的 2006 年。如彼得·菲弗(Peter Feaver)所述:

> 恰恰因为国家安全战略是份公共文件,所以它必须真实反映政府的世界观;它不是预测政府在某种特定场景下会怎么做的"幸运饼"(fortune cookie),而是有关指引总统原则的权威宣示。[97]

美国总统及其政府和军方尤其重视国家安全战略。该战略从行政部门的角度明确了美国的战略叙事,即使其他社会行为体会挑战这一叙事,它也发挥着重要作用。通过对 2002 年和 2006 年两份报告的分析,我们可以发现在有些领域两者有连贯一致的战略叙事,同时也有差异。

政府国家(states)、地域意义的国家(countries)或者民族国家(nations)被清晰地描述为国际体系中的主要行为体。比如,2002 年的美国国家安全战略(NSS 2002)认为:"在 21 世纪,只有承诺保护基本人权和保障政治经济自由的国家,才能释放人民的潜能,确保他们未来的繁荣。"一方面,这些国家在国际体系中一起和一个共同的敌人抗争:

> 今天,自从民族国家在 17 世纪兴起以来,国际社会面临一个最佳时机来建设一个大国在和平中竞争而非持续准备战争的世界。今天,世界上的大国发现它们并肩站在一起,共同面对恐怖暴力和混乱带来的危险。[98]

另一方面,叙事的焦点明显是美国,因为"美国拥有不可匹敌的军事力量和伟大的经济和政治影响力"[99]。2006 年美国的国家安全战略报告(NSS 2006)出现了变化:民主国家经常被论述为战略叙事中的核心行为体。这就导致叙事中更加强调民主国家的引领作用或者英雄身份。

2002 年和 2006 年美国国家安全战略报告所阐述的战略叙事中的敌人是一致的。恐怖分子、极端分子和一定程度上的流氓国家等行为体,它们不仅挑战了国家——尤其是民主国家,而且挑战了国际体系本身。正如小布什总统在 2002 年国家安全战略报告的引言中所述:"个人组成的鲜为人知的网络(shadowy networks)可以为我们的国家带来混乱和痛苦,尽管其成本比购买一辆坦克还低。"[100] 然而,根据国家安全战略报告所述,这些敌人是大国的共同敌人,这就为协作和合作打开了大门。正如我们下文要讨论的那样,这一战略叙事表示,这些敌人的崛起挑战了国际体系中的根本性概念,包括遏制。

与 2006 年报告相比,2002 年报告较多提及联盟(alliances)、联合体(coalitions)和朋友(friends)等。这可能反映了 2002 年美国对结盟的关注,以及 2006 年国际上对美国在伊拉克行动的批评。就国际体系中的重要国家而言,小布什政府的叙事中是有或微小或重大的变化的。

在2002年的报告中，世界上不同地区和具体国家都在国际体系中发挥重要作用。非洲、欧洲（和北约）、中国、俄罗斯和印度都是报告提及最多的地区和国家。俄罗斯、中国和印度被视为国际体系中经历着内部过渡的崛起国：

> 我们关注到旧的大国竞争模式可能会重新出现。几个潜在的大国正在经历内部过渡阶段，尤其是俄罗斯、印度和中国。在这三个国家，最近的发展事态强化了我们的希望：关于基本原则的真正全球性共识正在逐渐形成。[101]

欧洲被描述为开放贸易的伙伴以及北约框架下安全领域的伙伴。根据2002年的叙事，必须支持非洲的脆弱国家（fragile states）。这就凸显了国家在国际体系适当运转中的核心作用。

2006年，叙事的重心发生了重大变化。阿富汗、伊拉克和伊朗占据了中心地位。当然，此时的美国在阿富汗和伊拉克的军事行动已经持续了好几年。虽然军事冲突依然继续，报告的叙事依然概述了2002年以来的成就，宣称："阿富汗和伊拉克人民已经用民主代替了暴政。"[102]此时，美国的战略叙事也面临着海外新闻机构（比如半岛电视台）的重大挑战；同时，网上资源对美国在伊拉克行为的描述直接驳斥了美国叙事所宣称的自由和人权，也有一些素材挑战了美国政策的有效性。一个重要的例子就是阿布格莱布监狱内折磨和虐待囚犯的照片的传播。这些由美国士兵拍的照片直接损害了美国所宣称的在包括伊拉克在内的任何地区行动的道德高地。霍斯金斯（Hoskins）和奥洛克林指出："军事总部和主要的媒体机构无法保证它们塑造的故事框架或叙事的成功，原因就是一种重要的现象：'涌现'（emergence），即媒体数据突然'出现'的潜在可能性急剧增加。"[103]

对于更广泛的国际体系的描述，美国的战略叙事继续强调中国和亚洲的重要性：

> 随着中国逐渐成为全球行为体，它必须成为负责任的利益攸关方，履行自己的义务，并和美国及其他国家一道维持助其成功的国际体系：执行帮助中国克服百年经济贫困的国际规则，接受该规则体系中的经济和政治标准，并和美国及其他主要大国合作为国际稳定和安全作出贡献。[104]

这一叙事表明,中国实现繁荣部分是得益于国际体系,中国应该在国际体系内,通过国际组织来发挥作用。最后,尽管叙事中依然有所讨论,但是提及印度和欧洲的内容减少了。

总之,在该叙事所描述的国际体系中,以美国为首的国家是主要行为体。敌人是恐怖分子和流氓国家等非国家行为体,它们不仅威胁美国和体系内其他国家,而且威胁体系本身。这就为后面的叙事奠定了基础:美国会在必要时采取单边行动来维护自我界定的利益。该战略叙事在小布什总统第二任期结束之际面临巨大挑战,原因包括:变化了的媒体生态允许不同的叙事对美国关于世界上的行为体、角色和目标的主张展开竞争;美国和全球公众正是通过媒体看到了美国的行动与其叙事是背道而驰的。

小布什总统和奥巴马总统——在联合国的战略叙事

每年秋天,联合国会主办全球政治领导人参与的大会。这里我们要分析小布什总统 2008 年和奥巴马总统 2009 年讲话中有关国际体系叙事的异同。奥巴马讲话中的叙事强调国内和外交政策领域的变革。他宣称,他的政府会和小布什总统的政府不同,因为美国不再断言别国应该做什么,而是会倾听国际体系中其他国家的声音。对这两份讲话的分析表明,奥巴马总统有关国际体系的叙事和小布什总统的不同之处在于作为主要行为体的国家在体系内面临的挑战不同。奥巴马的叙事强调所有国家维护体系的责任。然而,奥巴马总统面临着来自新的媒体生态的挑战,后者危及精炼(refined)的战略叙事的有效性。

与 2006 年的国家安全战略报告类似,小布什总统 2008 年的联合国致辞聚焦恐怖分子或者极端分子对国际秩序的威胁,宣称"这些极端分子通过故意谋杀无辜来推动自身目标的实现,违背了国际秩序的根本原则"[105]。事实上,小布什宣称"联合国宪章中的理想面临着自联合国成立以来最为严重的挑战——暴力极端分子的全球运动"(2008)。然后,小布什的叙事重点论述了国际体系中的多边组织应该如何应对:"我所阐述的多边制度的目标——对抗恐怖主义,反对暴政以及推动有效发展——是不易实现的,但确实是必须完成的任务。"[106]

奥巴马 2009 年的叙事虽然依然强调体系内国家的安全,但并没有聚焦恐怖主义,有关国际体系及其挑战的描述涵盖了更广泛的内容。奥巴马承认主权国家构成的国际体系中的一些隐含规则(implicit rules),从而提出"我的责任是依据我的国家和人民的利益行事,也绝不会为维护这些利益而道歉"[107]。然而,他的叙事重点是联合国成员国有责任共同努力,对抗世界上存在的一系列挑战。这些挑战包括冲突(比如以色列和巴勒斯坦之间)、气候变化、经济危机、核武器的扩散以及极端主义暴力。

奥巴马的叙事明确认可了对美国过去行为的批判,并表示美国行为会有所变化。根据他的叙事,美国行为会改变,是因为他所描述的国际体系观念更加复杂。体系内国家面临的许多挑战都是共同的,并且这些挑战不仅仅是恐怖分子的威胁。

> 我们的一些行动已经取得了进展。有些为未来的进展奠定了基础。但毋庸置疑,这一切都无法依赖美国一方的努力。那些过去指责美国单独行动的国家现在不能袖手旁观,不能等待美国去单独解决世界上存在的问题。我们从言辞到行动都在寻求和世界开展接触的新时代。现在是我们所有国家承担自身应有的责任,以全球努力应对全球挑战的时候了。[108]

奥巴马引用了富兰克林·罗斯福的话来说明自己的观点:

> 联合国的建立是基于这样一种信仰:全世界的民族国家可以共同解决它们面临的问题。富兰克林·罗斯福未能看到他自己对这一组织的愿景成为现实,但他曾经这样阐述:"世界和平的组织不能是一个人、一个政党或者一个国家的成就……
>
> 它也不能仅是大国之间的和平,或者小国之间的和平。这一和平必须建立在全世界合作努力的基础之上。"[109]

最后,在有关 21 世纪国际体系的叙事中,奥巴马在描述已经发生深刻变化的国际体系时清晰阐述了其中共同的假定。

> 21 世纪的责任和领导地位对我们提出了更高要求。在这个时代,我们有共同的命运,权力不再是零和博弈。任何国家不能也不应该试图主导另一个国家。任何让一个国家或者群体凌驾于其他国家或者群体之上的世界秩序都不会取得成功。任何国家间的

实力均衡都不可持久。传统的南北半球分割在这个互联互通的世界上毫无意义。植根于消失已久的冷战隔阂结成的国家联盟也早已过时。这一刻，我们应该认识到，旧的习惯和争论与我们的人民现在面临的挑战毫无关联。它们导向的行动只会和各国宣称的目标背道而驰，甚至让各国在联合国中的投票伤害本国人民的利益。[110]

因此，我们需要的行动是合作性的，目的是加强合作。

但是有趣的是，通过对近期奥巴马演讲的分析，我们发现叙事发生了变化，尤其是当听众以国内为主的时候。例如，奥巴马在 2010 年 1 月 27 日的国情咨文中强调：

> 与此同时，中国没有等待其经济重振，德国没有等待，印度没有等待。这些国家都没有原地踏步。这些国家不是要争取第二的。它们日益重视数学和科学，它们在重建基础设施，它们在大量投资于清洁能源，因为它们想要那些工作机会。
>
> 我不会接受美国处于第二的地位。[111]

在 2008 年和 2009 年的联合国致辞中，作为目标或价值观的安全占据核心地位。至于其他价值观或者目标，两位总统的叙事有很大差异。小布什总统强调民主、自由、市场和义务是美国在国际体系中秉持的重要价值观。奥巴马总统虽然也提及了这些价值观，但他更关注和平、责任和变革。

两个叙事都频繁提及世界人民以及国家肩负为人民提供机会的责任。然而，二者为数不多的共同点止步于此；与奥巴马的叙事相比，小布什的叙事更多提及极端分子、恐怖分子和民主政体。小布什的叙事涵盖了他认为国际体系中最为重要的行为体：与极端分子作斗争的国家和包括联合国在内的多边组织。而奥巴马更多提及"美国"，也更多使用第一人称代词"我"。奥巴马的叙事聚焦互相依存的国际体系、国家共享利益和责任，因此在应对全球问题时各国都发挥着重要作用。叙事中提到的国家也存在差异。小布什更关注阿富汗和伊拉克，而奥巴马更关注以色列和巴勒斯坦。

奥巴马政府时期，媒体环境继续挑战着美国总统传达其战略叙事的能力。这方面一个非常恰当的例子就是奥巴马的开罗演讲和改变中东内部叙事的努力;第四章将会讨论这一案例。奥巴马政府曾经通过纳入公共外交等新倡议应对新的媒体生态,其中的倡议之一是"21世纪治国方略"(twenty-first-century statecraft);该倡议声称,美国正在应对"权力的去中心化,即权力从政府和大型机构转向不同人员构成的网络(networks of people)"[112]。

　　美国和许多其他政府的反应是以更为开放的方式实现政策和行动的一致。某种意义上,这只是在接受不可避免的现实。这些变革正在发生,我们无法遏制它们。我们已经看到,干扰因素既带来了新机遇,也有新威胁。它们裹挟着彼此而来,我们无法阻止或者控制它们。我们要么选择接受它们从而加强其积极影响,削弱其消极作用,要么因为我们未做任何准备而被新变化反复重创。[113]

然而,认可媒体生态的变化并不能保证其战略叙事会被有效接受;这一点我们在第四章的叙事竞争部分会进一步详述。

结　语

　　如果这些美国叙事的话语转化为政策,而美国通过这些政策塑造国际秩序的话,那么它们就阐述了美国行政部门是如何建构国际体系结构的。叙事可以建构外交政策的选择范围,从而为我们理解具体的美国外交政策和行动奠定基础。因此,我们需要理解国际体系叙事提出可能和可接受的行为和/或政策的条件,以及不可接受的行为和政策的条件。这并不是说叙事不能根据采取具体政策的决定而改变,或者说不能为了特定政策的合法化而改变;而是说,有关国际体系的更为广泛的叙事让这一改变更为困难。这和斯奈德的主张类似:即使精英并不相信他们自己虚构的故事(或者叙事),"他们依然可能因为这些言辞而陷入政治困境"[114]。

　　本章讨论了政治行为体如何被叙述,如何叙述,以及在新的媒体环境下如何受到权力交互和社会互动的影响。行为体叙事凸显了行为体的预期和行为;这些行为体包括大国、崛起国、弱国、国际组织(包括非政府国际组织)以及其他非国家行为体(包括恐怖组织)。新的传播环境增加了利用叙事所面临的挑战，对战略叙事产生了重要影响。有关叙事竞争我们将在第四章专门论述，但是我们需要意识到，这一竞争中存在施动性。行为体为各种不同的原因进行辩论，并且会产生各种不同的结果，我们在下一章将对此进行论述。

（王振玲　译）

注释

1. Stephen Jay Gould, Full House: The Spread of Excellence from Plato to Darwin (Harvard University Press, 2011), 57.

2. Kathryn Sikkink, "Beyond the Justice Cascade: How Agentic Constructivism Could Help Explain Change in International Politics"(revised paper from a keynote address, Millennium Annual Conference, October 22, 2011, "Out of the Ivory Tower: Weaving the Theories and Practice of International Relations," London School of Economics, presented at the Princeton University IR Colloquium, November 21, 2011), 35.

3. Peter J. Katzenstein, ed., The Culture of National Security: Norms and Identity in World Politics(New York: Columbia University Press, 1996); Yosef Lapid and Friedrich V. Kratochwil, eds., The Return of Culture and Identity in IR Theory(Boulder, CO: Lynne Rienner, 1996); Alexander Wendt, Social Theory of International Politics(Cambridge: Cambridge University Press, 1999); Vendulka Kubálková, Foreign Policy in a Constructed World, Vol.4(Armonk, NY: M. E. Sharpe, 2001); Ted Hopf, Social Construction of International Politics: Identities & Foreign Policies, Moscow, 1955 and 1999(Ithaca, NY: Cornell University Press, 2002); Jeffrey T. Checkel, Ideas and International Political Change: Soviet/Russian Behavior and the End of the ColdWar (New Haven: Yale University Press, 1997); Jeffrey T. Checkel, "Social Constructivisms in Global and European Politics: A Review Essay," Review of International Studies 30, no.2(2004):229—44.

4. Margaret E. Keck and Kathryn Sikkink, Activists beyond Borders: Advocacy Networks in International Politics(Ithaca, NY: Cornell University Press, 1998).

5. David L. Rousseau and Rocio Garcia-Retamero, "Identity, Power, and Threat Perception: A Cross-National Experimental Study," Journal of Conflict Resolution 51, no.5(2007):749.

6. Janice Bially Mattern, Ordering International Politics: Identity, Crisis, and Representational Force(New York: Routledge, 2005), 96.

7. Marc Lynch, State Interests and Public Spheres: The International Politics of Jordan's Identity(New York: Columbia University Press, 1999), 22.

8. Amartya Sen, Identity and Violence: The Illusion of Destiny(London: Penguin Books, 2007).

9. Mary Kaldor, New & Old Wars: Organized Violence in A Global Era(Stanford, CA: Stanford University Press, 2007), 80.

10. Checkel, "Social Constructivisms."

11. Sikkink, "Beyond the Justice Cascade."

12. Michael Barnett, "Culture, Strategy and Foreign Policy Change: Israel's Road to Oslo, " European Journal of International Relations 5, no.1(1999):5—36.

13. Bially Mattern, Ordering International Politics, 9.

14. Alexander Wendt, "Identity and Structural Change in International Politics, " in The Return of Culture and Identity in IR Theory, Edited by Josef Lapid and Friedrich V. Kratochwil(Boulder, CO: Lynne Rienner, 1996), 57.

15. Thomas Risse, "'Let's Argue!': Communicative Action in World Politics, " International Organization 54, no.1(2000):1—39.

16. Keck and Sikkink, Activists beyond Borders, 3.

17. James G. March and Johan P. Olsen, The Logic of Appropriateness(ARENA Working Papers 04/09, Centre for European Studies, University of Oslo, 2004), 2, http://www.sv.uio.no/arena/english/research/publications/arena-publications/working-papers/working-papers2004/wp04_9.pdf.

18. Jeffrey W. Legro, Rethinking the World: Great Power Strategies and International Order(Ithaca, NY: Cornell University Press, 2005).

19. Seymour Martin Lipset, American Exceptionalism: A Double-Edged Sword (NewYork: Norton, 1997).

20. John Hutcheson, David Domke, Andre Billeaudeaux, and Philip Garland, "US National Identity, Political Elites, and a Patriotic Press Following September 11, "Political Communication 21, no.1(2004):28.

21. Jack L. Snyder, Myths of Empire: Domestic Politics and International Ambition (Ithaca: Cornell University Press, 1991), 17.

22. Snyder, Myths, 2.

23. We do not claim that all (re)construction of national identity is strategic—a point to which we will return elsewhere. Michael Billig's Banal Nationalism points to the ways that everyday and lived experience can contribute to national identity.

24. Felix Berenskoetter, "Parameters of a National Biography, " European Journal of International Relations, Online First Version, October 16, 2012, 3.

25. Bially Mattern, Ordering International Politics, 107.

26. Bially Mattern, Ordering International Politics, 119.

27. Bially Mattern, Ordering International Politics; Berenskoetter, "Parameters of a National Biography"; Sikkink, Beyond the Justice Cascade.

28. Bially Mattern, Ordering International Politics, 119.

29. Sikkink, Beyond the Justice Cascade, 3.

30. Conseulo Cruz, "Identity and Persuasion: How Nations Remember Their Past and Make Their Futures, " World Politics 52, no.3(2000):275—312.

31. Cruz, "Identity and Persuasion, " 278.

32. Cruz, "Identity and Persuasion, " 279.

33. Patricia Leavy, Iconic Events: Media, Politics, and Power in Retelling History (Lanham, MD: Lexington Books, 2007); Michael Schudson, Watergate in American Memory: How We Remember, Forget, and Reconstruct the Past(New York: Basic Books, 1992); Iwona Irwin-Zarecka, Frames of Remembrance: the Dynamics of Collective Memory(Somerset, NJ: Transaction, 1994).

34. Anne L. Clunan, The Social Construction of Russia's Resurgence(Baltimore: Johns Hopkins University Press, 2009), 28.

35. Leavy, Iconic Events, 12.

36. Klaus Eder, "A Theory of Collective Identity Making Sense of the Debate on a 'European Identity,'" European Journal of Social Theory 12, no. 4(November 2009): 427.

37. Brent J. Steele, Defacing Power: The Aesthetics of Insecurity in Global Politics (Ann Arbor: University of Michigan Press, 2012), 77.

38. 我们在本文并没有必要接受伊肯伯里、马斯坦多诺和沃尔福思等人的国际体系单极叙事。我们是从叙事内的行为体视角对其进行分析。

39. Martha Finnemore, "Legitimacy, Hypocrisy, and the Social Structure of Unipolarity: Why Being a Unipole Isn't All It's Cracked Up to Be, " in International Relations Theory and the Consequences of Unipolarity, ed. G. John Ikenberry et al. (Cambridge: Cambridge University Press, 2011), 67—98.

40. Finnemore, "Legitimacy, Hypocrisy, " 84.

41. David A. Lake, Hierarchy in International Relations(Ithaca, NY: Cornell University Press, 2009).亦可参见:Jack Levy, War in the Modern Great Power System(Lexington: University Press of Kentucky, 1983)。

42. Sarah Oates, "Through A Lens Darkly?: Russian Television and Terrorism Coverage in Comparative Perspective, " paper prepared for "The Mass Media in Post-Soviet Russia" International Conference, University of Surrey, April 2006.

43. Laura Roselle, Media and the Politics of Failure: Great Powers, Communication Strategies, and Military Defeats, 2nd ed.(New York: Palgrave Macmillan, 2011).

44. Paul Huth and Bruce Russett, "What Makes Deterrence Work: Cases from 1900 to1980, " World Politics 36(1984):496—526; James D. Fearon, "Signaling Versus the Balance of Power and Interests, " Journal of Conflict Resolution 38(1994):68—90.

45. Daryl G. Press, Calculating Credibility: How Leaders Assess Military Threats (Ithaca, NY: Cornell University Press, 2005), 1.

46. Press, Calculating Credibility, 60.

47. Roselle, Media and the Politics of Failure, 2011.

48. Roselle, Media and the Politics of Failure, 59.

49. Robert G. Herman, "Identity, Norms, and National Security: The Soviet ForeignPolicy Revolution and the End of the Cold War, " in The Culture of National Security: Norms and Identity in World Politics, edited by Peter Katzenstein(New York: Columbia University Press, 1996), 272—316; Roselle, Media and the Politics of Failure.

50. Legro, Rethinking the World, 143.

51. Legro, Rethinking the World, 154.

52. Hanns W. Maull, "Germany and Japan: The New Civilian Powers, " Foreign Affairs 69, no.5(Winter 1990):91—106.

53. Peter Katzenstein, ed., Tamed Power: Germany in Europe(Ithaca, NY: Cornell University Press, 1997); Ulrich Krotz and Joachim Schild, Shaping Europe: France, Germany, and Embedded Bilateralism from the Elysee Treaty to Twenty-First Century Politics(Oxford: Oxford University Press, 2012).

54. Adrian Hyde-Price and Charlie Jeffery, "Germany in the European Union: Constructing Normality, " Journal of Common Market Studies 39, no.4(November 2001):

689—717.

55. Simon Bulmer and William E. Paterson, "Germany and the European Union: From 'Tamed Power' to Normalized Power?" International Affairs 86, no. 5 (2010): 1059.

56. Legro, "What China Will Want."

57. Robert Gilpin, War and Change in World Politics(Princeton: Princeton University Press, 1981); John J. Mearsheimer, The Tragedy of Great Power Politics(New York: Norton, 2001).

58. Michael Handel, Weak States in the International System(London: Frank Cass, 1990); Robert I. Rotberg, "Failed States, Collapsed States, Weak States: Causes andIndicators," in State Failure and State Weakness in a Time of Terror, edited by Robert I. Rotberg(Washington, DC: World Peace Foundation, 2003), 1—25.

59. Rotberg, "Failed States," 4.

60. Robert Litwak, Rogue States and U.S. Foreign Policy: Containment after the ColdWar(Baltimore: Johns Hopkins University Press, 2000).

61. Litwak, Rogue States, xiv.

62. Alexander George, Bridging the Gap: Theory and Practice in Foreign Policy (Washington, DC: United States Institute of Peace Press, 1993).

63. Ben O'Loughlin, "Small Pivots: Should Local Struggles Take On Global Significance?" Global Policy, April 29, 2013, http://www.globalpolicyjournal.com/blog/29/04/2013/small-pivots-should-local-struggles-take-global-significance.

64. O'Loughlin, "Small Pivots."

65. John Agnew, Globalization and Sovereignty(Lanham, MD: Rowman and Littlefield, 2009).

66. Keck and Sikkink, Activists beyond Borders, 16.

67. Cristina Archetti, Understanding Terrorism in the Age of Global Media: A Communication Approach(Basingstoke: Palgrave Macmillan, 2013); Steven R.Corman, Angela Trethewey, and H. L. Goodall, Jr., Weapons of Mass Persuasion: Strategic Communication to Combat Violent Extremism, Vol.15(New York: Peter Lang, 2008); Andrew Hoskins, and Ben O'Loughlin, Television and Terror: Conflicting Times and the Crisis of News Discourse(London: Palgrave/Macmillan, 2009); Akil Awan, Andrew Hoskins, and Ben O'Loughlin, Radicalisation and Media: Connectivity and Terrorism in the New Media Ecology(London: Routledge, 2011).

68. Karin Knorr-Cetina, "Complex Global Microstructures: The New Terrorist Societies," Theory, Culture & Society 22, no.5(2005):222.

69. Awan et al., Radicalisation and Media.

70. Awan et al., Radicalisation and Media.

71. 虽然本拉登在 1996 年法特瓦(fatwa)之前也发布了其他声明，但是这些早期的信息主要针对本土的沙特听众，比如乌力马(学者)，或者是对更为广泛的阿拉伯和穆斯林民众的恳求。

72. Osama bin Laden, Declaration of War against the Americans Occupying the Land of the Two Holy Places, 1996, available at http://www.mideastweb.org/osamabinladen1.htm.

73. 在 2001 年 9 月 16 日的演讲中，小布什总统谈道："这是一种新型的邪恶。我们理解。美国人民也开始理解这一点。反恐战争，这是圣战，会持续一段时间。" http://georgewbush-whitehouse.archives.gov/news/releases/2001/09/20010916-2.html.

74. From the sermon "Among a Band of Knights," February 14, 2003, cited in Bruce Lawrence(ed.), Messages to the World: The Statements of Osama bin Laden (London: Verso, 2005).

75. 参见 Tim Reid, "Al-Qaeda Supporters Back John McCain for President," The Times, October 23, 2008。

76. Hoskins and O'Loughlin, Television and Terror.

77. Alexander George, "Domestic Constraints on Regime Change in US Foreign Policy: The Need for Policy Legitimacy," in American Foreign Policy: Theoretical Essays, edited by G. J. Ikenberry(Glenview: Scott, Foresman, 1989), 585.

78. John Lewis Gaddis, "Was the Truman Doctrine a Real Turning Point?" Foreign Affairs 52, no.2(January 1974): 389.

79. Walter Isaacson and Evan Thomas, The Wise Men: Six Friends and the World They Made(New York: Simon & Schuster, 1986).

80. Denise Bostdorff, "Harry S. Truman, 'Special Message to the Congress on Greece and Turkey: The Truman Doctrine'(12 March 1947)," Voices of Democracy 4 (2009): 1—22.

81. Isaacson and Thomas, The Wise Men; Bostdorff, "Harry S. Truman," 11. 这两个著述提出这一说法的出处不明,但是确实一致认为"杜鲁门的发言非常令人恐怖"。

82. Isaacson and Thomas, The Wise Men, 397.

83. Isaacson and Thomas, The Wise Men, 397.

84. Isaacson and Thomas, The Wise Men, 390.

85. Isaacson and Thomas, The Wise Men.

86. Truman Doctrine, http://www.ourdocuments.gov/doc_large_image.php?doc=81.

87. NSC-68, 14 April 1950. https://www.fas.org/irp/offdocs/nsc-hst/nsc-68.htm.

88. Isaacson and Thomas, The Wise Men, 499.

89. Gaddis, "Was the Truman Doctrine," 386.

90. Gaddis, "Was the Truman Doctrine," 394.

91. 参见 Vladimir Shlapentokh, "Perceptions of Foreign Threat to the Regime: FromLenin to Putin," Communist and Post-Communist Studies 42, no.3(2009): 305—24; Legro, Rethinking the World, for further justification for the use of speeches。

92. George W. Bush, The National Security Strategy of the United States of America (NSS 2002)(Washington, DC: Executive Office of the President, 2002), http://georgewbush-whitehouse.archives.gov/nsc/nss/2002/; George W. Bush, The National Security Strategy of the United States of America(NSS 2006)(Washington, DC: Executive Office of the President, 2006), http://georgewbush-whitehouse.archives.gov/nsc/nss/2006/index.html.

93. Hoskins and O'Loughlin, Television and Terror, 98.

94. Philip Seib, The Al Jazeera Effect: How the New Global Media are Reshaping World Politics(Washington, DC: Potomac Books, 2008).

95. Finnemore, "Legitimacy, Hypocrisy."

96. Quoted in "Chapter 1: History of the National Strategy in US National Security Strategy 2010," The National Strategy Forum Review 19, no.1(2009): 1.

97. Peter Feaver, "Holding Out for the National Security Strategy," Foreign Policy, January 20, 2010, http://shadow.foreignpolicy.com/posts/2010/01/20/holding_out_for_the_

national_security_strategy.

98. Bush，NSS 2002.

99. Bush，NSS 2002.

100. Bush，NSS 2002.

101. Bush，NSS 2002.

102. Bush，NSS 2006.

103. Andrew Hoskins and Ben O'Loughlin，War and Media(Cambridge：Polity，2010)，9.

104. Bush，NSS 2006.

105. George Bush，"President Bush Addresses United Nations General Assembly，"2008，http://georgewbush-whitehouse. archives. gov/news/releases/2008/09/20080923-5.html.

106. Bush, UN 2008.

107. Barack Obama，"President Obama's Address to the UN General Assembly，"September 23，2009，http://www. america. gov/st/texttrans-english/2009/September/20090923110705eaifas0.3711664.html.

108. Obama，UN 2009.

109. Obama，UN 2009.

110. Obama，UN 2009.

111. Barack Obama，"Remarks by the President in the State of the Union Address，"January 27，2010，http://www. whitehouse. gov/the-press-office/remarks-president-state-union-address.

112. "Twentieth Century Statecraft，" n. d. http://www. state. gov/statecraft/overview/index. htm.

113. "Twentieth Century Statecraft，" n. d. http://www. state. gov/statecraft/overview/index. htm.

114. Snyder，Myths，42.

第三章

国际秩序中的战略叙事

引　言

在第二章,我们重点分析了战略叙事是如何赋予行为体意义的。分析表明,关于大国的叙事从国际和国内两个层面影响了他国对大国的预期。我们认为,对这些叙事的充分理解对准确理解自 20 世纪 40 年代以来的美国政策至关重要,同时也是理解当前国际体系变化的关键。对其他一些国家的命名,如正常国家、崛起国、金砖国家或是超级大国等都或多或少意味着某种限制或是某种权力。本章将深入阐释国家关系中战略叙事竞争如何建构并维持秩序。秩序是国际关系研究的核心问题,对这一问题的研究揭示了多种行为体共同作用形成的秩序概念、其形成目的及作用。政治行为体关于秩序的叙事对秩序的形成、维持及最终消亡提供了可信的解释。新媒体生态的出现以及权力与权威在世界更广地流散等使秩序建构更加复杂。埃里克·沃格林(Eric Voegelin)认为:

> 对秩序的理解……总是需要一个国家理解为什么"该秩序是有意义的",这正是秩序的特殊意义。因此,自我理解总是秩序和政治秩序现实的一部分,我们甚至也可以说是历史的一部分。[1]

本章将重点分析大国叙事如何塑造国际秩序。通常,这种叙事是二元的——或善良或邪恶,或民主或专制。这些通常看来十分简单的叙事影响我们对未来秩序的预期,预期会对政府决策产生决定性影响。关于权力转移和霸权的分析长期以来一直重在对物质条件的研究。[2]本章要阐明战略叙事竞争如何界定秩序。布赞认为,我们正进入一个没有超级大国时代,而不再是体系内经常存在的几个大国主导的状

63

态。[3]在他看来,"去中心"的全球主义将使超级大国更难成为世界霸主。事实上,当今时代充满不确定性,大国要想在这个权力流散的国际体系内建构战略叙事,必将面临更大挑战,但这决不意味着大国不能构建战略叙事。我们认为,大国的耐力及它们未来担当的角色取决于它们是否能更好适应变化的媒体生态,以及它们如何使各自的国际体系叙事更有说服力。

　　本章将阐释行为体如何通过战略叙事来界定国际秩序。我们认为,叙事赋予秩序意义,战略叙事有助于我们解释界定国际秩序的过程,国际秩序是当代国际问题中尤其重要的一个概念。战略叙事从三个方面帮助我们理解国际秩序。首先,战略叙事有助于我们理解秩序,我们将简要梳理战略叙事在秩序概念演进过程中的核心作用。各种叙事中关于秩序的定义以及有助于理解秩序的各种术语间发生相互竞争。其次,战略叙事在秩序建构过程中起关键作用。叙事的传播影响行为体面对政策选择时的考量。最后,战略叙事对维护秩序同样发挥核心作用,战略叙事界定了国际体系现有秩序的特点。战略叙事会努力勾画出一种结构,以此来分析国家内部、国家间以及跨国行为体间的秩序。对于在当下这个高度竞争又充满不确定性的国际体系中的行为体,战略叙事对其政策偏好的形成和提出既有推动作用,也有限制作用。我们将首先分析国际关系(IR)领域重要理论范式中的各种叙事,并在此基础上更好地理解战略叙事分析如何有助于我们更准确、深入理解国际关系。之后,我们将分析 2011 年利比亚危机叙事,以便更好地解释各主要大国的反应。

秩序中的战略叙事

　　新的世界秩序逐渐形成,各种声音甚嚣尘上,相互竞争。政治行为体通过使用战略叙事,努力占领国际和国内政治传播的话语中心,以期对正在形成的世界秩序产生影响。不论在国际还是国内层面,人们都会对叙事进行广泛讨论。战略叙事必须充分考虑国内民众对与第三方接触的意愿,叙事在媒体间的传播也使情况变得更加复杂。因此,罗伯特·帕特南(Robert Putnam)提出了一个"双层博弈"的类比。他认为,在达成国际协议的过程中政治行为体将集中精力对国际和国内的胜率分别进行细致分析,这一点至关重要。[4]不过,帕特南这种割裂国内与国际,并分别加以考量的设想太理想化,在实践中很难持续。古雷维奇(Gourevitch)[5]指出,由于国内政治组织间相互渗透,国内和国际政治间的利益关系比单纯的国内利益分析更加灵活,更为多变。[6]我们认为,行为体对于依其偏好塑造国际秩序而言具有施动性,尽管这种施动性仍受到限制。

新媒体生态对外交政策的一个影响是,从根本上改变谁能够投射国际秩序的叙事,并允许对体系中大国的叙事提出更公开的挑战。[7]然而,尽管有人预言了"主权的黄昏",但国家仍然是国际事务中主要的、可行的行为体。[8]大国拥有的资源足以让它们有强大的实力来讲述正在形成的世界秩序。贾米森(Jamieson)认为,成功的叙事之所以成功就在于"该叙事一方面能通过合情合理、连贯一致的故事引起听者共鸣,又能对那些相互矛盾或碎片化的信息加以解释说明"[9]。尽管如此,大国若想准确清晰地展现关于国际新秩序的解释性叙事并非易事。一般而言,在未来几年不会出现关于国际秩序的统一、一致的叙事。弗里德曼所期待的、取代冷战期间相对稳定的两极秩序的新秩序,尚未出现。[10]为应对当前和未来各种不确定性,人们常常通过叙事来描述各种重大变化,以突出各时期的连贯性,这些叙事通常强调曾经的辉煌,描述那些有重要影响的、和平发展的形成期。[11]

尽管国家间制度性合作比比皆是,但在后冷战时期还未出现关于国际新秩序及各国都认可的共有叙事。罗伯特·卡根(Robert Kagan)所言发人深省:"是时候了,我们不要再自欺欺人地称美欧有共同世界观,更不要再称美欧共享一个地球了!"[12]这番话告诫世人,即使对于那些亲密盟友,他们在如何应对各种国际问题上仍各怀己见,这种情况早已司空见惯。简单的二元叙事已经无法像过去那样,成为将国家团结起来的原因,如是资本主义还是共产主义?东方还是西方?孰好孰坏?如何生成关于当下国际现实的叙事对于各行为体来说的确是一个不小的挑战,这种叙事完全超越了选举阵营的政治口号,亦非临时性外交声明。汉斯·摩根索被尊为二战后现代国际关系研究的重要推动者之一。对物质力量的局限性以及传播的复杂性,他都有充分认识。在"宣

传的原则"一文中,他指出,

> 外交政策归根结底就是要确保一国核心利益,并为达此目的去影响他国政策。为此,外交政策的目的就是想尽一切办法,使用各种手段来影响他国政府、民众、外交官等,或进行外交说服,或以军事施压,或给予援助和贸易优惠,甚或利用宣传手段以对他国政府和民众进行宣传,以使他国政府及民众明了该国特点及其政策本质。[13]

在约瑟夫·奈提出"软实力"概念之前,摩根索就曾呼吁美国:

> 最终必须认识到,但凡我们的外交政策和国民生活丧失了那些一直以来被别国钦佩、效仿的特质,那么不论我们如何调整我们的信息政策,也都将无济于事。美国必须重新发现自己,重新确定自己的世界责任。[14]

同样,威尔逊中心 2011 年发表的一篇题为《国家战略叙事》的文章,一度被广为阅读,文中提出了让世界效仿美国的理由。[15]那种试图通过增强美国的内政与外交吸引力来说服他国的想法,显然已成为关于秩序的战略叙事的重要主题。规范力欧洲(Normative Power Europe)[16]、中国"和平崛起"、金砖五国的影响力、美国宣称的全球领导力,这样的叙事都发自内心,希望别国都能效仿这些对国际秩序起规范作用的政治和经济模式。我们认为,这种效仿不是被动的。政治活动家们通过向决策精英们不断重复这样的叙事,并通过新媒体生态来塑造共有意义,竭力促使他国主动效仿。

理解国际关系中的秩序

在国际关系研究领域的重要学术文献中,秩序是一个核心概念。将叙事分析用于有关秩序的研究早已见诸历史[17]、法律[18]、政治科学[19]、公共政策[20]及社会学[21]等多个领域的研究。由于国家目标和国家战略的实现都离不开叙事的引导与影响,因此毫无疑问,国际关系一定受到叙事影响,尽管这种影响有时是积极的,有时是消极的。莱恩(Layne)指出,

> 在 20 世纪相当长一段时间里,华盛顿一直奉行扩张主义和干

涉主义战略,究其原因,正是该国推行的自由主义意识形态——在外交政策中变身为"威尔逊主义"——已上升为美国的"帝国神话"。威尔逊主义用意识形态来定义安全,指出只有当世界各国都成为民主国家时,美国才能确保安全,不可避免地把十字军式思维渗入到美国外交政策中。[22]

政府在外交决策的过程中,往往会出现关于秩序的叙事概念。秩序通常用均衡来类比,用以分析国际体系内各国的力量对比,最终达到均衡状态。[23]在建构国际秩序的多种方法中,均势思想是核心,均势也被视为国际事务的一个必要目标。后冷战世界均势还未出现,即便对那些只看到美国一超独大的人,甚至那些只强调单极秩序而否认制度合作或非国家行为体的各种叙事的人来说,均势亦未曾出现。[24]例如,尽管美国处于霸主地位,华尔兹仍认为:"我们必须准备告别两极化,去适应在没有简单舒适的均势对称状态下的生活。"[25]当人们在争论美国单极霸权的规模与可能延续的时间、美国霸权是否能弥补对称的缺失时,在讨论为维护挑战国缺失状态下的世界秩序的文献中,学界已为均势缺失赋予了规范性特质。[26]与之相反,在巴切维奇(Bacevich)[27]、莱恩[28]和奈[29]等学者看来,美国的全球霸权势必让世人担忧,美国滥用霸权必然伤及其长远国际声望和地位。有观点认为,美国正遭受其霸权国地位的困扰,无益于国际体系形成更广泛的均势。[30]正是出于这样的考虑,有文献专门研究世界各国为何不对美国的权力进行制衡。[31]研究表明,均势被普遍视作国际关系的目标。的确,华尔兹曾指出:"正如自然界对真空深恶痛绝,国际政治也深恶均势之不存。"[32]国际关系中的失衡状态将产生负面影响。在后冷战时期:

> 均势已不存在……自罗马帝国以强权凌驾于诸国之上时,直至今日,均势一直维系着国际关系。"帝国"这个词再次出现。一些知名的国际问题专家,不论是左派还是右派,都热衷论及"美利坚帝国",这已成为21世纪的典型叙事。美军在伊拉克的军事胜利似乎只是对这一世界新秩序的确认。[33]

相反,布鲁克斯(Brooks)和沃尔福思指出,目前美国一超独霸的单极秩序,应该是在任一挑战者出现之前,美国能按自己的意象塑造世界的唯一机会。[34]再者,现实主义秩序观强调权力,强调霸权行为体怎样使用武力来维持现有等级秩序,并对挑战者进行威慑。[35]莱克(Lake)指出,社会权力不足以建立并维护秩序,但是能够提供物质激励,以强化现有体系的等级与权威。[36]然而,那些唱衰美国的研究却绘制了另一幅图景:随着新兴国家的崛起,美国相对实力在减弱。[37]

关于秩序的自由主义理论注重分析国家是如何被经济驱动的跨国力量所追赶,这些力量代表着主要行为体的利益。从自由主义角度来研究世界秩序的学者中,最突出的是 G.约翰·伊肯伯里。他曾指出,在二战后由美国主导的自由世界秩序之所以得以建立,正是由于在自由秩序建立过程中根本不存在针对该秩序的强制性要求。[38]也正是在以美国为主导的自由秩序下,各国团结合作,才取得这样的制度性成功。即使是在美国霸权式微、新兴挑战者不断涌现的新时期,这些制度状况良好,仍将继续发挥重要作用。显然,伊肯伯里的观点有悖于现实主义,尤其与现实主义关于大国间均势和竞争的根本思想背道而驰。在他的经典著作《自由主义利维坦》中,伊肯伯里讲述了一部"自由主义国际制度从产生到发展的历史宏剧"[39]。事实上:"在过去 200 多年国际政治的历史宏剧中,就有一部讲述了自由民主国家登上全球舞台的历史。"[40]伊肯伯里讲述了自由民主国家崛起为全球霸主的故事,故事的主人公就是大英帝国和美利坚合众国,它们在不同历史时期领导国际社会去实现"自由理想"。[41]与它们对抗的正是那些奉行"敌对的独裁主义、法西斯主义以及专制主义的大国"[42]。然而,这的确就是一场大国遵循"通用逻辑"[43]而上演的争霸战。伊肯伯里认为:"20 世纪 90 年代之前,美国领导下的世界秩序达至巅峰……而如今,美国领导的自由霸权秩序却已困难重重。"[44]但是,伊肯伯里却给出了一个令人惊讶又愉快的结局:尽管美国单极霸权日益衰退,但美国领导下的自由霸权秩序却仍将继续,这一结论显然与人们所熟知的现实主义思想相悖。对于伊肯伯里和美国来说,这正是"他们期待建立的全球秩序"[45]。

倘若美国有足够智慧,做出正确的外交研判,未来 20 年,在这个依然奉行开放市场、民主共同体、合作安全、基于规则的秩序的世界体系中,美国仍将居于中心地位。这样的世界与史上常见的、却不被世人所特别期待的世界秩序,如大国均势、地区主义或是两极竞争截然不同。[46]

　　最后,伊肯伯里对自由主义体系持续发展的条件做了深入分析。为实现自由主义体系的持续发展,伊肯伯里认为:"我们首先需要进行一场新的议价,而不只是建立一个新的体系。"[47]国际社会必须提供诸如安全、市场等全球公共产品,但目前尚无权威体系能对这样的公共产品进行组织管理。[48]国际社会的等级在变,因此如何实现干预合法化尚不明确,国际权威在何时,又将如何超越国内民主权威,仍有待进一步研究。

　　这是自由主义体系内的权威危机,而非国际体系本身的危机,这正是吉尔平提出的"体系变革"概念,并非体系的变化。[49]至于为什么是这样,这需要准确识别国际政治变化的动力,并说明这些动力的作用以及在其作用下自由秩序的延续。伊肯伯里提出,美国主导的自由主义国际秩序并不稳定,因为作为其基础的威斯特伐利亚体系正日趋衰落。[50]全球相互依存加深,现有国际体系已难以应对。[51]在他看来,需要建立一个新的治理体系:美国必须重塑全球生态。[52]基于沃尔弗斯(Wolfers)的分析,伊肯伯里提出了环境导向型大战略(milieu-oriented grand strategy)和地位决定型大战略(positional grand strategy)。[53]环境导向型大战略意指重塑环境,即"搭建国际合作基础设施"[54]。地位决定型大战略就是对那些意图挑战霸权国的其他大国进行打击、予以遏制。目前,随着美国借助谷歌和其他组织构建的全球制度基础和通信基础设施(详见第五章),地位决定型大战略的重要性突显。构建一个有助于"美国治下的世界环境"[55]是地位决定型大战略的目标。因此,自由主义秩序的未来发展和维护的关键不是美国这个国家,而是致力于推行以美国方式建立的国际体系。

　　显然,伊肯伯里的分析借鉴了吉尔平的《战争与变革》(*War and Change*)以及奥根斯基(Organski)的《世界政治》(*World Politics*)关于权力转移的周期理论的国际政治分析。根据周期理论,霸权战争必然催生世界新秩序。权力转移源自国际关系的深层结构,并将导致新兴国家对现有等级和秩序的挑战。大国赢得霸权战争后,将凭借其威望和意识形态谋求永久的霸权护持,或努力确保新秩序的合法性。在这一过程中,霸权国终将被强权打败。[56]冲突是秩序变革的关键。正是在二战后,世界确立了新秩序下的规则和制度。[57]规则和制度林林总总,种类繁多。[58]这样依据一种秩序类型的自身逻辑,国家行为被模式化或固化。"一旦已有规则和安排遭到质疑,或秩序赖以存在的霸权力量消失,国际秩序或土崩瓦解,或陷入危机。"[59]

《自由主义利维坦》一书未对传播的作用进行研究。伊肯伯里认为,鉴于国际体系当下面临的权力危机,"今天是时候了,是更新战后美国提出的国际主义观,并再次向世界宣布这一新国际主义观的时候了"[60]。然而,至于该怎样更新,又该如何让世人信服,他并未作进一步分析。在书中,他明显低估了世界对美国的国际主义观的质疑。伊肯伯里的观点陈述可被视作叙事分析——行文中既有描述,也有限定:既给出了对自由主义的合理解释,又描述了自由主义秩序是如何起作用的。[61]无政府状态逻辑、等级结构逻辑、同意/控制/命令逻辑等,每种逻辑都是"关于国际体系崛起与更迭的宏大叙事"[62]。因此,伊肯伯里正是利用国际关系理论来建构其宏大叙事。

与杰维斯[63]相同,伊肯伯里认为,单极国家试图"以其预期或是它所期望的自我意象来重塑世界"[64]。因此,谁是单极国家的领导者,"他们抱有怎样的观念",[65]正是世界秩序重建的关键。罗斯福和杜鲁门的思想深受美国政治文化影响,[66]那些观念同样受到欧洲自由民主思想的影响。然而在苏联则有一个清晰的他者意象,因此便生成了正反二元叙事。[67]这样的身份认同有助于以他们认可的方式建构西方世界。[68]随着伊肯伯里分析的不断深入,又出现了新问题。他沿用了斯劳特[69]的分析思路,认为美国因其"联系能力"(capacity for connectivity)[70]被置于组织霸权的位置。美国是开放的,它对非政府组织、企业家、企业集团,以及活动家们都是开放的,是一个其他行为体可以借助来完成想做的事的国家。斯劳特列举了自由主义秩序制度化的几种方式,正是这种制度化塑造了秩序的演进。

> 国家不是国际体系的唯一行为体,但却是最重要的行为体。国家没有消失,而是逐渐分解为各种组成机构,各国在相对应的机构间频繁互动。尽管这些机构具有共同的专业身份和实践经验,如法官、监管人员、部长,甚至是立法官员,但它们仍带有鲜明的民族或国家利益。一旦需要,各国都会也必将会逐步建立相应机制,以整合各机构的不同利益。因此,在很多情况下,国家仍将作为单

一行为体以更传统的方式与其他行为体互动。政府间网络有时存在于更传统的国际组织内或是与其共存。[71]

伊肯伯里和斯劳特一致认为,美国及由其领导的各种制度已成为他国借以自助或帮助他国的枢纽。但伊肯伯里却没能探究这样的情形将如何有助于形成共有叙事。如果美国更显包容些,它应当更多把其国家的叙事融合进来。这就出现了"融合"这一概念维度。融合是怎样实现的? 又需要怎样的平台来进行融合呢? 伊肯伯里一直持这样的观点,即美国无意领导二战后的世界秩序,但事情偏就这样发生了:"秩序不是在一个单一愿景中构想出来再强加给世界的,它是在一个不断变化的政治进程中建立起来的。"[72]同时,他还详细分析了罗斯福和杜鲁门政府笃信他们建立的秩序必将得以"推广"的原因,那就是这种秩序本身具有进步性,且具有潜在普适性。[73]在霍根(Hogan)[74]看来,杜鲁门成功建构了其政府叙事,全然接受二战后美国作出的所有国际承诺。没有这样的叙事,杜鲁门就无法动员国内政治民意。因此,遏制苏联这一目标成为二战后美国外交的核心叙事。

战略叙事如何有助于更好理解秩序

战略叙事对于行为体理解国际秩序至关重要。战略叙事能建构、影响并塑造人们对世界体系特点和运行的理解,可以呈现国际体系中相互关联的多个方面,如行为体关于极的理解、对大国的判别;强调对各种类型国家,如大国、流氓国家等的预期;勾勒出国际秩序下可预见的和可能出现的协同、合作和一体化进程;对崛起大国、衰落大国、威胁、敌人以及盟友作出预判;评估对利益的界定;以及概括政治行为体社会化程度的范围。

欧文(Owen)[75]指出,从一种秩序到另一种秩序的转变,是由它们所代表的观念和叙事以及体系内物质力量分配决定的。在欧文看来,制度变迁需要一种证明性叙事,以为某一政体制定新的基本规则,[76]这往往需要通过叙事二分法来突出新、旧两种制度间的本质区别,如罗马天主教和路德教,进而凸显对新制度的支持。[77]这样,叙事亦可作为化解不确定性的手段,这种手段需要借助行为体和网络进行传播。[78]国际法学者对如何嵌入叙事来强化秩序做了解释。卡琳·菲尔克(Karin Fierke)[79]引用法学家罗伯特·科弗(Robert Cover)的观点:"任何法律制度或法律规定都不能脱离相关叙事而存在,没有了叙事,它们也就无法获得意义……法律条款如果能在赋予其意义的叙事语境中得到正确解读,法律也就不仅仅只是一套被世人遵守的规则体系,而是成为我们赖以生存的世界。"

法国大革命期间,人们一度发出自由、平等、博爱的呼声,传达出改变旧的君主秩序的叙事。[80] 1991年,乔治·H.W.布什在海湾战争前夜宣告"世界新秩序"到来,反映了柏林墙倒塌后战略叙事的积极变化。福山的"历史终结"叙事意图表明自由主义的胜利是冷战结束的根本原因,并突出强调自由主义已成为后冷战世界秩序的重要组织原则。正如麦克沃伊-利维(McEvoy-Levy)指出的那样,福山的叙事是一种有序转移的叙事。[81]不过,受黑格尔启发,福山提出这样的论述:随着1989年柏林墙倒塌,自由主义秩序确立了主导地位,获得了胜利。然而这一论述很快遭到质疑。尽管20世纪90年代出现了关于冷战遗产的论争,但并没有出现关于秩序变化的霸权叙事,也没有提出秩序变化的蓝图。无论是学者还是决策者,都用不确定性来表明对当时世界秩序的理解。正是在这样不确定的情况下,中国、欧洲、美国及其他领先的行为体,都在努力提出各自的叙事。人们所看到的不是美国叙事在世界的传播,而是多元复杂性和不确定性已取代两极叙事以及明显的二元选择叙事。我们的研究重点是分析主要大国在充满不确定性的国际事务中是如何建构关于新兴秩序的叙事以满足国内和国际受众的需求。

> 我们发现我们进入了艰难的历史关头,应再一次提醒自己认清葛兰西所定义的危机。葛兰西认为,危机"存在于旧秩序正在退去,新秩序尚未建立的历史关头"。但这一过渡阶段总是伴随着混乱。这就是我们今天正面对的现实:这正是行进中的暂停,是变化中的间歇,既是瓦解,又是重生——一个充满不确定性的终结。[82]

施韦勒(Schweller)和蒲晓宇指出,新兴国家出于对国际声誉和影响力的追求,通常会努力使霸权国的权威及其主导的国际秩序失去信誉——用施韦勒和蒲晓宇的话说,就是使其丧失合法性。[83]借鉴莫德尔斯基(Modelski)的研究成果,他们进而指出:"当霸权国(单极)出现相对衰落时,其合法性即开始丧失。根据莫德尔斯基的分析逻辑,当权力开始变得更加分散、均势同盟开始形成时,也就意味着权力'去中心/聚合化'进程开启,这时合法性即开始丧失。我们也基本持这一观点,但在具体时间上稍有不同。另外我们认为,现有体系是第一个真正的单极结构,而不仅仅是霸权结构,针对这一事实的认识,我们和莫德尔斯基也存在分歧。"[84] 施韦勒和蒲晓宇所强调的建立另一种新秩序来取代霸权秩序的主张与我们所强调的"战略叙事"吻合。在他们看来,现有霸权物质实力的相对下降本身并不是权力转移的决定性原因,必须有观念变化,这也是我们强调的战略叙事的重要性。施韦勒和蒲晓宇认为,

> 共识性的观点是美国实力正在衰退,但美国主导的国际秩序及其统治权威的合法性并未受到严重影响。因此,任一试图重建均势的现有国际秩序的挑战者,必须提出为其他大国认可的另一种秩序观念'。推进传统均势行为的先决条件就是使美国单极秩序失去合法性,提出一种切实可行的新秩序。[85]

霸权国界定秩序基础的能力,将不断受到其他大国或潜在对手的挑战。[86]

理解现实的复杂性对决策者而言日益困难,这正是战略叙事成为一个极具吸引力的政策概念和解释性工具的现实原因。随着新媒体生态的发展,关于秩序的多种观点得以形成和呈现,这也使更多国家积极参与对国际秩序的重新界定。1919 年大国领导人可以不在世界媒体的聚光灯下协商世界新秩序。[87] 如今,"全球观念之战"[88] 带给各国政府的是一个更具竞争性和争论性的"大市场"这样一种认识和事实,迫使各国政府必须学会如何针对各种不同声音展开竞争以及如何有效利用这些不同声音。国家已无法在隆重的外交场合去处理与世界的关系,控制谁可以在场或不在场。门罗·普赖斯(Monroe Price)[89] 认为,尽管国家领导人可以选择不去影响民众的意愿和意志,但是争取民意的激励以及各种观念对世界的影响要求他们必须积极争取。在一次访谈中,理查德·霍尔布鲁克(Richard Holbrooke)曾对迈克尔·伊格纳季耶夫(Michael Ignatieff)说:"外交不似弈棋……更似爵士乐——需要不断就某一新的主题进行即兴表演。"[90] 设计和实施连贯的战略叙事的

能力要基于各类多变的事件和其他人的观点。

比亚利-马特恩对国际关系中交流与沟通的重要作用进行了理论化研究，其突出贡献在于提出了"表象力"这一概念。她认为，

> 表象力使其作用的对象只能接受重构的身份，并忍受这种重构的身份，以这种身份去生活、去经历，别无选择。因此，表象力不仅重构了认识论层面的秩序，而且重构预期与行为，并由此重构国际秩序。这样，身份可以使无序的秩序重新回到有序状态，身份成为秩序之源。不过，至少在危机中，表象力是通过力量实现了这一点，是强制建立了秩序。[91]

秩序可以具有包容性，也可以具有排他性。二战后建立的北大西洋安全共同体，正是在面对苏联及其盟友的可能威胁时，欧洲国家建构的一种共同身份。[92]从包容性角度来分析，国际关系英国学派的核心观点就是要建立由主权国家组成的国际社会，以消解无政府状态带来的各种消极影响。[93]当代国际关系的一个难题就是"我们感"（we-ness）越来越复杂，越来越难以维系。随着更多新声音的出现，国际体系变得更加多样，取代了冷战期间简单的"敌我"二元对立的两极体系。当然，也有人持另一种观点，认为世界因共同的媒体实践而变得更趋团结、更加统一。[94]伊肯伯里认为，我们正进入一个他所称的自由主义 3.0 时代，这是完全可能的。但是，当下各种不同观点和意见广泛传播，政治领导人们极易受到影响，这一现实的影响可能远远超出了我们的想象。[95]"我们感"可能不是大国之间相互联系的结果，也可能不是亨廷顿描述的文明冲突。[96]巴里·布赞认为，我们可能不会看到一个由于体系变革导致的新的超级大国的出现，他的观点也是关于"权力转移"讨论的重要贡献。布赞认为，超级大国出现的条件尚不具备，在目前崛起国和现有大国之间，权力竞争将集中在地区层面。布赞关注的重点是当前美国这一超级大国，以及正在形成过程中的欧盟这个潜在超级地区联盟和有可能成为新的超级大国的中国。他认为：

> 物质实力的丧失不大可能使美国丧失其作为世界超级大国的地位。导致这一变化的关键因素是社会性的，既有其国内因素，又有国际因素。在国内，人民对美国作为超级大国的支持减弱；在国外，不论美国愿不愿意继续充当世界领袖，其追随者越来越少……

不论是来自国内的社会支持的减弱,还是国际社会支持的式微,这些变化将会使美国迅速从一个超级大国变为一个普通大国。[97]

布赞还指出,中美两国命运密切交织,也会影响两国政策的选项。他认为:

> 由于华盛顿深受现实主义思想影响,坚决反对任何一个竞争对手的出现,因此,崛起的中国,不论它是否和平崛起,在美国看来都是威胁。然而,关于崛起的中国的本质该如何确定,关键在于其他国家是否接受美国关于"中国是威胁"的认知。由于尚无为各国认可的理由,对于其他国家是否认为中国挑战美国霸权对它们来说是威胁,目前尚不明确。[98]

布赞进而指出,

> 如果其他国家都能对"和平崛起"的中国泰然处之,那么即使美国真的认为中国是威胁,这种认知也很难有市场……如果中国崛起没有对任何国家构成威胁,只是美国将中国的崛起安全化了,日本则将面临十分艰难的选择……如果中国能比较智慧地应对,将可能在大国政治中处理好与美国的关系。[99]

罗伯特·库珀(Robert Cooper)将世界秩序分为两类,一类是现代秩序,另一类是后现代秩序,这两种秩序都需要以不同的方式应对不同的挑战。[100]古德曼(Goldman)的国际主义逻辑认为:"若根据这里阐释的国际主义理论来分析,跨国交流将通过两种方式来调节利益、化解冲突,一种方式是减少错误认知;另一种是增加共情。"[101]基于此,林奇(Lynch)认为:"审慎的沟通途径超越了把公众理解为一种外部限制的看法,在重叠的国家和国际公共领域内的公共对话不仅仅提供有关偏好的信息;它可以使有利益偏好的行为体和专业观察者们围绕一些关于事实和利益的主张进行辩论。"[102]我们认为,交流并不总能增加共情。一些人认为包容性的叙事可能也发挥不了这样的作用。林奇引用了比尔·克林顿的演讲来加以说明:克林顿认为,"我们不能让一个看似不错的观点将我们引向和中国因运动引发的冷战(campaign-driven cold war);因为那会引发灾难性后果……我们今天关于中国的辩论反映了中国正在进行的关于美国的辩论……我们必须谨慎处理和应对"[103]。

随着新媒体生态的到来，各国政府已能够同步、连续地与民众直接交流。这样，便出现了从两步交流模式到一步交流模式的决定性转变。在两步交流模式中，政治行为体向新闻媒体投射叙事和总体构思，媒体之后通过与一些相关利益群体的沟通将有些内容滤掉，而一步交流模式则是借助通信技术实现政治行为体与公众的面对面交流。[104]大国具有与他国民众直接接触的能力。的确，战略叙事的突出特点就在于其可信度，这种可信度需要通过政治行为体来构建。正如拉莫（Ramo）所说，"如果中国希望'和平崛起'，很关键的一点就是，它要让其他国家接受它所提出的世界观。"[105]在菲利克斯·丘塔（Felix Ciută）看来，叙事是促成变化的手段，又是传输语意变化、塑造安全行为的有效途径。[106]同样，在我们承认物质实力举足轻重的同时，在秩序的建立过程中，仅考察物质实力的相对变化仍然无法揭示秩序建构的全过程。[107]

军事干预：变化中的关于秩序的战略叙事

关于秩序的战略叙事可以追溯到危机管理过程中大国关于其地位的叙事。即便是美国，在后冷战时期形成连贯一致的叙事也十分困难。[108]冷战时期鲜明的确定性和老布什总统提出的历时短暂的"世界新秩序"，已被后冷战世界的极端复杂性以及美国不再明确的世界地位所取代。[109]然而，显然没有一种叙事能完全替代美国关于国际秩序的自由主义叙事。"9·11"事件之后西方世界一度出现过"一致反应"，但它很快就被关于2003年伊拉克战争引发的争论和关于阿富汗问题的分歧所驱散。尽管政府间的沟通交流明显改进，但美国已经发现，美国和其他大国一样，要想影响他国，并与他国就其国际秩序观进行沟通交流，变得越来越具有挑战性。[110]通过对各国在国际危机中关于使用武力的观点、主张的分析研究，我们就能详细记录一国战略叙事的实际变化情况。自冷战结束以来，关于军事干预的不同观点和态度使大国间出现分化。2011年3月进行的关于联合国安理会第1973号决议的辩论使国际社会意见出现分歧，更凸显了各国关于军事干预和国际秩序的不同观点和主张。本部分将着重分析英法如何建构关于干预的战略叙事，并最终成功说服美国同意设立禁飞区。

　　我们将重点分析法国和英国的施动性，以便对战略叙事的形成、投射和接收效果作出解释。奥福德（Orford）的研究展示了干预叙事如何产生出西方大国使用武力的观点，以及如何产生了此类武装干预行动的国际法先例。[111]我们将详细解读法国和英国是如何促成干预战略叙事的提出，并最终实现联合国安理会五个常任理事国对相关决议进行投票，以表明同意或是予以弃权。就联合国安理会第1973号决议的辩论凸显了安理会五个常任理事国对维护世界秩序持不同观点。法国和英国提出的"保护的责任"（R2P）战略叙事最终获胜，还说服美国同意，并得到中国和俄罗斯的默许，但遭到德国的强烈批评。[112]而利比亚又该如何与安理会的精英和公众以及安理会之外的广大民众进行沟通呢？对这一问题的研究让我们看到了完全不同的情形。[113]战略叙事的分析表明，英、法首先协调一致，共同提出"保护的责任"战略叙事，能够在安理会内部获得足够支持，最终促成了联合国第1973号决议的通过。

　　欧盟内部关于2011年在利比亚设立禁飞区进行的辩论，为我们提供了一个有意思的实验性案例，让我们更清楚地看到大国在建构一种战略叙事时面临的复杂情况。各国对于2011年2月利比亚危机的外交反应，逐渐演变成那场安理会关于第1973号决议的投票。这种外交反应的典型特点就是出现一系列关于应当作出何种反应的政治性辩论。[114]因为德国在是否依据联合国安理会第1973号决议和更早的1970号决议设立军事禁飞区问题上，与法、美、英意见相左，欧洲没能提出一个一致的欧洲立场。针对在利比亚设立禁飞区决策过程的战略叙事分析表明，即使法英最终能提出一种影响美国立场的有效论述，这一决策仍将在一定程度上损害欧盟的整体一致性。同样，利比亚危机凸显了联合国安理会在军事干预问题上的不同态度。接下来的部分将简要列举英国、法国和德国关于利比亚问题的叙事中的几个核心观点，以着重说明这些核心观点如何影响国内和国际层面对围绕拟议中的禁飞区作出的各种外交反应。[115]按照我们在本书第一章中设定的说服光谱，利比亚案例涉及的是浅层说服，体现出主要行为体针对军事干预原则的不同主张。

法国

作为该项联合国决议的倡导国之一,法国将自己置于外交舞台的中心。[116]当年八国集团的主席国身份,更进一步强化了法国的核心主导地位。法国试图动员八国集团成员,以谋取在联合国中更广泛的支持。尽管有这样的制度便利,由于德国和美国均不愿考虑设立禁飞区,法国仍无法在八国集团内动员以获得实质性支持。2011 年 3 月 13 日至 14 日在巴黎召开了八国集团峰会,[117]峰会发表的声明中没有明确表态支持设立禁飞区,而实际上德国外长威斯特威勒(Westerwelle)在其声明中仍然强调,德国反对采取任何军事行动。[118]这样法国外交工作的重点就是争取其叙事能首先被其他国家接受。为此,就在卡扎菲军队威胁进攻班加西时,法国总统萨科齐携手法国哲学家伯纳德-亨利·列维(Bernhard-Henry Lévy)为赢得对法国政策的支持努力游说。[119]

阿兰·朱佩(Alain Juppé)在解释法国对于联合国安理会第 1973 号决议的立场时强调,时间紧迫是法国支持设立禁飞区的一个重要的决定性原因:

> 我们没时间了。可能是几天,也可能就几个小时。每过一天,每过一个小时,对渴望自由的利比亚平民百姓,尤其是班加西民众来说,政府的大规模镇压就逼近一步。我们肩上的责任随着时间的推移越来越大。我们一定要尽早赶到,及时施救![120]

就在联合国安理会第 1973 号决议通过后几天,利比亚政府军就开始了对班加西的轰炸。萨科齐加快构建法国叙事。2011 年 3 月 19 日,萨科齐称法国政府设立禁飞区主要体现在以下两个方面,一是阿拉伯人民对民族自决的强烈诉求,二是法国誓为当地人民尽快结束暴力、赢得自由的坚定决心:

> 我庄严宣布,让我们每个人都肩负起自己的责任。这是一个我不得不作出的庄严决定,法国将与其阿拉伯、欧洲和北美伙伴一起,坚定勇敢地接受这一历史使命。[121]

《纽约时报》史蒂文·厄兰格(Steven Erlarger)在联合国安理会第 1973 号决议投票后几天援引萨科齐的讲话:

萨科齐总统本周六独自站在电视台的摄像机前,发表电视讲话,庄严宣布法国已"决定受命接受历史赋予的使命",阻止卡扎菲上校对平民的"疯狂屠杀",这让那些仍然坚持法国例外论,仍然拥护其道德领导力的人们振奋。[122]

法国叙事突出强调领导责任、卡扎菲不适合掌权执政、他对反对派的非法镇压,以及在整个中东发展大环境下看利比亚危机,这些都和下文将分析的英国叙事极其相似。这些相似性表明"保护的责任"话语已形成了主体地位——主动承担责任的国家——萨科齐正是使用了三种主体地位话语,并由此阐发下去,建构了法国叙事。总的看来,萨科齐对利比亚危机的叙事主要通过三步来建构。第一步是框定问题;第二步是赋予其本人和法国突出的特性定义("我们愿承担责任");第三步呈现可怕结局("我们的行动千万不能太晚!")这样,萨科齐便成为法国战略叙事的建构者、形象代言人和讲述者。

法国叙事界定了人们对近似自由干预主义的秩序认知。萨科齐利用了法国在非洲进行长期干预的历史以及法国在欧盟出现危机时所发挥的塑造作用,因此,法国呼吁对利比亚进行干预与法国现行的对外政策叙事并不矛盾。法国要在利比亚建立秩序的决心是基于对利比亚人民的责任感,以及法国作为欧洲大国应该对该地区的动荡作出反应。法国的战略叙事强化了法国的领导责任及恢复利比亚人民安全的责任。法国战略叙事将法国置于另一种国家联盟的核心,避免再出现因未对非洲平民遭受的袭击作出及时反应这样的历史错误。

德国

德国决定对联合国安理会第 1973 号决议投弃权票,结果招致来自本国和国际社会对德国政府的严厉批评。德国决定不向遭受卡扎菲政府镇压的利比亚平民提供帮助,这与德国的外交政策叙事相悖。德国决定参与科索沃联合国军事行动被认为是其主动、自愿地在国际危机管理中承担更大的人权保护责任的重要标志。而德国对利比亚决议投弃权票,并没有延续这种外交叙事,也因此遭到批评。

德国驻联合国代表彼得·威蒂格(Peter Wittig)在对 1973 号决议

投票前发表的讲话中，对德国投弃权票作了这样的解释：

> 对德国来说，是否使用武力的确是个艰难的决定。我们认真考虑了动用武力的各种可能性，以及使用武力的后果及其局限性。我们认为这样做会带来更大风险。使用武力势必造成大量人员伤亡，我们决不能低估这种可能性。倘若决议中预先设定的方案失效，我们极有可能会陷入长期军事冲突，必将给更广大的区域带来更不利的影响。我们不应仅凭"快速打击、极少伤亡"这样的乐观假设就承诺加入军事干预。因此，德国决定不参与在如本决议第四条和第八条预期的军事行动。而且，德国也不会派兵参与相关军事行动。[123]

和萨科齐一样，威蒂格也提出对未来的设想，但他设想的结局更严峻——武装干预会引发"更长期的军事冲突、波及更广大的区域"。我们可以从德国外长基多·威斯特威勒（Gudio Westerwelle，自由民主党）的几次谈话中分析德国投弃权票的基本思路。在这些谈话中这位前外长反复强调他对武装干涉一国国内危机的担忧。威斯特威勒作了如下解释。首先，目前局势存在很大风险，一旦设立禁飞区必然导致军事冲突升级。

> 我们对风险进行了仔细评估。倘若我们看到这样的事实：即在干预开始不到三天，阿盟就已对干预进行了批评，那么我想我们的理由就更充分……这并不意味着我们持中立立场，也不意味着我们同情卡扎菲上校，只能说明我们对风险作了更全面、准确的评估。[124]

他同时强调，

> 我们不向利比亚派兵，不是因为我们对卡扎菲政府常有偏袒，而是因为我们看到了陷入长期冲突的风险。[125]

其次，威斯特威勒认为，军事干预不是处理利比亚危机的正确选择，军事行动很可能使欧洲在未来必须承担更大的危机管理责任。他给德国叙事预设了一个消极或是人们不愿看到的结局。对此，威斯特威勒敦促：

> 每次北非或阿拉伯出现非正义事件，我总是会警告说，在欧洲不要讨论"军事干预"……我一直坚信只能政治解决利比亚问

题……可到最后重要的是我们显然站在民主党一边……但明确的一点是,我们不能对所有存在非正义行为的北非国家威胁使用武力。[126]

德国防部长托马斯·德·梅齐埃(Thomas De Maiziere,基督教民主党)对 1973 号决议的反对更是直截了当。在一次为针对德国的批评进行辩护时,德·梅齐埃宣称,德国的这一决定是经过深思熟虑的,是完全合理的。他表示,

> 我们决定不参与针对利比亚的军事行动是经过再三考虑、权衡的,这一决定是正确的。[127]

然而,更重要的是,德·梅齐埃非常清楚明了地表述了他对"保护的责任"这一概念的质疑,这一概念是在 20 世纪 90 年代末,因 1998—1999 年对科索沃的军事干预而提出。德·梅齐埃认为,

> 因一国政府违背人权而对该国民众施以"保护的责任",其根源于国际法。然而,因此便认定我们有权进行干预,这合法吗? 或者说,我们因此就真的必须这么做吗? 我始终认为,任一关于军事行动的决定都必须经过缜密分析和研判,必须首先明确是否能确保以恰当的方式,在一个适当的时间内实现预定目标,并且确保人员平安撤出,所有人员平安撤出。[128]

威斯特威勒和德·梅齐埃的观点是对英法两国为促成军事干预而进行的外交努力的直接挑战,对此我们将在下文进行分析。德国的反应表明对英、法外交观点的反对,并表示未来不会将利比亚视为危机管理行动的案例。重要的是,基于他们对系列事件的理解以及对来自德国外交经验的总结和影响,他们已表明对于德国外交而言,哪些是可能的,哪些是不可能的。这些也是德国国家身份叙事的核心内容。尽管德国曾作为欧盟和北约的成员国,谨慎参与了危机管理过程中的一些军事行动,但其国际身份叙事的核心内容从未动摇。[129]

德国叙事强调外交和制裁的重要性,德国精英阶层并不认可危机叙事是限制国际社会采取军事行动应对危机的手段。受布赞和维夫关于"安全化"[130]概念的影响,德国叙事是在使危机去安全化,而认为危机及危机解决属于国内政治范畴,而非国际危机管理范畴。这样的去安全效应叙事与英法坚持的军事应对叙事截然对立。2011 年 3 月 20

日埃姆尼德(Emnid)为《图片报》(Bild am Sonntag)杂志做的民意调查显示,有 62%的受访者表示支持在利比亚进行军事行动,31%表示反对。但当问及德国军队是否应当参与军事行动时,65%的受访者持否定态度,表示"不应当参与",只有 29%的人持肯定态度。[131]因此,不论是在德国国内,还是在其法、英、美盟友之间,甚至在利比亚,德国的选择性干预叙事使德国叙事的有效性更加复杂。

长期以来,德国一直主张,秩序只能依法建立在多边机制合作基础上才能实现。正如在欧盟框架下所看到的,自 1949 年以来,德国政府一直以建立长期的地区和全球制度为最优先事项。鉴于德国悲惨的历史经历,战后德国政府一直反对以武力谋求本国利益的做法。面对国际危机时,德国政府这种根深蒂固的政策偏好,以及对以武力谋求政策目标的怀疑,就会面临巨大压力。唯一一次例外是 1999 年德国参加北约联合部队对塞尔维亚的军事行动。[132]德国通常反对其盟友在进攻性军事行动中发挥更大作用的呼吁。在德国就第 1973 号决议投弃权票的相关叙事中,德国与其西方盟友叙事的差异更是一览无余。

英国

对以武力解决利比亚危机,德国谨慎稳重,法国则积极热情,相比之下,英国的叙事则介于两者之间。与朱佩和萨科齐以情感调动民意相比,英国外交更注重解决实际问题。托尼·布莱尔(Tony Blair)1998年曾在芝加哥发表讲演,很好地阐释了近年来英国的干预政策。对于伊拉克战争和阿富汗战争爆发后民众对武装干预的普遍质疑,保守党对布莱尔的武力干涉政策的各种批评质疑,促使英国首相大卫·卡梅伦和外交大臣威廉·黑格的叙事建构必须兼顾领导权和顺应民意之间的平衡。具体而言,一方面,英国要谋求与法国分享领导权,另一方面,必须充分理解民众对于卷入另一场长期军事行动的担忧。另一个不容忽视的重要原因就是利比亚和英国之间独特的双边关系。卡扎菲支持爱尔兰共和军,与洛克比空难也有关联,多年来卡扎菲一直反对英国政府。布莱尔决定改变卡扎菲的这种境况,英国政府基于存有争议的所谓健康原因释放了涉嫌 1988 年洛克比空难的阿卜杜拉巴塞特·阿里迈格·拉希(Abdelbast al-Megrahi-Megrahi),英国与利比亚双边关系得以修复,并真正得到提升。

当利比亚发生暴乱,卡扎菲政府下令镇压时,英国政府则对前工党政府努力使利比亚重返国际社会的决策大加批评,显示出愿与法国共同领导针对卡扎菲的武装干预行动。英国已于2010年11月与法国签订双边协议,向法国承诺将在安全和防御政策上与法国密切合作。英国常驻联合国代表马克·莱尔·格兰特(Mark Lyall Grant)也解释了英国之所以支持联合国安理会第1973号决议的原因。与彼得·威蒂格专注于风险不同,格兰特重点谴责卡扎菲的罪行,并指出了对其放任的后果;接着,他阐释了英国将努力为禁飞区的设立寻求地区支持;最后他强调这一切努力都完全出于对利比亚人民的支持,根本不像某些人所做的反叙事(counter-narrative)那样,认为英国支持设立禁飞区只为谋求英国国家利益。他还列举了军事行动的范围和局限,否定了意欲占领他国的说法。[133]

威廉·黑格在联合国投票通过第1973号决议后的发言中,阐述了英国对卡扎菲政权的负面评估,给出了英国的评估标准,同时强调必须要实现这些标准,进一步阐明了对卡扎菲采取行动的必要性。最关键的是,这为英国参与此项行动以及在该地区获得阿拉伯联盟的广泛支持提供了明确的法律基础。[134]2011年3月24日,黑格在下议院的一次辩论中再次强调该叙事。他指出,英国这一决策不仅是为了利比亚人民的利益,也是为了整个中东更广大民众的利益:

> 英国认为,该地区各国人民必须要能够决定自己的命运,为此我们呼吁这些国家的人民进行改革,反对压迫,也正因如此,在得到联合国全力支持下,我们已采取行动拯救那些遭受压迫政权统治的人民。由于中东变局不断,这将是我们的一贯之策。[135]

对于德国对第1973号决议投出的弃权票,英国持谨慎态度,尽量不予公开批评。在吉塞拉·斯图尔特(Gisela Stuart,工党)就利比亚问题发表的一次讲话后,黑格就德国对利比亚问题的立场回答提问时说:

> 德国是我们在欧盟和北约的重要盟友。当然,北约各成员国都自主决定该如何参与同盟行动,甚至自主决定是否参与同盟行动。不过,德国从来都没有阻止我们在北约框架下作出的任何决

策,也没有不提供帮助。德国已在联合国安理会明确表述了其立场,不会对这项决议(第 1973 号决议)投赞成票。对此我们应表示尊重,但德国的确在其他很多方面都提供了帮助。我希望,德国将出席伦敦会议。[136]

作为联合国安理会第 1973 号决议的两个倡议国之一,英国在联合国内为禁飞区争取到多数票支持,确实起了核心领导作用。英国官员努力为他们的叙事寻求更广泛的支持,避免强调英国利益。马克·莱尔·格兰特在向下议院特别国防委员会作证时,特别强调第 1973 号决议获得通过,不仅应归功于英国为之付出的努力,更应感谢其他国家和组织的"叙事努力"。格兰特还特别强调了利比亚驻联合国大使的背信弃义,以及这位大使在联合国所做的关于卡扎菲的几次讲话。格兰特表示,

> 利比亚驻联合国大使公开背叛国际社会。在安理会,这样一个完全公开的论坛,他将卡扎菲比作波尔布特(Pol Pot)和希特勒,对安理会成员国产生了巨大影响。[137]

这种将卡扎菲与波尔布特和希特勒这两个被唾弃的人物关联在一起的叙事主要是基于历史类比,或是如德安德拉德(D'Andrade)和施特劳斯(Strauss)所说的"认知图式",为支持对卡扎菲军队的军事行动提供了强有力的背景。[138]通过使用这些历史框架或模板来刻画对手,从而为对其采取行动提供了叙事结构基础。

美国:奥巴马的沉默

利比亚危机给奥巴马政府带来了不小的挑战。完全不同于小布什政府的外交政策叙事,奥巴马的外交政策叙事是建构在尽量减少美国在海外的军事投入,寻求与他国建立伙伴关系来维护国际秩序的基础之上。在 2009 年的就职演讲中,奥巴马承诺从阿富汗和伊拉克撤军。这一就职演讲清晰地展示出奥巴马的外交立场。这一立场必须兼顾美国的撤军叙事,反映美国是世界领袖及与其大国身份一致的大国责任叙事,本书第二章对此也进行了解释。[139]奥巴马面临着从伊拉克和阿富汗两国同时撤军的巨大压力,与其卷入利比亚的可能后果完全冲突,

根本没有给奥巴马留下参与军事行动的余地。奥巴马政府希望迅速减少美国在全球的驻军规模,希望其他国家共同维护国际秩序,这些迅速成为奥巴马外交主张的重要支柱。[140]《金融时报》曾援引安妮-玛丽·斯劳特的话说,

> 这就是 2012 年仍能再次参与竞选的总统,原因就是他领导美国走出了两场战争……他不会做使美国分散精力而影响从阿富汗撤军的任何事情。这与我所说的奥巴马主义完全一致——让其他国家在更多样的世界秩序中去承担更多的工作。[141]

对奥巴马而言,法国和英国共同提出的第 1973 号决议对建构他那谨慎参与危机管控的叙事极为有利。事实表明,尽管美国主导了绝大部分在利比亚军事行动的重要决策,但由于整个过程中有英、法和阿拉伯联盟,以及后来北约的加入,最终让奥巴马建构起多边参与和责任共担的战略叙事。然而,奥巴马最终决定给第 1973 号决议投赞成票,却因程序问题遭到批评,那就是在决定该如何投票的问题上,没有经过国会的讨论。因此,美国战略叙事的形成过程被质疑。另外,当英法两国的危机叙事日益确定时,奥巴马对利比亚局势决策缓慢,他也因此受到批评。[142]

直到联合国开始就决议投票,奥巴马对于是否参与对利比亚的干预一直保持沉默。[143]由于美国参议院未就利比亚问题进行过任何实质性讨论,一位学者曾发出这样的感叹,即便利比亚问题真能引起讨论的话,讨论时间也不会超过 35 秒。[144]尽管如此,参议院在 2011 年 3 月 1 日建议设立联合国支持的禁飞区,以保护利比亚平民,[145]但对美国是否介入没有任何明确说明。甚至到 3 月 9 日,有报道称奥巴马总统及其国家安全小组仍然认为卷入利比亚充满太多不确定性。[146]时任美国国务卿希拉里·克林顿强调,应对利比亚危机,更需要由北约或欧盟来领导,而不是美国。[147]2011 年 3 月 15 日在伦敦举行的八国集团部长级会议上,与会各方未能就利比亚问题达成共同立场。[148]

美国驻联合国大使苏珊·赖斯(Susan Rice)在一次讲话中阐明了美国对第 1973 号决议的最终立场,她强调,

> 卡扎菲上校及其支持者仍不断对利比亚人民最基本的人权进行粗暴而系统地践踏。3 月 12 日,阿盟呼吁安理会协助设立禁飞

区,并采取必要措施保护平民。今天决议得以通过是对这一呼吁给出了强有力的回应——也是对民众最迫切的需要作出的最有力回应……美国愿和利比亚人民一起,支持他们获得最普遍的人权。[149]

这种强有力的叙事,强调国际社会肩负的"保护的责任"、阿盟的努力和最普遍人权作为采取行动的主要动机,与英、法叙事相一致。关于奥巴马为什么最终决定参与利比亚设立禁飞区的原因,2011年3月28日,总统在位于首都华盛顿特区的国防大学做的一次演讲中得到很好阐释。[150]在这次演讲中,奥巴马总统用尽各种方法来说明他参与利比亚危机这一决策的正确性与合理性。演讲重点分析了美国介入的必要性以及美国是如何在危机爆发时作出及时响应的。奥巴马指出,美国仅用了短短31天就对利比亚危机作出全面反应,这与在20世纪90年代波斯尼亚危机中国际社会在一年后才作出反应形成了鲜明对比。同时,他还强调了国际社会众多国家对此作出了反应,也特别强调了北约的作用。这次演讲被奥巴马总统视作美国的战略叙事,他竭力为美国对利比亚危机缺乏明确回应、美国领导力不足等指责进行了回击。他强调,

面对利比亚人民遭受的残酷镇压,以及马上出现的人道主义危机,我下令向地中海地区派遣军舰。[151]我们的欧洲盟友也表明了它们坚定决心,它们将采取一切可能措施确保阻止滥杀无辜。利比亚反对派和阿拉伯联盟也向世界发出了保护利比亚人民的强烈呼吁。所以,我下令,美国将和盟友一起,在联合国安理会提出并通过一个历史性决议,授权设立禁飞区以阻止利比亚政府进行空中打击,并授权采取一切必要手段保护利比亚人民。[152]

正是美国作出的"尽一切必要手段"的承诺,与德国竭力限制军事参与的立场形成鲜明对比,使德国在此问题上与其他盟友日渐疏远。[153]奥巴马继续强调,正是由于卡扎菲的镇压行径,迫使美国不得不进行干预,他甚至坚称:"发生这样的事完全不符合我们的利益。我根本不愿这样的情况发生。"[154]武装干预部队的国际性,进一步强化了美国干预行动的合法性和责任感:

在整个过程中,美国从来不是单打独斗。相反,我们有一个强

大的、不断壮大的联盟。有我们最亲密的盟友——如英国、法国、加拿大、丹麦、挪威、意大利、西班牙、希腊、土耳其——所有这些盟友几十年来一直和我们并肩战斗。当然，还有我们的阿拉伯伙伴，如卡塔尔、阿联酋等，这些国家已决定要承担起保护利比亚人民的责任。[155]

奥巴马积极为联合国安理会第 1973 号决议辩护，为美国参与设立禁飞区辩护，正是出于奥巴马外交叙事的现实之需，这一叙事既要兼顾从伊拉克和阿富汗撤军的承诺，又要突出奥巴马作为国际领袖的姿态。奥巴马的叙事强调了美国作为这样庞大的志同道合的国家联盟领袖建立国际秩序的强大领导力。奥巴马战略叙事的核心就是突出美国维护国际秩序的责任，既要宣示其国际领导地位，又要说服美国民众接受其参与禁飞区设立的理由。

中国和俄罗斯弃权

中国和俄罗斯对联合国第 1973 号决议投了弃权票，这一点不足为奇，这和两国在过去数年中应对西方主导的军事行动的反应一致。中俄一直对通过军事干预来维护国际秩序的做法持怀疑态度。科索沃事件之后，无论是欧盟还是北约的自由干涉主义行动，无一不受到中俄的反对。中俄关于军事干预的叙事反复强调国际法和国家主权的重要性。中国关于和平崛起的外交叙事表明，中国不愿意卷入任何针对危机的军事行动。中国驻联合国大使阐述了中国支持联合国安理会行动，并同意和阿拉伯联盟合作的立场，但对决议的内容持保留态度：

中国密切关注持续恶化的利比亚局势。我们支持安理会采取恰当且必须的行动以稳定利比亚局势，尽快结束针对利比亚人民的暴力。[156]

中国还强调要在地区内解决危机：

中国十分重视阿拉伯联盟 22 个成员国提出在利比亚设立"禁飞区"的决定，我们也十分重视非洲国家和非洲联盟的立场。[157]

中国对弃权票的解释表明了中国接受法英两国关于这场危机的叙事。然而，俄罗斯驻联合国大使在向安理会发表的意见中表达了更为批判性的观点。俄罗斯大使不接受英国、法国和美国有责任保护在班加西的利比亚人的叙事，并完全改变了叙事的指向：

> 我们坚决反对使用武力攻击利比亚平民，这一立场没有改变，必须立即无条件地停止对平民任何形式的攻击以及一切违反国际人道主义法和人权的行为。[158]

丘尔金还强调：

> 文件内容不符合安理会的一贯做法。俄罗斯联邦和其他安理会成员提出的大量具体且绝对相关的问题并未得到解答，如如何实施设立禁飞区的计划、怎样规范接触（交战）规则以及如何限制使用武力。[159]

在俄罗斯决定投弃权票这一事件中，最有趣的莫过于有关时任总统梅德韦杰夫和总理普京之间曾被爆出的意见分歧。[160]梅德韦杰夫决定投弃权票，而普京却严厉批评了该决议，两者意见的反差演变成公开的分歧。联合国投票后的几天里，梅德韦杰夫谨慎接受了该决议，这意味着，丘尔金在安理会上的发言不过表明俄罗斯的这一弃权叙事是在综合了俄罗斯总统和总理二人意见的基础上作出的。拉赫曼将西方大国对联合国第1973号决议的极大使命感与中国和俄罗斯的自我中心主义进行了对比，自1989年政治风波和车臣事件以来，中俄两国一直对西方干预持谨慎态度。[161]中俄叙事更多关注各自外交政策的基本原则，而不是所面对的具体个案。关于国际秩序的国家叙事和西方干预主义叙事之间的脱节意味着即使中俄传达了对当前事态的关切，它们也不会公开支持该项决议。

讨 论

对五个常任理事国及德国的战略叙事的分析反映了各国危机应对方式的巨大差异以及在使用武力进行危机管理问题上的潜在分歧。对英法两国意图表示怀疑的人指出，英法在利比亚问题上的反应是为了削弱德国的全球领导力，这是因为自欧元区危机出现以来，德国在欧洲的影响力显著上升。[162]这一动机表明，英法两国需要在国际社会应对"阿拉伯之春"的过程中维护自身的影响力，进一步彰显它们作为地区主导者的地位。这里的重点是要明确法国、德国以及英国如何通过战略叙事来塑造针对该危机的全球认知。直到作出投票决定的前夜,德国和美国对利比亚危机还持相似看法,但在奥巴马决定支持该决议时,德国最终还是陷入了孤立。

我们认为战略叙事的生成包含三个相互关联、相互补充的过程,即叙事形成、叙事投射以及叙事接收。尽管一些重要的安理会成员国对联合国安理会第 1973 号决议投了弃权票,但法国和英国成功推动了该决议的通过。尽管奥巴马总统和克林顿国务卿公开表明仍持保留意见,英法两国的叙事仍使得美国支持它们的提案。在这一过程中,英法两国还是成功地主导了国内舆论,尽管优势微弱,且频繁波动。虽然英国和法国的叙事并没有影响德国在联合国安理会的投票,而且绝大多数德国民众支持威斯特威勒投弃权票,但英法叙事的确引起了政治精英和德国大众一定程度的共鸣。

对战略叙事生成的各个过程的分析,有助于我们准确把握各国立场的相同点和不同点。更重要的是,对于有关危机的各种矛盾观点,我们还能记录下这些观点的接受度和反对情况。就叙事形成而言,各国的政治文化和国家战略文化决定了各国对该危机的叙事形成。

各国政府以不同方式提出叙事。法国和英国在危机的早期进行了协调,因此它们的叙事时机和内容大致相同。德国一旦觉得自己被英法两国孤立,便将外交重心放在八国集团、联合国和欧盟上。在每一步行动中,法国和英国都在推动多边外交,寻求安理会成员国的广泛支持,并且减少秘密的双边讨论。这样,两国寻求以适合的外交途径推动它们在安理会框架内实现它们的目标。卡梅伦和萨科齐还利用媒体报道提升它们的影响力,并为它们通过使阿拉伯联盟参与地区事务寻找合法性。

在这样的情境下,叙事接收效果主要表现为对法国、德国和英国各自立场的支持程度。英国和法国能够在支持禁飞区问题上结成联盟,尤其是美国曾加入它们的阵营。在联合国安理会第 1973 号决议通过之前,法国的大多数民众对其持怀疑态度。在决议通过之后,公众支持度上升,[163]并且法国民众在整个过程中普遍给予了支持态度。从法国和英国国内的演讲和辩论来看,德国的叙事似乎在这些城市的影响不大。德国关注的是以政治手段解决危机，这与法国和英国的观点一致。然而，对威胁的不同看法以及对"保护的责任"不同应对方式使欧盟"三巨头"在规范标准上产生了分歧。

美国在这个过程中发挥的作用很有意思。2011年夏天，德国外交部、德国联邦国防部和柏林总理府接受了我们其中一位作者的采访，结果表明：当奥巴马总统决定支持决议草案时，德国的决策层倍感惊讶。美国在最后一刻作出的决定是将了德国外交一军，迫使德国面临巨大压力来解释自己的决定。法国、英国和美国是德国最亲密的盟友，但德国在该问题上采取了截然不同的立场，这也是德国近期外交政策的重大时刻。2011年3月17日之后，威斯特威勒不得不解释为什么德国没有和自己主要盟友保持一致。他表示，德国的政策以政治解决为首要考量，是正确的选择，并且认为以"保护的责任"为原则使用军事干预绝不是长久之计。

中国一直反对进行干预，但对如何表明观点十分谨慎。中国关于和平崛起的战略叙事使中国避免采取扩张性外交政策，也包括多边干预。然而，尽管中国运用主权原则和国际法来反对西方干涉主义叙事，但对自己投弃权票的解释并没有公开表明对干预的批评。中国投弃权票而不是否决票，这也许表明法国、英国和美国的"保护的责任"叙事有更大影响力。中国的媒体报道多注重外交中的多极化发展，特别是强调俄罗斯和美国之间的历史冲突，用以解释美国和俄罗斯的不同立场。[164]基于法律和主权原则，俄罗斯在联合国安理会第1973号决议上采取了更为坚决的批评立场，俄罗斯担心采取干涉手段会造成地区不稳定。[165]关于叙事的影响范围，英国和法国对于运用干预手段的战略叙事对中国、德国和俄罗斯的影响有限。的确，英国和法国试图想要劝说德国赞成联合国第1973号决议，却引起了对英、法两国战略叙事的强烈反对。但是，通过游说美国担任全球领导者和支持者以稳定国际秩序，英国和法国成功促使美国政府对军事干预投了赞成票。在北大西洋公约组织成为设立禁飞区的主要论坛后，美国最初回避领导力的叙事也就迅速减弱。最终，虽然奥巴马还在犹豫是否要参与海外军事行动，但美国不能反对法国和英国关于保护责任的叙事，因为这与美国的叙事和价值观相符。直到作出最终投票决定那一夜，美国和德国对

表 3.1 战略叙事的形成

战略叙事的形成	法 国	德 国	英 国	美 国
政策目标	禁飞区；推翻卡扎菲。	外交与制裁；推翻卡扎菲。	禁飞区；推翻卡扎菲。	外交和制裁；推翻卡扎菲；最终支持设立禁飞区。
国内政治作用	根据民意调查，大概率最受支持。	支持设立禁飞区，但反对德国在其中的角色；绿党主导国内政治批评话语。	少量支持，且不断变化。	利比亚事件讨论度低；仅在2011年1月3日通过一项非约束性决议；奥巴马在最终决定中起核心作用。
对历史叙事的限制	世界范围内法国干预的支持性叙事；法国是国际事务中的主导国。	在军事干预问题上让步，但保持性沉默。	世界范围内英国军队参与危机管理的叙事；英国责任；英国的全球影响力。	实现大国叙事和作为大国领袖的压力；奥巴马尤其注意其采取有别于其前任小布什总统的外交政策。
事件	福岛核泄漏事故；萨科齐国内政治支持不稳定。	福岛核泄漏事故；欧元区危机；选举周期给执政联盟带来压力；国防部长古滕贝格因其博士论文被指控抄袭而辞职。	福岛核泄漏事故；政府立场仅获民众接受而未获压倒多数支持；洛克比亚的关系非常微妙；卡扎菲向爱尔兰共和军提供武器。	在鼓励伙伴国维护秩序的同时，关注对"阿拉伯之春"事件的回应，并设定区域议程。
秩序观	与托尼·布莱尔在1998年芝加哥演讲中提到的自由干预主义类似，秩序可以通过军事力量来维持。	真正的国际秩序建立在国家间具有法律约束力的多边机制度上。危机时刻动用军事力量重建秩序很有可能加剧危机的恶化，并推迟体系秩序的重塑。	与托尼·布莱尔在1998年芝加哥演讲中提到的自由干预主义类似，由干预主义类似，主张秩序可以通过使用军事力量来维持。	与托尼·布莱尔在1998年芝加哥演讲中提到的自由主义类似，主张秩序可以通过使用军事力量来维持。美国有义务维持战后秩序。

表 3.2 战略叙事的投射

战略叙事投射	法 国	德 国	英 国	美 国
新媒体技术	萨科齐仅在任用尼古拉·普林森（Nicolas Princen）后才开始运用新媒体。似乎不太重视。	威斯特威勒采用媒体"闪电战"的方式解释 2011 年 3 月 17 日德国投弃权票的原因。	英国政府认为他们在社交媒体的利用上落后于美国。*	大量使用公共外交解决非军事问题（Stratton, 2011）。
沟通时机	在八国集团峰会和联合国会议中发挥核心作用，让人们关注法国在外交事物中的作用；联合国投票准备阶段所作努力，在欧盟同意前就已断然确认利比亚叛乱者。	围绕德国国内选举时间开展行动。由于德国民主党遭遇压力，投弃权票对威斯特威勒政党内的选举十分重要。	英国重视联合国外交；随后是 2011 年 3 月下旬举办的伦敦会议，最后是北约会议。英国支持法国在八国集团和联合国投票准备阶段所作努力，卡梅伦和黑格都在最后时刻致电德国，劝说其投赞成票。	奥巴马仅在最后数小时内决定支持联合国第 1973 号决议；支持法英在行动中的领导权，同时表示英对阿拉伯联盟的支持。
传播网络	播报联合国安理会相关工作及未闻那激情洋溢的演讲；建立利比亚问题小组。	德国在联合国和欧盟内部推行其外交政策。在北约内部提供有限支持。	播报联合国安理会相关工作及进行会议报道；举办欧盟峰会，虽然德国曾一度反对弃权，阿什顿女男爵也曾反驳过萨科齐和卡梅伦，欧盟不再适合作为一个论坛，北约取而代之，成为外交的核心机构。	联合国安理会，北约，2011 年 3 月 29 日开的伦敦会议，以及奥巴马演讲都阐述了 3 月 28 日奥巴马支持联合国第 1973 号决议的原因。

---

* Allegra Stratton, "Inside Politics: How US Diplomats are Tweets ahead of British," *The Guardian*, March 17, 2011, 19.

表 3.3　战略叙事的接收

战略叙事接收	法　国	德　国	英　国	美　国
信息可信度	根据民意调查,最敏民众支持。	德国精英阶层和公众对威斯特威勒在外交中发挥的作用持怀疑态度。	根据民意调查,对于国内叙事的可信度,受众好坏参半。	作为实力最强大国家的地位;宣称具有领导权。
冲突叙事的影响	持支持态度的国内舆论,以及萨科齐对领导权严重的需要无需其确保叙事。民意调查显示人民支持政府政策。	要求政府解释弃投权票的原因,对威斯特威勒宣称的德国政策已经有助于推翻卡扎菲的说法持怀疑态度。有消息表明,德国参与了北约组织内的目标锁定行动,而这恰与德国政府的立场相违背。*	民意调查显示人们对政府关于此次任务范围的叙事表示担忧,甚至可能存在潜在不信任。	作为三军统帅,奥巴马有很大的回旋余地,这让他能够在最终协议上有所保留。
接受程度的类型:支持、默许、反对、盗用	虽然政府承受选举压力,大部分人仍支持萨科齐和未佩。	支持德国不参与其中,虽然有关投弃权票事件仍在发酵。在德国联邦议会的议员辩论中,就威斯特威勒的决策产生了意见分歧。	基本默认;舆论有分歧但并不明显反对此项行动。	国内大部分民众支持。
影响接收效果的偶然因素	任务非常成功。**	德国反对军事介入,同时认为其在外交和政治上所作贡献是积极的。	任务非常成功。***	任务非常成功。****

* Matthias Gebauer, "Are German Soldiers Secretly Helping Fight Gadhafi?" *Spiegel Online*, August 19, 2011, 2011 年 9 月 1 日登录, http://www.spiegel.de/international/world/0,1518,781197,00.html.

** 在北约和美国对行动结果的评估中得到证实。Ivo H. Daalder and James G. Stavridis, "NATO's Victory in Libya," *Foreign Affairs* 91, no.2(2012).

*** Daalder and Stavridis, "NATO's Victory."

**** Daalder and Stavridis, "NATO's Victory."

于这场危机还持相似看法。德国的叙事一直对使用武力质疑，并对是否会有更多国家支持对"阿拉伯之春"进行武装干预表达了真切担忧。德国政府一度认为他们的观点与美国相同，因此能获得美国对他们立场的有力支持。但是，当奥巴马改变主意转而赞成该决议时，德国便孤立无援。

新媒体生态增加了联合国的压力，决策的紧迫性和班加西面临威胁的叙事迅速提升了事态的严峻程度，使各方无暇顾及对军事干预进行民主考虑。议会对利比亚决定的审查都是回顾性的。有关事态的报道让政治领导人们处于不利境地，令人产生出他们对事件反应不够及时的印象。尤其是德国，德国投出弃权票一部分原因是德国政府没有足够时间系统地、仔细地考虑这场干预的风险和机遇（从对萨科齐头脑发热、一时冲动的批评就可以看出这一点）。德国政府在干预事件上的法律立场狭隘，这意味着他们非常谨慎，不愿基于"保护的责任"原则在非洲开创干涉主义先例，这样人们对德国的期望会随之增加。

英法的战略叙事试图突显一种更广泛的自由秩序叙事，在这种秩序下，国家应对面临威权图谋的个人负有责任。中俄的行为体现出两国对法-英叙事的默认（而不是接受）。因为法国和英国主张的秩序叙事强调了国家是主要行为体，主权是秩序必须珍视、不可分割的基础。美国处于两难境地，一边是竭力和法英两国保持共有的关于秩序的叙事，一边是关于美国卷入海外冲突（和长期战争）的历史叙事，因为奥巴马担心会与美国以往的外交政策发生偏离。

结　论

战略叙事对于理解秩序至关重要，这样的叙事经常是作为在体系内物质权力分配基础上实现秩序合法化的手段。李普曼（Lippmann）认为：

> 人们对世界的认知决定了在某一特定时期人们的行为。这种认知不能决定人们的成就和最终结果，而是决定了他们要付出的努力、感受和希望。[166]

我们一直在努力解释国家是如何通过设置与提出战略叙事来设想

并建立国际秩序的。如本书绪论所提到的，我们强调体系叙事、行为体叙事和议题叙事的作用。我们把话语理解为建构叙事的静态模块，在叙事中，概念可以因模块的改变而改变，或是替换成其他模块。国家努力以对各自有利的方式来叙述某种秩序。世界独立于我们而存在，但是叙事建构了我们感知和理解世界的方式，而这些理解是行为条件。物质条件在某种程度上十分重要。约瑟夫·奈在其关于软实力的论证中提出，硬实力不足，让美国在冷战之后无法全面塑造国际秩序。[167]新媒体生态并未改变强国和非国家行动体中的物质实力分配，但确实加强了强国塑造秩序的影响力并使其方式更加复杂。因此，秩序是对物质基础的叙述性理解，也是对这样一种理解的规范框架。我们提出这样的观点，主要借鉴了有关秩序的理性主义研究和建构主义对国际关系的理解。

正如本章所强调的，战略叙事是塑造行为体行为的手段。具有物质实力的强国面临如何建构成功叙事的压力。[168]尽管大国拥有强大的实力，但仍然会利用叙事来为其政策目的正名，比如军力部署的决定，这一点在对于联合国第 1973 号决议的辩论中有明显体现。该体系中秩序的物质条件变化有可能改变大国关系。单极化及与之相关的合法性战略叙事，如"美国治下的和平"（Pax Americana）或"不列颠治下的和平"（Pax Britannica），很可能会随着秩序概念的变化逐渐变成一种去中心和更加分散的国际秩序。[169]伊肯伯里认为，美国的自由秩序正在被其他国家接受，这表明，对当前秩序的叙事方式的根本性争论十分有限。然而，在我们对利比亚危机的研究中，大国的确是在涉及武力制裁方面对目前秩序的根本原则存在分歧。自由干涉主义受到中国和俄罗斯两国的反对，两国至今未接受西方针对"保护的责任"所做的努力。决策者利用一系列话语来强化叙事，利比亚事件中的"保护的责任"就是一个例子。

本书已经阐述了关于行为体和国际秩序的理论。下一章将会深入探讨叙事冲突时会出现怎样的情况，以及何种情况可以被认为是叙事胜利了。很多国际关系理论学者已经讨论了各式争论，如在某一特定事件上，一个国家给另一个国家设计的短期陷阱，[170]或者是众多语意框定性研究，亦或是行为体有意识地努力定义理解国际关系核心术语的长期话语转变。[171]下一章会提出一个分析框架，向学者提供研究当前热点论争及研究方法的清晰路径，并通过对过去半个世纪中的三个典型叙事竞争案例来展示这个分析框架：以色列与邻国冲突中产生的叙事竞争、20世纪60年代到70年代世界上大部分国家和人民都从支持捕鲸转向反对捕鲸这一变化中涉及的叙事，以及关于伊朗核试验的叙事竞争。我们将利用这些分析来强调战略叙事是如何利用已有话语、真实的新闻素材和叙述斗争中不同类型行为体的作用。最后，我们也提醒人们不要一味追求成功的叙事模式或模板。

（陆晓红　译）

注释

1. Cited in Nicholas J. Rengger, International Relations, Political Theory, and the Problem of Order: Beyond International Relations Theory? (London: Routledge, 2000), 1.

2. Abramo F. K. Organski, World Politics(New York: Knopf, 1958). For an alternative take, Richard Ned Lebow and Benjamin Valentino, "Lost in Transition: A Critical Analysis of Power Transition Theory," International Relations 23, no.3(2009), 389—410.

3. Barry Buzan, "The Inaugural Kenneth N. Waltz Annual Lecture: A World Order without Superpowers: Decentred Globalism," International Relations 25, no.1(2011).

4. Robert D. Putnam, "Diplomacy and Domestic Politics: The Logic of Two-Level Games," International Organization 42, no.3 (1988).

5. Peter Gourevitch, "The Second Image Reversed: The International Sources of Domestic Politics," International Organization 32, no.4 (1978).

6. Martin Albrow, Helmut K. Anheier, Marlies Glasius, Mary Kaldor, and Monroe E. Price, eds., Global Civil Society 2007/8: Communicative Power and Democracy (London: Sage, 2007); Manuel Castells, Communication Power (Oxford: Oxford University Press, 2009).

7. Andrew Hoskins and Ben O'Loughlin, War and Media (Cambridge: Polity, 2010); Monroe E. Price, Media and Sovereignty: The Global Information Revolution and Its Challenge to State Power (Cambridge: MIT Press, 2002); Philip Seib, New Media and the New Middle East (Basingstoke: Palgrave Macmillan, 2009); Philip Seib, ed., Towards a New Public Diplomacy (Basingstoke: Palgrave Macmillan, 2009).

8. Francis Fukuyama, The Origins of Political Order: From Prehuman Times to the French Revolution (London: Profile Books, 2012), 12.

9. Kathleen Hall Jamieson, Dirty Politics: Deception, Distraction, and Democracy (Oxford: Oxford University Press, 1992), 41, cited in Colleen E. Kelley, The Rhetoric of First Lady Hillary Rodham Clinton: Crisis Management Discourse (London: Praeger,

2001), 26.

10. Lawrence Freedman, "Order and Disorder in the New World," Foreign Affairs 71, no.1 (1991):37.

11. Hoskins and O'Loughlin, War and Media, 11. See also David Runciman, The Politics of Good Intentions (Princeton: Princeton University Press, 2006).

12. Robert Kagan, Paradise and Power: America and Europe in the New World Order(London: Atlantic Books, 2003), 3.

13. Hans Joachim Morgenthau, "Principles of Propaganda," in Truth and Power: Essays of a Decade, 1960—1970 (London: Pall Mall, 1970), 320.

14. Morgenthau, Truth and Power, 324.

15. Wayne Porter and Mark Mykleby, A National Strategic Narrative (Washington, DC: Woodrow Wilson International Center for Scholars, 2011), 14.

16. Ian Manners, "Normative Power Europe: A Contradiction in Terms?" JCMS: Journal of Common Market Studies 40, no. 2 (2002); Ian Manners, "The European Union as a Normative Power: A Response to Thomas Diez," Millennium-Journal of International Studies 35, no.1(2006).

17. Geoffrey Roberts, "History, Theory and the Narrative Turn in IR," Review of International Studies 32, no.4 (2006); George Lawson, "The Eternal Divide? History and International Relations," European Journal of International Relations 18, no. 2 (2012):203—226.

18. Robert M. Cover, "The Supreme Court, 1982 Term-Foreword: Nomos and Narrative," Harvard Law Review 97(1983); Anne Orford, Reading Humanitarian Intervention: Human Rights and the Use of Force in International Law, Vol.30(Cambridge University Press, 2003). See also Karin M. Fierke, Diplomatic Interventions: Conflict and Change in a Globalizing World (Basingstoke: Palgrave Macmillan, 2005), 165—167.

19. Berenskoetter, Felix, "Parameters of a National Biography," European Journal of International Relations (2012); Janice Bially Mattern, Ordering International Politics: Identity, Crisis, and Representational Force (London: Routledge, 2005); Ciută, Felix, "Narratives of Security: Strategy and Identity in the European Context," in Discursive Constructions of Identity in European Politics, ed. Richard Mole (Basingstoke: Palgrave MacMillan, 2007); Jeffrey W. Legro, Rethinking the World: Great Power Strategies and International Order (Ithaca: Cornell University Press, 2005); Meghana Nayak and Eric Selbin, Decentering International Relations(London: Zed Books, 2010); Eric Selbin, Revolution, Rebellion, Resistance: The Power of Story (London: Zed Books, 2009); Hidemi Suganami, "Narratives of War Origins and Endings: A Note on the End of the Cold War," Millennium 26 (1997); Hidemi Suganami, "Agents, Structures, Narratives," European Journal of International Relations 5, no.3 (1999); 128 Annick Wibben, Feminist Security Studies: A Narrative Approach(London: Routledge, 2011).

20. John S. Dryzek, Deliberative Global Politics: Discourse and Democracy in a Divided World (London: Polity, 2006); Maarten A. Hajer, The Politics of Environmental Discourse (Oxford: Oxford University Press, 1995); Frank Fischer, Reframing Public Policy: Discursive Politics and Deliberative Practices(Oxford: Oxford University Press, 2003).

21. Clifford Geertz, The Interpretation of Cultures: Selected Essays, Vol. 5019 (London: Basic Books, 1973).

22. Layne, Christopher. "A Matter of Historical Debate." Foreign Affairs 85, no.6 (2006).

23. Kenneth N. Waltz, Theory of International Politics (Reading, MA: Addison-Wesley, 1979), 与之对比的观点: Robert W. Cox, "Social Forces, States and World Orders: Beyond International Relations Theory," Millennium: Journal of International Studies 10, no.2 (1981):126。

24. Michael N. Barnett, The International Humanitarian Order (New York: Taylor & Francis, 2010).

25. Kenneth N. Waltz, "The Emerging Structure of International Politics," International Security 18, no.2(1993):44.

26. Waltz, "The Emerging Structure of International Politics"; Kenneth. N. Waltz, "Imitations of Multipolarity," in New World Order: Contrasting Theories, eds. Birthe Hansen and Bertel Heurlin (Basingstoke: Palgrave, 2000).

27. Andrew J. Bacevich, American Empire: The Realities and Consequences of US Diplomacy (Cambridge: Harvard University Press, 2002).

28. Christopher Layne, "The Unipolar Illusion Revisited: The Coming End of the United States' Unipolar Moment," International Security 31, no.2(2006); Layne, "A Matter of Historical Debate."

29. Joseph S. Nye, Jr., "US Power and Strategy after Iraq," Foreign Affairs 82, no.4(2003):60—73. See also Joseph S. Nye, Jr., "The Changing Nature of World Power," Political Science Quarterly 105, no.2 (1990).

30. Nancy Birdsall and Francis Fukuyama, "The Post-Washington Consensus: Development after the Crisis," Foreign Affairs 90, no.2(2011):45—53; David P. Calleo, "The Tyranny of False Vision: America's Unipolar Fantasy," Survival 50, no.5 (2008); Charles Krauthammer, "Decline Is a Choice: The New Liberalism and the End of American Ascendancy," The Weekly Standard 15, no.5(2009); Charles A. Kupchan, "After Pax Americana: Benign Power, Regional Integration, and the Sources of a Stable Multipolarity," International Security 23, no.2 (1998); Charles A. Kupchan, The End of the American Era: US Foreign Policy and the Geopolitics of the Twenty-First Century (New York: Knopf, 2002); Melvyn P. Leffler and Jeffrey W. Legro, eds., To Lead the World: American Strategy after the Bush Doctrine (Oxford: Oxford University Press, 2008); Michael Mastanduno, "Preserving the Unipolar Moment: Realist Theories and US Grand Strategy after the Cold War," International Security 21, no.4(1997); John J. Mearsheimer, The Tragedy of Great Power Politics (New York: Norton, 2001); Barry R. Posen and Andrew L. Ross, "Competing Visions for US Grand Strategy," International Security 21, no.3 (1997); Stephan M. Walt, Taming American Power: The Global Response to U.S. Primacy (New York: Norton, 2005).

31. Kai He, "Undermining Adversaries: Unipolarity, Threat Perception, and Negative Balancing Strategies after the Cold War," Security Studies 21, no.2(2012); G. John Ikenberry, "The Rise of China and the Future of the West," Foreign Affairs 87, no.1 (2008); G. John Ikenberry, "A Weaker World," Prospect (November 2010); Christopher Layne, "The Global Power Shift from West to East," The National Interest 119 (2012):22; Jolyon Howorth and Anand Menon, "Still Not Pushing Back: Why the European Union Is Not Balancing the United States," Journal of Conflict Resolution 53, no.5(2009); Robert A. Pape, "Soft Balancing against the United States," International

Security 30, no.1(2005); Thazha V. Paul, "Soft Balancing in the Age of US Primacy," International Security 30, no.1(2005).

32. Waltz, "Imitations of Multipolarity," 1.

33. Nye, "US Power and Strategy," 60.

34. Stephen G. Brooks and William C. Wohlforth, World Out of Balance: International Relations and the Challenge of American Primacy(Princeton: Princeton University Press, 2008). See Cambridge Review of International Affairs 24, no.2(2011) for a review symposium of Brooks and Wohlforth's argument. See also William C. Wohlforth, "The Stability of a Unipolar World," International Security 24, no.1(1999):5—41.

35. David A. Lake, Hierarchy in International Relations (Ithaca, NY: Cornell University Press, 2009); Organski, World Politics.

36. Lake, Hierarchy in International Relations.

37. Bruce W. Jentleson and Steven Weber, "America's Hard Sell," Foreign Policy 1 (2008); Christopher Layne, "The Unipolar Illusion: Why New Great Powers Will Rise," International Security 17, no.4(1993); Steven Weber and Bruce W. Jentleson, The End of Arrogance: America in the Global Competition of Ideas(Cambridge: Harvard University Press, 2010).

38. G. John Ikenberry, Liberal Leviathan: The Origins, Crisis, and Transformation of the American World Order(Princeton, NJ: Princeton University Press, 2012). See also G. John Ikenberry, After Victory: Institutions, Strategic Restraint, and the Rebuilding of Order after Major Wars (Princeton, NJ: Princeton University Press, 2001); G. John Ikenberry, ed., America Unrivalled: The Future of the Balance of Power(Ithaca, NY: Cornell University Press, 2002); G. John Ikenberry, Michael Mastanduno, and William C. Wohlforth, eds., International Relations Theory and the Consequences of Unipolarity (Cambridge: Cambridge University Press, 2011).

39. Ikenberry, Liberal Leviathan, 3.

40. Ikenberry, Liberal Leviathan, 1.

41. Ikenberry, Liberal Leviathan, 2.

42. Ikenberry, Liberal Leviathan, 1.

43. Ikenberry, Liberal Leviathan, 50.

44. Ikenberry, Liberal Leviathan, 3.

45. Ikenberry, Liberal Leviathan, 32.

46. Ikenberry, Liberal Leviathan, 32.

47. Ikenberry, Liberal Leviathan, 7.

48. Ikenberry, Liberal Leviathan, 300.

49. Robert Gilpin, War and Change in World Politics(Cambridge: Cambridge University Press, 1981), 280, 334.

50. Ikenberry, Liberal Leviathan, 337.

51. Ikenberry, Liberal Leviathan, 351.

52. Arnold Wolfers, Discord and Collaboration: Essays on International Politics (Baltimore: Johns Hopkins University Press, 1962).

53. Ikenberry, Liberal Leviathan, 164.

54. Ikenberry, Liberal Leviathan, 164.

55. National Security Council Report 68, 1950, https://www.mtholyoke.edu/acad/intrel/nsc 68/nsc68-1.htm. Accessed March 13, 2013. Steven Casey, "Selling NSC-68:

The Truman Administration, Public Opinion, and the Politics of Mobilization, 1950—51," Diplomatic History 29, no.4(2005); Paul Nitze, "The Development of NSC 68," International Security 4, no.4(1980).

56. Ikenberry, Liberal Leviathan, 57—58.

57. Ikenberry, Liberal Leviathan, 65.

58. Ikenberry, Liberal Leviathan, 12. See also Ian Clark, Legitimacy in International Society(Oxford: Oxford University Press, 2005).

59. Ikenberry, Liberal Leviathan, 13.

60. Ikenberry, Liberal Leviathan, 358.

61. Ikenberry, Liberal Leviathan, 62.

62. Ikenberry, Liberal Leviathan, 38.

63. Robert Jervis, "Unipolarity: A Structural Perspective," World Politics 61, no.1 (2009).

64. Ikenberry, Liberal Leviathan, 147.

65. Ikenberry, Liberal Leviathan, 147.

66. Michael J. Hogan, A Cross of Iron(Cambridge: Cambridge University Press, 1998).

67. Ikenberry, Liberal Leviathan, 183.

68. Ikenberry, Liberal Leviathan, 189.

69. Anne-Marie Slaughter, "America's Edge-Power in the Networked Century," Foreign Affairs 88(2009).

70. Ikenberry, Liberal Leviathan, 136.

71. Anne-Marie Slaughter, A New World Order (Princeton, NJ: Princeton University Press, 2005):18.

72. Ikenberry, Liberal Leviathan, 161.

73. Ikenberry, Liberal Leviathan, 190.

74. Hogan, A Cross of Iron.

75. John M. Owen, IV, The Clash of Ideas in World Politics: Transnational Networks, States, and Regime Change, 1510—2010(Princeton, NJ: Princeton University Press, 2010).

76. Owen, The Clash of Ideas in World Politics, 56.

77. Owen, The Clash of Ideas in World Politics, 58.

78. Castells, Communication Power; Sebastian Conrad and Dominic Sachsenmaier, Competing Visions of World Order: Global Moments and Movements, 1880s—1930s (Basingstoke: Palgrave Macmillan, 2007).

79. Fierke, Diplomatic Interventions, 166.

80. Nisha Shah, "Beyond Sovereignty and the State of Nature: Metaphorical Readings of Global Order," in Metaphors of Globalization, ed. Markus Kornprobst, Vincent Pouliot, Nisha Shah, and Ruben Zaiotti (Basingstoke: Palgrave Macmillan, 2007), 188.

81. Siobhan McEvoy-Levy, American Exceptionalism and US Foreign Policy(Basingstoke: Palgrave, 2001):140—141. "'历史的终结'是一首诗或者一种叙事"的断言出自詹姆斯·阿特拉斯与福山的访谈中,此次访谈出自《纽约时报》杂志,James Atlas, "What Is Fukuyama Saying?" New York Times Magazine, October 22, 1989。

82. Ulrich Beck, German Europe, (London: Polity, 2013), 12.

83. Randall L. Schweller and Xiaoyu Pu, "After Unipolarity: China's Visions of International Order in an Era of US Decline," International Security 36, no.1(2011): 42—44.

84. Randall and Pu, "After Unipolarity," 46.

85. Randall and Pu, "After Unipolarity," 72.

86. Charlotte Epstein, "Stop Telling Us How to Behave: Socialization or Infantilization?" International Studies Perspectives 13, no.2(2012); Martha Finnemore, "Legitimacy, Hypocrisy, and the Social Structure of Unipolarity: Why Being a Unipole Isn't All It's Cracked Up to Be," World Politics 61, no.1(2009); Henry Kissinger, Diplomacy (London: Simon & Schuster, 1995), 806, 808; Brent J. Steele, Defacing Power (Ann Arbor: University of Michigan Press, 2012).

87. Margaret MacMillan, Paris 1919: Six Months that Changed the World(London: Random House, 2007).

88. Dryzek, Deliberative Global Politics, 74.

89. Price, Media and Sovereignty, 249—250.

90. Michael Ignatieff, "The Diplomatic Life: The Dream of Albanians," The New Yorker, January 11, 1999.

91. Janice Bially Mattern, Ordering International Politics: Identity, Crisis, and Representational Force (New York: Routledge, 2005), 10.

92. Bially Mattern, Ordering International Politics, 12.

93. Hedley Bull, The Anarchical Society, 4th ed.(Basingstoke: Palgrave, 2012); Andrew Hurrell, On Global Order: Power, Values and the Constitution of International Society (Oxford: Oxford University Press, 2007).

94. Castells, Communication Power.

95. G. John Ikenberry, "Liberal Internationalism 3.0: America and the Dilemmas of Liberal World Order," Perspectives on Politics 7, no.1(2009).

96. Barry Buzan, "Civilisational Realpolitik as the New World Order?" Survival 39, no.1(1997).

97. Buzan, "A World Order Without Superpowers," 6.

98. Buzan, "A World Order Without Superpowers," 8.

99. Buzan, "A World Order Without Superpowers," 9.

100. Robert Cooper, The Post-Modern State and the World Order (New York: Demos, 2000).

101. Kjell Goldmann, The Logic of Internationalism: Coercion and Accommodation (London: Routledge, 1994), 46.

102. Marc Lynch, "Why Engage? China and the Logic of Communicative Engagement," European Journal of International Relations 8, no.2(2002):197.

103. Lynch, "Why Engage?"; Clinton's speech cited by Lynch was, "Remarks by the President," Mayflower Hotel, Washington, DC, 7 April 1999.

104. W. Lance Bennett and Jarol B. Manheim, "The One-Step Flow of Communication," Annals of the American Academy of Political and Social Science 608, no. 1 (2006). 了解媒体对外交政策的影响,参见 Derek B. Miller, Media Pressure on Foreign Policy: The Evolving Theoretical Framework(Basingstoke: Palgrave Macmillan, 2007)。

105. Joshua Cooper Ramo, "The Beijing Consensus," Foreign Policy Centre, 2004, 2013 年 3 月 13 日登录,http://fpc. org. uk/fsblob/244. pdf, 28; Joshua Cooper Ramo,

Brand China(Foreign Policy Centre, London, 2007)。

106. Felix Ciută. "Narratives of Security: Strategy and Identity in the European Context." In Discursive Constructions of Identity in European Politics, ed. by Richard Mole (Basingstoke: Palgrave MacMillan, 2007).

107. Buzan, "A World Order with Superpowers."

108. Derek Chollet and James M. Goldgeier, America between the Wars: From 11/ 9 to 9/11: The Misunderstood Years between the Fall of the Berlin Wall and the Start of the War on Terror(New York: Public Affairs, 2008).

109. Porter and Mykleby, A National Strategic Narrative.

110. Seib, Towards a New Public Diplomacy.

111. Orford, Reading Humanitarian Intervention.

112. Alister Miskimmon, "German Foreign Policy and the Libya Crisis," German Politics 21, no.4(2012).

113. Jessica Bucher, Lena Engel, Stephanie Harfensteller, and Hylke Dijkstra, "Domestic Politics, News Media and Humanitarian Intervention: Why France and Germany Diverged over Libya," European Security, published online, 2013.

114. 了解安全理事会中各国对本国投票的解释概要以及联合国安理会第1973决议文本,参见 United Nations Security Council(2011), United Nations Security Council SC/ 10200, 6498th Meeting, available at http://www. un. org/News/Press/docs/2011/ sc10200. doc. htm ♯ Resolution. http://www. un. org/News/Press/docs/2011/sc10200. doc. htm ♯ Resolution。

115. Josh Rogin, "European Governments 'Completely Puzzled' about U.S. Position on Libya," March 16, 2011, http://thecable. foreignpolicy. com/posts/2011/03/16/european_governments_completely_puzzled_about_us_position_on_libya, accessed August 21, 2011; Rogin, Josh, "How Obama Turned on a Dime toward War," March 18, 2011, http://thecable. foreignpolicy. com/posts/2011/03/18/how_obama_turned_on_a_dime_toward_war, accessed August 21, 2011.

116. Economist, "The Welcome Return of French Diplomacy," March 2011, http://www.economist. com/blogs/newsbook/2011/03/frances_role_libya, accessed September 1, 2011.

117. 2011 年 3 月 15 日在巴黎召开的八国集团峰会的新闻发布,参见 http:// www. g20g8. com/g8-g20/g8/english/for-the-press/news-releases/meeting-offoeign-ministers-14-15-march-2011.1048. html; German Foreign Ministry news release: http:// www. auswaertigesamt. de/EN/Aussenpolitik/GlobaleFragen/G8/110314 _ G8 _ Treffen_ Paris_node. html,德国外交部新闻发布,参见 http://www. auswaertigesamt. de/EN/Aussenpolitik/GlobaleFragen/G8/110314_G8_Treffen_Paris_node. html。

118. EurActiv, "France and Germany Clash over No Fly Zone," March 15, 2011,发表于 2011 年 9 月 1 日, http://www. euractiv. com/en/global-europe/francegermany-clash-libya-fly-zone-news-503090。

119. 法国哲学家利维竭力说服萨科齐采取行动,同时列维强烈支持对卡扎菲采取行动。参见 Bernard Henri Lévy, "Lybia Wins One for Freedom", 2011 年 8 月 22 日,http://www. thedailybeast. com/articles/2011/08/22/bernard-henri-levy-libya-wins-onefor-freedom.html, accessed May 1, 2011。

120. Alain Juppé, "Libya"-Speech by Alain Juppée, Minister of Foreign Affairs and European Affairs, to the United Nations Security Council, March 17, 2011, accessed

May 22, 2013, http://www.ambafrance-uk.org/Alain-Juppe-backs-UN-resolution.

121. Nicolas Sarkozy, "Libya"-Paris Summit for the Support of the Libyan People—Statement by Nicolas Sarkozy, President of the Republic, March 19, 2011, accessed May 22, 2013, http://www.ambafrance-uk.org/President-Sarkozy-urges-Gaddafi-to。

122. Erlanger, Steven, "Sarkozy Puts France at Vanguard of West's War Effort," New York Times, March 21, 2011, 12.

123. Peter Wittig, "Explanation of Vote by Ambassador Wittig on the Security Council Resolution on Libya," March 17, 2011, http://www.new-york un.diplo.de/Vertretung/newyorkvn/en/__ pr/Speeches/PM __ 2011/20110317 _ 20Explanation _ 20of _ 20vote_20-_20Libya.html? archive=2984642, accessed September 1, 2011.

124. Simon Tisdall, "Libya: Reaction: Britain and France Appear Ever More Isolated as World Opinion Turns Hostile: China, Russia, Germany, Brazil Voice Objections; NATO Also Divided as Turkey Blocks Agreement," The Guardian, March 22, 2011, p.6.

125. Deutsche Welle, "German Defends Cautious Approach to Libya, Denies Isolation," March 21, 2011, http://www.dwworld.de/dw/article/0,,14926360,00.html, accessed September 1, 2011.

126. European Voice, "French German Libya Rift Deepens," March 25, 2011, accessed http://www.europeanvoice.com/article/2011/march/french-germanlibya-rift-deepens/70661.aspx, accessed August, 2011.

127. Der Spiegel(2011) "Merkel Cabinet agrees AWACS for Afghanistan," March 23, 2011, http://www.spiegel.de/international/world/0,1518,752709,00.html, accessed August 21, 2011.

128. Der Spiegel, "Merkel Cabinet agrees AWACS for Afghanistan."

129. Felix Berenskoetter and Bastian Giegerich, "From NATO to ESDP: A Social Constructivist Analysis of German Strategic Adjustment after the End of the Cold War," Security Studies 19, no.3(2010).

130. Barry Buzan, Ole Waever, and Jaap De Wilde, Security: A New Framework for Analysis(Boulder, CO: Lynne Rienner, 1998).

131. Bild am Sonntag, "Krieg in Libyen: Über 60 Prozent der Deutschen befürworten den Angriff," March 20, 2011, http://www.bild.de/politik/2011/libyen-krise/aber-mehrheit-lehnt beteiligungab-16933388.bild.html, accessed August 21, 2011.

132. Alister Miskimmon, "Falling into Line? Kosovo and the Course of German Foreign Policy," International Affairs 85, no.3(2009):561—573.

133. Mark L. Grant, "Explanation of Vote," delivered by Sir Mark Lyall Grant, Ambassador and Permanent Representative of the UK Mission to the United Nations, on Security Council Resolution on Libya, March 17, accessed September 1, 2011, http://ukun.fco.gov.uk/en/news/?view=News&id=568282782.

134. William Hague, Foreign Secretary Comments on UN vote on Libya no-fly zone, March 18, 2011, http://ukun.fco.gov.uk/en/news/?view=News&id=568543282, accessed August 21, 2011.

135. William Hague, Statement to the House of Commons, March 24, 2011, http://www.fco.gov.uk/en/news/latestnews/?view=PressS&id=571853282, accessed August 21, 2011.

136. William Hague, Statement to the House of Commons on North Africa and the

Middle East，House of Commons Official Report，Parliamentary Debates（Hansard），Vol.525，no.139，March 24，2011：1113—1130，esp. 1123.

137. Mark L. Grant，"Evidence to House of Commons Defence Select Committee HC905," October 12，2011，http://www.publications.parliament.uk/pa/cm201012/cm-select/cmdfence/950/11101201.htm，2012 年 3 月 1 日登录。

138. Roy D'Andrade，"Schemas and Motivations," in Human Motives and Cultural Models，eds. Roy D'Andrade and Claudia Strauss（Cambridge：Cambridge University Press，1992）；Claudia Strauss，"Models and Motives," in Human Motives and Cultural Models，eds. Roy D'Andrade and Claudia Strauss（Cambridge：Cambridge University Press，1992）.

139. Barack Obama，"Renewing American Leadership," Foreign Affairs（2007）；Barack Obama，"2009 Inaugural Presidential Address," January 20，2009，http://aval-on.law.yale.edu/21st_century/obama.asp，2013 年 5 月 1 日登录。

140. Economist（Lexington），"The Birth of an Obama Doctrine," March 28，2011，http://www.economist.com/blogs/lexington/2011/03/libya_4，2011 年 9 月 1 日登录。

141. Richard McGregor and Daniel Dombey，"Foreign Policy：A Reticent America," Financial Times，March 23，2011，http://www.ft.com/cms/s/0/3ddd2d0c-557e-11e0-a2b100144feab49a.html＃axzz2QtWEz7j3，2011 年 9 月 1 日登录。

142. Michael O'Hanlon，"Winning Ugly in Libya," Foreign Policy，March 30，2011，http://www.foreignaffairs.com/articles/67684/michaelohanlon/winning-ugly-in-libya；2011 年 9 月 1 日登录。Michael O'Hanlon，"Libya and the Obama Doctrine," Foreign Policy，August 31，2011，http://www.foreignaffairs.com/articles/68237/michael-ohanlon/libya-and-the-obamadoctrine，2011 年 9 月 1 日登录。

143. Christopher M. Blanchard，"Libya：Unrest and U.S. Policy," CRS Report for Congress 7—5700，http://www.fpc.state.gov/documents/organization/159788.pdf，2011 年 8 月 21 日登录。

144. Ryan C. Hendrickson，"Libya and American War Powers：Barak Obama as Commander in Chief,"提交给在 2012 年 4 月 2 日至 5 日在圣地亚哥举行的国际研究协会年会的论文。

145. United States Senate（2011）S.Res.85.ATS，112th Congress，March 1，2011，http://thomas.loc.gov/cgi-bin/query/z? c112:S.RES.85，2013 年 5 月 1 日登录。

146. Ben Feller，"Obama Doctrine on Military Intervention Tested in Libya，Huffington Post，March 9，2011，http://www.huffingtonpost.com/2011/03/09/obama-libya militaryintervention_n_833345.html，2011 年 9 月 1 日登录。

147. Feller，"Obama Doctrine."

148. John Irish and Tim Hepher，"France Fails to Get G-8 Accord on Libya No Fly Zone," Reuters，March 15，2011，http://www.reuters.com/article/2011/03/15/us-g8-libya-idUSTRE72E0BX20110315，2011 年 3 月 15 日登录。

149. Susan Rice，"Remarks by Ambassador Susan E. Rice，U.S. Permanent Representative to the United Nations，in an Explanation of Vote on UN Security Council Resolution 1973," March 17，2011，http://usun.state.gov/briefing/statements/2011/158563.htm，2011 年 9 月 1 日登录。

150. Barack Obama，"Speech to the National Defense University，Washington，D.C.，March 28，2011，" http://www.whitehouse.gov/the-pressoffice/2011/03/28/re-marks-president-address-nation-libya，2013 年 5 月 1 日登录。

151. 国防部部长罗伯特·盖茨于 2011 年 3 月 2 日偷偷命令"基萨奇山号"两栖攻击舰和"庞塞号"航空母舰途经苏伊士运河，抵达地中海，显然是为了帮助美国公民从利比亚撤离。"2 US Warships Move Closer to Libya through Suez Canal," Washington Post, March 2, 2011, http://www.washingtonpost.com/wpdyn/content/article/2011/03/02/AR2011030201087.html, 2013 年 5 月 10 日登录。

152. Obama, "Speech to the National Defense University, Washington, D. C., March 28, 2011."

153. Miskimmon, "German Foreign Policy and the Libya Crisis."

154. Obama, "Speech to the National Defense University, Washington, D. C., March 28, 2011."

155. Obama, "Speech to the National Defense University, Washington, D. C., March 28, 2011."

156. Baodong Li, "Explanation of Vote by Ambassador Li Baodong after Adoption of Security Council Resolution on Libya, March 17, 2011," http://www.china-un.org/eng/gdxw/t807544.htm, 2011 年 8 月 21 日登录。

157. Li, "Explanation of Vote by Ambassador Li Baodong after Adoption of Security Council Resolution on Libya, March 17, 2011."

158. Vitaly Churkin, "Statement by Mr. Vitaly Churkin, Permanent Representative of the Russian Federation to the United Nations, at the Official UN Security Council Meeting during the Vote on the Resolution on Libya, New York, March 17, 2011," http://www.rusembassy.ca/node/546, 2011 年 8 月 21 日登录。

159. "Statement by Mr. Vitaly Churkin, Permanent Representative of the Russian Federation to the United Nations, at the Official UN Security Council Meeting during the Vote on the Resolution on Libya, New York, March 17, 2011."

160. Isabelle Gorst and Neil Buckley, "Medvedev and Putin Clash over Libya," Financial Times, March 21, 2011, 2013 年 5 月 22 日登录。http://www.ft.com/cms/s/0/2e62b08e-53d2-11e0-a01c-00144feab49a.html.

161. Gideon Rachman, "Libya: A Last Hurrah for the West," March 28, 2011, http://www.ft.com/cms/s/0/6ed0e3f6-5955-11e0-bc39-00144feab49a.html#axzz2QtWEz7j3, 2011 年 9 月 1 日登录。

162. Benoit Gomis, "Franco-British Defence and Security Treaties: Entente While It Lasts?" Royal Institute for International Affairs/Chatham House, Programme Paper: ISP PP 2001/01, 2011; Ben Jones, "Franco-British Defence Co-operation: A New Engine for European Defence?" Occasional Paper No. 88, European Union Institute for Security Studies, February 2011, http://www.iss.europa.eu/uploads/media/op88-Franco-British_military_cooperation-a_new_engine_for_European_defence.pdf, 2011 年 4 月 14 日登录；Bruce D. Jones, "Libya and the Responsibilities of Power," Survival 53, no. 3 (2011).

163. 2011 年整个春季法国、德国、英国和美国的公众意见波动。3 月 10 日至 13 日，皮尤民调显示：人们支持对设立禁飞区实施制裁。Pew Research Centre, "Public Wary of Military Intervention in Libya: Broad Concern that U.S. Military Is Overcommitted," 14 March 2011, http://www.people-press.org/2011/03/14/public-wary-of-military-interventionin-libya/, 2013 年 5 月 22 日登录。2011 年 3 月 24 日至 27 日，皮尤研究中心进行的第二次民调显示：对美国军事参与的反对人数在下降，总体支持人数与 3 月 10 日至 13 日的民调结果持平。有趣的是，57% 的受访者认为美国未在军事活动中居于领导

地位。Pew Research Centre, "Modest Support for Libya Airstrikes, No Clear Goal Seen: Little Public Interest in Libyan Mission," March 28, 2011, http://www.people-press.org/2011/03/28/modestsupport-for-libya-airstrikes-no-clear-goal-seen/, 2013 年 5 月 22 日登录。2011 年 4 月 11 日的一份易索普/莫里民调对法国、意大利、英国与美国的态度做比较,表明:法国鼎力支持,随后是美国和英国,而印度对军事行动怀疑程度最大。Ipsos/Mori(2011), "Military Action in Libya: Topline Results," April 12, 2011, http://www.ipsosmori.com/Assets/Docs/Polls/Reuters-Libya-topline-Apr11.PDF, 2011 年 8 月 21 日登录。在全力支持军事行动之后的很长时间,法国民众对该行动的支持率下降至不到 50%。IFOP, "Survey of French Views of Libya Crisis from March 2011—June 2011," http://www.ifop.com/media/poll/1558-2-study_file.pdf, 2013 年 3 月 1 日登录。截至 2011 年 6 月,《金融时报》做的哈里斯民意调查显示:人们越来越担心北约的轰炸行动,法国、英国、西班牙和美国支持部署地面部队的比例有所上升。James Blitz, "Public Opposes Wider Libya Campaign," Financial Times, June 20, 2011, including Harris opinion poll for the Financial Times, June 20, 2011, http://www.ft.com/cms/s/0/19f0dc8a-9b5c-11e0-bbc6-00144feabdc0.html#axzz1qPRjAE6X, 2011 年 8 月 21 日登录。联合国投票前期,德国公众支持北约参与利比亚行动(Infratest/diMap, 2011a). Infratest diMap, "Poll on Libya for ARD, March 8—9, 2011, http://www.infratest dimap.de/uploads/media/dt1103_bericht.pdf., 2011 年 8 月 21 日登录。但是截至 2011 年 9 月,民调结果显示:支持德国对联合国安理会第 1973 号决议投弃权票。Infratest/diMap. September 9, 2011, "ARD Infratest Poll," http://www.infratest-dimap.de/uploads/media/dt1109_, 2011 年 8 月 21 日登录。《金融时报》进行的哈里斯民调显示:人们强烈反对北约在德国的行动。James Blitz, "Public Opposes Wider Libya Campaign," Financial Times, June 20, 2011, including Harris opinion poll for the Financial Times, June 20, 2011, http://www.ft.com/cms/s/0/19f0dc8a-9b5c-11e0-bbc600144feabdc0.html#axzz1qPRjAE6X, 2011 年 8 月 21 日登录。

164. Aimei Yang, Anna Klyueva, and Maureen Taylor, "Beyond a Dyadic Approach to Public Diplomacy: Understanding Relationships in Multipolar World," Public Relations Review 38, no.5 (2012).

165. Churkin, "Statement by Mr. Vitaly Churkin, Permanent Representative of the Russian Federation to the United Nations, at the official UN Security Council meeting during the vote on the resolution on Libya, New York, March 17, 2011."

166. Walter Lippmann(1921), Public Opinion http://xroads.virginia.edu/~Hyper2/CDFinal/Lippman/cover.html, 2013 年 5 月 1 日登录。

167. Joseph S. Nye, The Paradox of American Power: Why the World's Only Superpower Can't Go It Alone (New York: Oxford University Press, 2002).

168. Bially Mattern, Ordering International Politics; Fennimore, "Legitimacy"; Steele, Defacing Power.

169. Buzan, "A World Order without Superpowers."

170. Ronald R. Krebs and Patrick Thaddeus Jackson, "Twisting Tongues and Twisting Arms: The Power of Political Rhetoric," European Journal of International Relations 13, no.1(2007).

171. Charlotte Epstein, The Power of Words in International Relations: Birth of an Anti-Whaling Discourse(Cambridge, MA: MIT Press, 2008).

第四章

战略叙事竞争

引　言

如何说服中国，使其对国家利益的界定符合美国利益，是美国政策面临的根本挑战。为此，我们不仅力促中国成为国际社会负责任的正式成员，而且鼓励中国的发展，使其实现社会安全、繁荣和开放。

————马德琳·奥尔布赖特，1997[1]

目前关于中国实力的看法得益于对未来的预测。基于这些预测，一些中国年轻人提出中国应当享有更多权力。他们感觉中国强大了，就要求中国在台湾、西藏、南海的"核心利益"得到更多照顾……最近发生的金融危机是短期的周期性事件，据此作出错误的长期预测，将会导致政策误判。

————约瑟夫·奈，2010[2]

1997年，美国国务卿马德琳·奥尔布赖特提议把中国逐步纳入以规则治理的国际架构中，从而说服中国，使其认识到自身利益存在于美国主导的自由秩序。13年后，哈佛大学教授约瑟夫·奈明显担忧这种对中国的接纳不足以约束中国的雄心。上文援引奈的那段话指出了叙事的重要性。奈认为，如果中国的年轻人相信自己的国家正在强大，他们的行为就会与一个强大的中国相匹配。到2010年时，要想说服中国，就必须分析中国人如何看待自己在世界上的地位。融入制度体系的确会改变国家、领导人以及公众的利益和身份认同，但在解释国际关系中的长期变化时,奈发现的问题则更为重要。如何让其他国家的人按照你所偏好的叙事体验世界? 如何削弱或改变他们的叙事,使你的叙事合情合理,甚至成为常识,不被人察觉?

本章将探究叙事出现冲突,即行为体在投射国际关系叙事时展开较量的情景。国际关系中的每一个国家都拥有自身关于过去、现在和将来的叙事以及对体系的叙事。没有哪个国家的叙事存在于真空之中:国际事务充斥着各种各样的叙事。它们或竞争,或重叠,或宏大,或针对具体议题。国际事务的公众和专家讨论了在过去十年中出现的跨区域、跨政策领域、赋予国际体系以意义的大叙事,其中包括文明冲突、反恐战争以及金砖国家的崛起。[3]叙利亚和伊朗的政治斗争吸引了众多媒体关注,成为以美国和欧盟为一方,俄罗斯和中国为另一方的更大范围斗争的叙事核心。这一叙事之争涉及国家主权是否应该成为国际关系中的首要价值,以及国际社会是否应该搁置主权,为保护人权进行干预。俄罗斯和中国力图延续威斯特伐利亚体系,美国和欧盟则认为世界必须向后威斯特伐利亚体系转型。[4]有些议题叙事更具针对性,比如在气候变化问题上,一些叙事把气候变化描述为人类必须应对的真实威胁,而在另一些叙事中,气候变化是科学家和不可靠的精英阶层杜撰出的问题,目的是为了找理由控制经济活动。再比如,全球金融危机被叙述为各种因素共同作用的结果,或是市场资本主义反复出现的危机。叙事赋予事件以意义。行为体都希望自己偏好的意义被他者采纳。因此,众多问题都可以被描述为叙事之战。

本章的目的是为了帮助读者理解国际关系中的叙事竞争如何进行。所采用的分析框架将叙事区分为体系叙事、身份叙事和议题叙事。北约自2001年起对阿富汗的干预是一个很好的例子。在议题层面,北约成员国,如英国、加拿大、荷兰和丹麦,都试图让本国民众相信它们在阿富汗能够取得胜利(无论如何定义胜利),并且正在朝着这个目标一步步迈进。[5]这些国家面临着来自国内的反对,它们的阿富汗叙事遭到不同程度的质疑。根据媒体的报道,阿富汗当地的实际情况与迈向胜利这一叙事之间存在矛盾,理性的政治分析也驳斥了干预政策的内在逻辑和实现目标的可能性,于是引发了叙事战。这些叙事战显示出每个国家的自我身份假设。例如,在阐述本国在阿富汗的目标时,加拿大政府采用的叙事就在说明加拿大是一个怎样的国家以及加拿大在做些什么。[6]叙事之战也体现出更为广泛的假设，例如，国际体系应当如何运作，其内容涵盖主权或人权的价值、采取行动维护他国安全的责任、军事干预的合法性、联盟的作用以及合作的重要性。北约成员国需要关于阿富汗冲突的战略叙事，但这些叙事必须嵌入在国际体系如何发挥作用从而保障安全这种更广泛的战略叙事之中，并且一定要有这类战略叙事的支撑。

本书在绪论部分指出，战略叙事具有双重效力。作为一种权力工具，按照韦伯或行为主义的说法，战略叙事就是 A 能让 B 去做 B 原本不想做的事。探究战略叙事在塑造行为上发挥的作用是我们的兴趣所在。如果一个国家的战略叙事让人信服，盟友就会亦步亦趋，鼎力相助。这个国家的民众在选举时会继续支持执政党，因为他们认为应当延续目前的外交政策。敌对方会认识到这个国家战略叙事的强大说服力，从而考虑改变自己的做法。战略叙事的另一个效力就是建构对国际事务的体验。就行为体的身份和体系的意义而言，战略叙事至关重要。如果一个政策路径在战略叙事中获取意义，并且国家相信若遵循这个政策路径，气候变化问题就能得到圆满解决，那么这些国家就会把自己定位为"正在终止气候变化的国家"，并将依照这一身份制定政策。由此可见，塑造行为和建构身份这两个过程相辅相成。如果一国的叙事成为另一国身份的重要组成部分，就会塑造后者的行为。同样，如果一国说服另一国，使其一贯遵循特定的政策和行动，或是通过国际制度使这种行为机制化，那么后者就可能产生新的身份认同，实施这些政策则成为自然而然的行为，是自身价值观的体现。下文关于捕鲸的案例分析将说明这一点。

在叙事战中，怎样才算获胜？是要消灭对手的叙事吗？[7]是指国际体系共享叙事不复存在？还是说原有的共享或嵌入叙事被另一种叙事替代？如果行为体不再通过叙事体验世界，所有的叙事就会消失，但这种情况不可能出现，因为叙事对人类如何体验世界至关重要（参见本书绪论）。我们只可探究某一具体叙事的消失意味着什么。如果行为体不再从某种叙事的角度去理解世界，这种叙事就将消失。也就是说，它所蕴含的关于过去、现在和将来的意义不再发挥作用。行为体不再从这一叙事的角度思考所面临的障碍和困境，考虑潜在的解决方法和决议，也不再透过它去界定行为体/角色的范围和所知的环境。

以"中国崛起"叙事为例。它描述了这样的场景：从沉睡中苏醒的中国将日益强大，在未来国际事务中发挥举足轻重的作用；权力平衡将被打破，中国与其他强国关系紧张，整体环境将发生改变。这种叙事还架构了一个令人不快的结局：如果美国和中国都将对方视为零和博弈对手，乃至敌人，两国之间就可能发生冲突。[8]如前面章节所述，中国以一种模糊的方式呈现自我。在他国眼中，有时中国只是希望成为正常的大国，以平衡其他国家的权力，有时又是一个正在崛起的霸权国。无论看法如何，关键问题是，"中国崛起"叙事在怎样的条件下会消失？第一，这意味着所有相关的行为体要以完全不同的方式体验当前的世界，它们对未来的愿景也要截然不同。第二，使这一叙事合理化的客观条件必须消失，比如，美国和欧盟的经济强劲反弹；中国经济增速放缓；美国和欧盟在世界经济总量中所占比例骤然上升。第三，实力强大的叙事者，这里主要指中国或是作为中国潜在敌人的美国，编写出另一种国际关系变革叙事，一个关于权力转移的新故事，把同样的事实和对国际关系运行方式的理解置于一种对过去、现在和未来的不同投射之中。最后，中国崛起叙事将会随着叙事共享传播空间的消失而不复存在，比如，全球媒体生态彻底碎片化，不同的地区和团体接收不同的信息，开始以不同的方式体验世界，换言之，它们开始在不同的世界生活。

以上这些思考说明，我们不能简单地把战略叙事竞争理解为消灭或压制敌对方的叙事，而是要破坏相关条件，使对手的叙事不再合理、无法传播、不被理解。然而，更有利的做法是，保留对手的叙事，利用两种叙事的差异来证明自己叙事的合法性。冷战期间，美苏两国的叙事就是在比较、对照、相互诋毁的过程中得以强化。

前面的章节阐述了关于行为体和国际秩序的理论。本章的目的是为了探究叙事交锋时的情景，以及怎样才算打赢了叙事战。国际关系领域的学者研究过叙事竞争的各种形式，比如，一国使另一国在某个具体议题上陷入短期的困境，围绕框架的大量研究，以及通过长期的话语转变刻意去定义那些用于理解国际关系的核心词汇。本章采用的框架将给学者们提供一个清晰的研究路径，从而发现叙事竞争的内容和方式。为了阐明这个框架,我们将分析在 20 世纪后半叶发生的三个叙事之争。首先是以色列与邻国在冲突过程中的叙事之争。该案例分析将借鉴本·莫尔(Ben Mor)的研究成果。关于冲突各方如何随着事件的发展有策略地利用媒体来获取国内民众和主要国际盟友的支持和行动的合法性,莫尔做了很好的跟踪研究。我们将重新诠释莫尔的研究成果,分析那些政治和军事领导人如何支撑更为重要的战略叙事。这些战略叙事关乎民族、身份,以及与充满恶意、不值得信赖的邻国展开的对抗。其次,在 20 世纪 60 年代和 70 年代,大多数国家和民众对捕鲸的态度从赞同转为反对。夏洛特·爱泼斯坦(Charlotte Epstein)分析了全球环境政治和捕鲸态度转变所涉及的说服。该研究为我们提供了一个范本,因为爱泼斯坦探究了行为体精心准备叙事时所采用的话语与叙事之间的相互作用。语言建构了行为体的身份和对政治可能性的理解。捕鲸原本是一种正常的工业活动,社会活动人士设法施加影响,改变了语言和概念规范,构建有关鲸鱼和捕鲸的新共识,从而持久改变政策。这是战略叙事领域一个成功的案例。在人类如何对待鲸鱼的问题上,我们将分析社会活动人士如何利用叙事建构新的预期。最后一个案例是美国和欧盟限制伊朗核计划。我们将分析伊朗如何技高一筹,在已经锁定话语基础、即将达成协定时,把话语基础从科学和法律转换为地缘政治和宗教神学。伊朗的例子让我们再次看到技巧和施动性的作用,如何有策略地使用媒体生态动员民意,以及国家行为体在回旋空间极度受限的情况下,不得不放弃自身的传统叙事,采取新的立场。在案例分析后的本章小结中,我们提醒读者不要试图寻求成功叙事的模版。

说服光谱

政治行为体利用战略叙事建构关于国际政治的过去、现在和未来的共享意义,进而塑造国内和国际行为体的行为。战略叙事不仅可以用于改变行为,还可以建构行为体身份和体系。研究国际关系的学者会立刻指出,理性主义、建构主义和后结构主义在本体论和认识论上各不相同,很难综合这些研究路径。关于行为体、结构和权力,各种研究路径有不同的理解，在传播和说服理论上存在差异。可以勾勒一个图谱来说明说服研究的各种路径，表 4.1 列举了布伦特·斯蒂尔（Brent Steele）[9]在研究话语时提到的四种理论：理性主义、沟通行动理论、反思主义和后结构主义。斯蒂尔本人选择从反思主义角度研究美国外交政策和身份。在此，我们想告诉读者，可以根据自己想要解释的内容，即研究问题，从表 4.1 中选择研究路径。理性主义的研究路径把行为体的身份和体系看作给定的，试图解释行为体如何运用物质激励或修辞陷阱（rhetorical entrapment）操纵彼此的行为。沟通行动理论承认互动可以逐渐改变行为体的偏好和身份，从而使说服更有效果。反思主义强调行为体为了增强自身的身份认同，削弱他者的身份认同，持续不断地进行印象管理，希望对他者施加影响。后结构主义研究路径提出了这样一个问题：霸权国所建构的有关整个国际体系的叙事是否被其他行为体视为理所当然，并愿意遵从？该问题将在很大程度上影响其他研究路径如何分析互动。根据后结构主义的分析，霸权国将自己的战略叙事变成规范，以确保国际关系不可能被赋予其他版本的意义，在博弈开始前就已经获胜。

例如，克雷布斯和杰克逊（Krebs and Jackson）[10]从理性主义视角研究了国家 A 如何通过语言击垮国家 B 的论点，从而迫使国家 B 接受其一开始并不支持的政策立场。其研究重点是围绕具体议题的"框定竞争"（framing competitions），即"具体框定的论战情节"（specific bounded episodes of contestation）。[11]克雷布斯和杰克逊认为，没有必要探究 A、B 两国领导人的意图和信念，通过分析他们在公开场合的话语互动，就可以对结果加以解释。我们很难找到一种可以用来了解领导人真实思想的方法，[12]领导人的思维模式或许只是反映了他们的文化，他们的语言也许带有欺骗性。从这个角度看，我们不可能证实，也无需证实某个行为体已经被说服。[13]但若从更深层次的说服研究路径来看，我们会问，领导人的文化观念和常识性信念最初是由谁塑造的？行为体如何反对但后来又认同了新的规范？这些问题不在克雷布斯和杰克逊试图解释的框架竞争范畴内，但要想研究语言的力量，可以从这些问题着手。同样，如果采用与克雷布斯和杰克逊相似的研究路径，也可以借鉴沟通行动、反思主义或后结构主义的研究来解释为什么某些

表 4.1　说服光谱

图谱	研究途径	国际关系本体论	沟通的作用	说服的作用	相关研究成果
更浅层	理性主义	拥有给定偏好的行为体在给定的无政府结构中互动	战略性的释放图信号或利用"清谈"(cheap talk)操控印象	不及物质刺激(强制,讨价还价),但可利用修辞技巧设下陷阱、制定出路线图或蓝图使其他行为体承诺或采取行动	等级制度(Lake) 规范(自由建构主义) 话语强制(Krebs and Jackson) 信号(Jervis) 北约(Ringsmose and Borgensen)
浅层	沟通行动理论	拥有给定身份的行为体通过互动产生互体系和议题的主体间性理解	行为体在辩论中平等交换观点	在辩论中获胜,从而构建新的共识,重塑其他行为体对世界的认识	美中关系(Risse, Lynch)
深层	反思主义	行为体的身份相互影响,身份和行动在其他行为体中产生回应	针对其他行为体在身份和自我形象上存在的矛盾焦虑进行战略性沟通	宣传其他行为体的错误,使其改变行为	苏伊士运河危机(Bially-Mattern); 不安全的艺术(Steele); 美国与伊朗的软战争(Price); 以色列的印象管理(Mor)
更深层	后结构主义	在实践(语言和物质的)中的话语(权力与知识)的关系	沟通是根本性的。稳定的话语界定有效、正常的交谈和行为。行为体是话语的施动者。	所有行为体都存在话语语之中,并通过话语产生,但利益不均衡。处在弱势的行为体或许会抵制和抗争	捕鲸(Epstein); 安全(Hansen); 美国外交政策(Holland)

短语、概念或历史事件对特定行为体来说具有核心意义，或是探究国家A如何在修辞中利用这些意义，吸引媒体关注，煽动国家B的舆论，迫使国家B的领导人作出某种决定。

帕特里克·杰克逊（Patrick Jackson）对身份叙事进行了更深层次的分析。[14]他认为，"西方文明"理念在二战后的跨大西洋联盟中发挥了关键作用。同属一个共同体，有相同的身份和利益，这样的理解使北约联盟的形成变为共识。为了劝说心存疑虑的国家领导人，一些行为体在讨论中战略性地应用了这种叙事。杰克逊最后指出，与其他因素相比，归属西方的感觉和叙事在因果关系上至关重要。后结构主义学者也会指出，[15]对杰克逊而言，关键是"边界问题……不仅是有形的或地理上的边界，而是社会和意义边界：边界限定了可接受的行动的范围"。[16]如果没有那样的叙事，如果行为体不认为它们在国际政治中可以齐头并进，如果没有叙事所确立的文明边界和边界内的成员，大西洋两岸的主要国家会选择另外一条道路。这种分析也引出了一系列问题。按照深层次研究路径，这些问题是：西方文明叙事最初是怎样确立的？是通过什么样的权力关系，在怎样的时间框架内确立的？在确立过程中，有哪些叙事和可能性被压制了？按照浅层次分析路径，这些问题是：在20世纪40年代末的背景下，行为体如何调整西方文明叙事的范围？冷战结束后，行为体如何战略性地使用或质疑西方叙事、文明叙事，甚至是西方文明叙事？在文明冲突和反恐战争的观念下，对哪些行为体而言文明叙事赋予国际关系以意义？这又将如何影响它们的行为？

我们必须研究边界和身份的确立，因为这是叙事发挥建构作用的途径。同时要考虑到叙事建构效果使行为体和施动性得以结合，从而影响行为。在国际关系中，行为体利用施动性，在特定的情况和历史关系中，把边界和身份的意义牢固确立下来，以便操控其他行为体的行为。

要想解释战略叙事在国际关系中如何发挥作用，不仅要关注每一个研究路径所侧重的全部过程，还需研究这些过程如何互动、彼此塑造。反思主义和后结构主义研究路径如何为理性主义和沟通行动研究路径设立条件？理性主义和沟通行动研究路径中的互动如何影响和改变反思主义和后结构主义研究路径？这是结构化问题。我们也要关注这些过程中的各种时间性。我们实际上提出了一个循环的说服理论。研究者必须选择从何时何处打破这些循环。

战略叙事理论归属哪一种国际关系理论？乍一看，它是一种施动性建构主义。之所以是建构主义，是因为根据我们的理论，行为体透过自身观念和先前经验来体验和理解无政府状态、等级制度、秩序和事件。如果无政府状态是国家建构的，如何建构则取决于国家体验现实时所使用的叙事。之所以是施动性的，是因为我们提出，国际关系涉及叙事之间的斗争，通过斗争来决定行为体采用哪种叙事体验世界。或许有些学者会指出，叙事竞争就是霸权之争或观念统治地位之争。在这场政治斗争中，行为体力图为自己的叙事凝聚最大程度的共识。行为体发挥自身的施动能力，[17]也就是调配行为体内部权力关系或与其他行为体相关的权力关系的能力，设法投射自己的叙事，控制国际传播，从而将自己的叙事确立为对国际关系的过去、现在和将来的常识性理解。如第二章"战略叙事中的行为体"所述，我们希望从行为体着手来分析战略叙事。

行为体对国际体系的历史、运作方式和演变的理解是叙事之争的对象。所有的说服研究路径都承认，行为体之间必须存在某些共识才能进行有意义的对话。国家和国家领导人从一开始就存在于一个国际体系中，知晓体系中的等级制度、法律和某些规范。正是基于这种共同的基本认识，行为体才有可能去挑战现有的等级制度、法律和规范。[18]对理性主义和沟通行动理论学者而言，这些共识是产生竞争和争辩的结构性条件，它们或许嵌入在机构中，[19]从而使互动在给定的场所展开。反思主义和后结构主义学者可能会指出，共同的经历、危机、威胁感或希望也是互动的条件。我们认为，这些潜在的理解和经验以叙事的形式呈现。关于人类以及人类社会中不同国家的角色、地位、身份和权力，一直存在某些共同叙事。理性主义和沟通行动理论学者把这些视为谈判的前提条件，[20]我们则认为，这些前提条件也是争论的对象。国家投射战略叙事，目的就是要在互动开始之前影响行为体对等级制度、法律和规范的理解。实现这一目标的机会有限，因为这些国家首先要处理现有的叙事，而这些叙事或许已经根深蒂固；国家自身的叙事也许会与事件的发展相矛盾，从而遭到质疑。但无论如何，国家，尤其是那些强国，总会不断地投射和嵌入它们自身的体系叙事。

因此，要打赢一场叙事之战绝非易事。如第二章所述，无论战略叙事针对的是体系层面、身份层面还是议题层面，都要面对多个群体：对手国、盟国、国际组织、非政府组织、官方媒体、独立媒体、游说集团、本国民众、外国民众，甚至还有那些虽然移居国外，但却能在国内外同时发挥影响的民众。我们在第一章"绪论"中指出，要想打赢叙事战，就需在全球媒体-公众领域的辩论中获胜，并且要控制观点的内容和传播。关于这一点，我们也将在第五章"信息基础设施"中论述。换言之，那些努力让自己的战略叙事成为共识的国家不仅要利用现今的基础设施，还要争取塑造基础设施本身。美国投射的叙事倡导网络自由，并采取具体行动，鼓励企业和社会活动人士把相关技术带到国外，以维护网络"自由"。中国投射的叙事则强调主权以及国家在信息传播领域的权利，同样也制定了相关政策。美中两国在叙事交锋的同时，也在叙事竞争的场所——媒体生态上展开竞争。

接下来我们将剖析叙事竞争的各个方面。在叙事之争中，行为体到底在竞争什么？叙事内容？叙事作者？还是传播叙事的行为体？

叙事竞争的各个方面

表4.2概括了有说服力的叙事需要具备的特征以及叙事竞争的各个方面。说服力在此处是一个广义的词汇，它不仅指叙事内容是否引人入胜、令人信服，也指叙事的投射、形成和接收方式能否不受质疑。不同的战略和传播特征可能会有不同程度的说服力，这取决于多种因素，其中包括受众的构成、个体的特点等。在政治传播研究文献中有很多关于伴随效应(contingent effect)的论述。

应用战略之前，叙事的各个方面都是抽象的，一旦事态发展，所有这些方面就开始复杂化。我们将在案例分析时看到这一点。

表 4.2　叙事竞争的各个方面

叙事竞争的各个方面	有说服力	没有说服力
信息内容	激动人心、突出、相关、有用、有趣、清晰易懂、令人回味、能产生共鸣	枯燥乏味、毫不相干、令人困惑、一听就忘、与价值观和经历不相符
情感内容	侧重感情、经历、真实情感描述	过于理性、过于煽情或情绪化
认识论	根基扎实	建立在错误或不确定的观念之上
模糊度	既能反映不同受众的价值观和利益，又能让受众感觉叙事是强有力的、连贯一致的，并且有根有据	太模糊，任何人都会赞同，所以失去意义，或是太明确，得不到重要的支持，甚至有些教条，不合逻辑
与行动的关系	与受众所理解的现实相符	与受众所理解的现实相矛盾
形成过程	有清晰合理的形成过程，理解、表达并考虑国家的价值观、利益和抱负	形成过程不透明、不合法、与国家的现实和利益脱节
投射过程	通过恰当渠道，叙事者诚信可靠	通过不恰当渠道，叙事者不可信、不可靠
接收过程	允许受众形成自己对叙事的理解和印象，倾听对叙事的反馈，通过言语或政策行动表明对反馈意见的重视	以令人窒息的方式严格控制接收过程，导致受众闭耳不听，轻视叙事者和叙事

内容

叙事要有说服力就必须包含能吸引受众注意力、清晰易懂的信息内容。大多数传播领域的从业人员都知道内容的相关性、实用性和趣味性是有效传播极为重要的特征。[21] 只有那些有用并且相关的信息才能吸引注意力。例如，在一场危机刚刚爆发后，描述危机过程和起因的叙事就很有说服力，因为它提供了受众想要的信息。这也解释了为什么会有聚旗反应（rally-round-the-flag）。[22] 领导人的叙事令人信服，就能招聚众多支持。同样，如果受众认为叙事的信息内容有趣，也会给予更多关注。某些类型的信息可以增强叙事内容的吸引力，例如有关冲突或斗争的信息，与受众的经历相似或所在的地理位置相近的信息。大量关于传播和公共关系的文献指出，信息或信息内容可以影响叙事的可信度。不具备上述特征的信息就不太可能让人相信，借用哈林（Hallin）所提出的偏离范围（sphere of deviance）[23]概念，这些信息偏离了可以接受的叙事范围。

情感内容

我们通过叙事来评价事件和行为。如果没有叙事能力，社会政治生活就会黯然失色，因为对事件进行道德评判的机会减少了。[24]叙事呈现的信息不仅是一个问题、一组行为体、解决问题所需的因果转变以及期待的结果，叙事要求我们判断问题的性质和严重程度、相关行为体的特点以及怎样才是好的未来。叙事激发情感，让我们或是充满希望，或是心灰意冷，或愤怒，或快乐。[25]

受众通过媒体生态接触到叙事的感染力。米切尔（W. J. T. Mitchell）认为，实时的图像和视频片段把麦克卢汉的"地球村"概念变为现实，但这也有不利的一面：我们听到了邻近村庄传出充满仇恨的宣战鼓声。[26]情感互动一触即发。在 21 世纪头十年的反恐战争期间，美国总统小布什的"十字军东征"言论、实施身体虐待和酷刑的图像都可以用来增强战略叙事的情感冲击力。反恐战争中的各方也应用象征手法刻画彼此。沟通不必是你一言我一语，也可以是你一头我一头：美国士兵把一面美国国旗盖在萨达姆·侯赛因塑像的头上；公开萨达姆被捕后接受牙齿检查的照片；关押在美军阿布格莱布监狱的囚犯被蒙住头部；"基地"组织则发布美国公民被斩首的视频。这似乎重现了远古时期炫耀战利品的仪式。这样的互动遵循了以眼还眼、以牙还牙的逻辑，[27]目的是为了煽动情感，而非查寻事件真相。当然，这样的互动使用了视觉符号，但通过语言加以诠释，并被嵌入叙事中，如第二章所述。"基地"组织的成员尤其擅长这一做法。

"基地"组织可谓编织叙事情感内容的专家。美国的军事承包商在伊拉克惨遭杀害，美国急于展示实力，摧毁了伊拉克古城法鲁加，从而犯了一个策略上的错误，因为在"基地"组织的叙事中，美国是一个滥杀无辜、残忍的侵略者，法鲁加战役增强了这一叙事的可信度。在社交媒体时代，信息通过网络可以迅速走红，符号互动很容易失控，造成意想不到的后果。对"基地"组织而言，由于实力上的不对称，这种乱局或许有利。因此，一些行为体采取战略，通过激发人类本能的情感来巩固自身的叙事。

认识论

即便受众相信叙事的作者或投射者，也有可能对叙事内容产生怀疑。受众持有的认识论决定了他们对叙事的理解。认识论是关于我们如何认识世界的理论。我们了解事物时，或许借助神灵的启示，或是通过科学实验反复探索，或是依靠其他被视为知识的理论。叙事采用经济、宗教、科学、法律等多领域的话语。每一个领域的话语都代表一个知识体系和一种认识世界的方式。正如本书绪论所述，运用叙事的技巧之一就是设计能用多个领域的话语来解释的情节。在本章后半部分关于伊朗核计划的案例分析中，我们将发现政治领导人会根据叙事的受众决定采用哪一种认识论。在第五章分析奥巴马的开罗演讲时，我们也将清楚地看到美国总统利用了事件真相的多种形式。

模糊度

由于言语者和受众对词汇的理解不同，语言不可避免地存在一定的模糊度。在政治领域，有意使用模糊语言可以使受众按照自己的偏好理解政治观点或叙事。[28]

叙事必须足够灵活，以便在事件和叙事之间出现矛盾时，通过修改描述，使叙事仍旧成立。例如，政治和军事领导人在原定目标模棱两可的情况下，可以重新定义"成功"。2006 年，英国国防大臣约翰·里德谈及英国在阿富汗的目标时曾说，"很高兴我们可以在三年后撤离，并且一枪不发"。林斯莫斯和博根森（Ringsmose and Borgensen）[29]注意到，"随着阿富汗当地局势的恶化，叙事也发生了改变。尽管还在说军事行动确实打压了'基地'组织在该地区的活动能力，但在谈到成功时，只是说可以实现目标，尽管在短期内不可能实现"。英国的目标是削弱伊斯兰教"圣战"分子在阿富汗组建和策划攻击英国的能力，从而保障国家安全。这个目标没有变，但实现目标的时间框架变得更加模糊。

这让人想起美国在越南和苏联在阿富汗的情形。美苏两国的领导人当时决定撤军，并非由于实现了政治目标，而是因为继续留在越南或阿富汗的成本太高。[30]于是，他们宣称自己国家的行为是光荣的，强调盟友应当肩负起责任，采取行动（越南化和阿富汗民族和解）。

由此可见，领导人在构建叙事时，既要让叙事直截了当、连贯一致，又要保证叙事有足够的模糊度，以便应对与之相矛盾的事件和观点。

叙事与行动的关系

叙事必须与受众所了解的现实看起来一致，不能直接表现出上文所讨论的模糊度和认识论问题。叙事所描述的现实如果与直接体验的现实或期待的现实出现任何差异，叙事者就会遭到公开谴责，背上虚伪的恶名。这便降低了叙事者的可信度和可靠性，受众也不愿再和他们接触。时机其实很重要。如果政治行为体采取主动，抢在对手之前陈述信息，就很有可能赢得受众的信任。[31]否则就会陷入被动，不得不去对抗关于这个信息的其他叙事。

形成过程

国际关系学者研究了大国关于自身和国际体系的观念如何形成和演变。杰弗里·勒格罗（Jeffrey Legro）指出，大国或是融入国际体系的价值观和运作过程，或是对其进行修正，或是游离在外。[32]薇薇恩·施密特（Vivien Schmidt）解释了在政治精英层产生的"协调性话语"（coordinative discourse）如何形成和投射。"协调性话语"为政策参与者达成一致意见，进而制定政策提供了共同语言或叙事。[33]"沟通性话语"（communicative discourse）则与"协调性话语"有不同的战略目的，旨在说服公众，使其认识到在协调阶段所制定的政策的必要性。

由于媒体技术的变化，战略叙事的形成过程似乎正在或将要向民众开放。民众开始参与原本由精英阶层运作的过程。社会科学和网络工具被用于征求和咨询民众意见，对叙事进行试验或测试，至少打造了一种咨询的印象。在下一章中我们将看到英国广播公司（BBC）国际频道如何尝试让观众参与节目制作。受邀观众可以决定节目的嘉宾名单、嘉宾要回答的问题以及访谈话题。英国广播公司认识到变化中的媒体生态可以使大众媒体广播的设计更加透明和民主,尽管在极个别情况下,观众的参与可能会带来混乱。

投射过程

谁来投射叙事、代表叙事、保证叙事的可信度?问题的答案常常取决于政治机构的组成。国家领导人谈论变化、促成变化的能力取决于行政自主权和国家制度。[34]一国领导人在怎样的情况下能够提出一个新的或是具有挑战性的叙事,对其他国家而言,其实是显而易见的。伊朗总统可以请政治学家解释在何种情况下美国总统会采用某种叙事。例如,美国总统能否大谈特谈在世界各地进行军事干预的意愿就在于他是否得到了美国国会和民意的支持。关于这一问题,伊朗以及美国言论或行动所针对的其他目标群体都能从美国和国际新闻媒体每天的报道中轻易找到答案。[35]

在过去十年中,从事公共外交的人员试图与商界、非政府组织、文化和体育机构合作,共同投射战略叙事。虽然这种做法可以使战略叙事看起来连贯一致,增强叙事效果,但也使参与者陷入困境。以北约在阿富汗的行动中非政府组织扮演的角色为例,非政府组织和国际组织都是政治领导人努力构建的多元行为体联合网络中的一部分。在阿富汗的和平建设行动中,北约既要与联合国、欧盟、世界银行等国际组织合作,也要与非政府组织合作。所有这些行为体不仅要应对危机,还需积极维护安全。[36]北约必须与这些组织配合,在国内外受众和阿富汗受众面前呈现清晰的叙事。然而,北约任务叙事中的核心概念到底是和平建设、国家建设,还是国家重建?这些概念的意义有细微差别,也代表不同的实践。概念上的部分重叠就有可能给叙事者和受众带来困惑,因为他们对这些概念的理解不同。在多元行为体网络中,北约占主导地位。非政府组织的参与对北约而言,是一种挑战。为了使这个网络成为单一叙事的渠道,北约必须做说服和劝诱工作。

非政府组织具有说服力,不仅因为它们是独立的行为体,还由于它们的声望能够激发情感。门罗·普赖斯（Monroe Price）认为，非政府组织的存在使专制政府感到担忧，却使少数群体和持不同意见者满怀希望。[37]并不是非政府组织自身能做什么，而是其他人基于经验对非政府组织产生期待，认为它们能够在未来继续引发变革。因此，非政府组织的影响是行事性的（performative）。它们的存在可以改变局势，带来巨大变革，并触发回应。在叙事之争中，非政府组织的角色复杂，不单是因为它们提出的观点，而是因为它们的存在和象征性价值。

接收过程

谁有机会接收叙事？由于在这个问题上存在竞争，战略叙事的接收过程成了竞争的对象。谁能成为受众？谁可以在媒体生态中发声？这些问题凸显出信息基础设施的重要性，这也是下一章要讨论的内容。当我们研究弱国以及外国军队（美国国防部、北约）、外国援助组织（美国国际开发署、国际发展部）和地方政府（索马里或阿富汗）之间的竞争时，就会发现这些行为体都能在不同程度上影响信息基础设施，进而影响政治信息流动的路径和发挥作用的方式。地方政府可以监管移动电话服务、卫星信号和网吧的位置。美国国防部设立了名为"盒装收音机"（Radio-in-a-Box）的便携式广播系统，帮助阿富汗军队领导人散布信息，并用音乐来吸引阿富汗士兵和当地民众。如下一章所述，政治行为体试图控制媒体生态中的对话和媒体生态基础设施，因为基础设施可以影响谈话参与者的构成。

总之，在分析叙事竞争时，必须考虑哪些方面可以用来解释案例。叙事竞争的各个方面都具有相对性：一国的叙事有多大程度的说服力取决于他国的叙事有多强的吸引力。

赢得叙事战是否意味着构建共识？接收的重要性

本章开头引用了奥尔布赖特和奈关于"中国崛起"的言论。奥尔布赖特认为中国可以融入国际制度中。通过在具体问题上的行为变化，中国可以被社会化。在这种情景下，要想赢得叙事战，就需找到促使中国加入国际制度的言辞。在解释中国为何决定加入时,不必考虑中国领导层是否真的被说服,是否认识到这种国际秩序的优点。奥尔布赖特采用的是理性主义,但她也应用了沟通行动理论中的社会化。数年后,奈撰文表明他关注的不只是中国人的行为和在国际事务中的诉求,而是中国人如何看待自己国家在国际体系中的角色。奈试图解释中国崛起叙事如何建构了中国年轻人的身份和利益,采用的是建构主义研究路径。按照贾妮丝·比亚利-马特恩的说法,要想在这场叙事战中取胜,就需让中国年轻人通过一个不同的叙事"体验(他们的)身份"。[38]在这种叙事中,中国的崛起并不意味着他们可以提出那样的诉求。

国家总是在追求利益的最大化。如何实现这一目标取决于国家对形势的理解。理性选择理论并不能解释国家的行为,因为在复杂的国际事务中,手段和目的都存在固有的不确定性。[39]领导人当然可以使用外交政策分析工具来了解行动的利弊以及将要面临的结构性制约和机会。[40]但是这些分析工具并不完美。领导人还需依靠自己对努力方向的感觉和基于过去事件对未来作出的预期,并且要考虑其他国家的特点或声望,以及可预见的结果是否符合自身的目标和身份。叙事建构了领导人对国际事务的主观体验。他们对本国和国际体系的过去、现在和未来的理解不是建立在客观事实之上,而是基于体验。领导人身处正在演变的历史轨迹中,在其中从事治理,并在公开场合或私下承诺要实现某种轨迹。[41]这就引发了一个问题:一国要想在国际关系中打赢叙事战,是否要让其他国家使用这个国家的叙事来体验世界?

例如,二战后欧洲国家领导人决定构建更加紧密的联盟,从而共享机遇,共担风险。珍妮弗·米茨恩(Jennifer Mitzen)指出,重要的一点是欧洲国家公开表达了对这一叙事的承诺。它们创造了重申这一叙事的场所,签署文件使其法律化,制定制度和政策使其成为现实。欧洲国家围绕具体叙事形成了统一的大战略,从而影响和约束行为。如果接受这种叙事,就会对适当行为和表达产生同样的预期。久而久之,当时的领导人以及之后几代的领导人和民众都会通过这种叙事来体验欧洲大陆的历史。叙事也界定了政策可能性。二战后美国领导人也致力于实现关于美国在世界所扮演的角色的叙事;不论是中国、印度,还是世界上其他任何一个国家,都是从叙事的角度理解新发生的事件,判断该事件是否实现或破坏了叙事。

在战后的情况下,构建共识以弥合不同叙事之间的分歧至关重要。要想把曾经激烈交战的社会群体纳入新的民族国家建设中,就必须构建一个各方都能接受的叙事。拉拉·内特尔菲尔德(Lara Nettlefield)[42]在前南斯拉夫根据一手资料研究了人们讲述的关于波斯尼亚战争(1992-5)的故事。她侧重分析了前南斯拉夫问题国际刑事法庭(ICTY)的精英叙事与本地叙事之间的互动方式。通过追踪叙事在精英阶层和公众中的传播过程,该研究指出,处理各种叙事以及不同叙事之间的竞争是后冲突社会向稳定或民主秩序过渡的一个重要方面。内特尔菲尔德撰写了女性群体的民族志和针对参战士兵的首份调查报告,采访了当地民众、社会团体领袖以及战争期间在该地区工作的非政府组织,并对这些叙事和非政府组织的政策文件进行分析。她借鉴了玛莎·米诺(Martha Minow)[43]的观点。米诺指出,"在传统崩塌,人类的希望即将被遗忘之时,叙事对构建自我意识来说至关重要"。

内特尔菲尔德在前南斯拉夫发现,大部分民众持有相对固定的叙事,但也有些人持开放态度,愿意承认或反思自己所属的种族在战争中的罪行。前南斯拉夫问题国际刑事法庭(ICTY)发挥了重要作用。它把证据公之于众,将冲突各方的相关人员绳之以法。因为前南斯拉夫法庭的这些举措,民众可以公开讨论"一个新的波斯尼亚国家的性质,政界应有的面貌,以及人民相处的方式。这些讨论有利于民主化进程"[44]。至少在一段时间内,各方的极端民族主义情绪被逐渐削弱。在多数塞尔维亚人支持的叙事中,波斯尼亚战争仅仅是一场内战或国内冲突,各方都遭受了战争带来的苦难,都是受害者,其中也包括塞族人。但在多数波斯尼亚人持有的叙事中,波斯尼亚人是主要受害者,有20万至25万人丧生,塞族人应该负主要责任。然而,在前南斯拉夫法庭审判和人权组织调查得到的证据面前,塞族人和波斯尼亚人所持有的这些比较极端的叙事都站不住脚。犯下战争罪行的塞族人的确比波斯尼亚人多,但死亡人数接近10万,而不是波斯尼亚人所说的20多万。[45]内特尔菲尔德研究了普通民众的战争叙事。有意思的是,她的研究不仅展示了这些战争叙事的内容,并且指出不论在当时,还是在将来,都需要在波斯尼亚把法律和法庭的作用叙事化。因此,一个由精英阶层和国际社会主导的进程,通过把法律话语交织在战争叙事之中,改变了波斯尼亚叙事的质量或要义。人们认识到法治和追究法律责任的必要性。内特尔菲尔德认为,如果民主等同于法治,那么前南斯拉夫法庭的存在就具有民主化效果。这一法律进程或许不会产生一个共同的波斯尼亚战争叙事,但打造了一个以法律和追责为重点的共同的话语基础。

我们是否需要一个共同的叙事? 人们可否只在事实上达成共识,然后以不同的方式诠释事实,构建不同的叙事? 前南斯拉夫法庭的任务只是确定战争真相,基于证据记录相关人员的战争罪行,而不是提供一个各方都接受的大叙事。每个单独的案件都可能产生一个微观叙事,但要形成一个概莫能外的大叙事,则需一个更加开放的新进程。

为了解释本章提出的观点,下文将依次分析三个案例,强调体系叙事相对于议题叙事和身份叙事的作用,探讨叙事如何采用先前存在的话语,以及如何娴熟、有创意地利用媒体生态展开叙事之争。在以色列与邻国的冲突以及美国和欧盟限制伊朗核计划这两个案例中,我们将看到构建共同叙事困难重重,但在关于捕鲸的案例中,反捕鲸叙事的产生则表明我们在争辩中有可能获胜,进而让其他行为体在某个议题上按照我们的偏好行事。

案例分析一:以色列与邻国
——重塑"大卫与歌利亚"叙事

以色列与巴勒斯坦以及其他邻国的冲突对中东乃至整个世界的影响重大,战略叙事在其中的作用显得格外重要。这些冲突备受全球关注,有利于我们理解通过媒体进行战略叙事的潜力和隐患。以色列与其对手国都设法投射叙事,强化自身的合法性和可信度,争取更多国内外的支持。它们投射叙事,不仅为了传达自身的利益和身份,而是为了在冲突爆发之际,抓住机会挑战对方的叙事。本·莫尔(Ben Mor)的一系列研究阐述了以色列如何掌控自身形象,如何运用叙事诠释冲突事件。显而易见的是,以色列很难超越"大卫与歌利亚"叙事。与邻国相比,以色列在物质上占优势,况且还有世界头号军事强国——美国的支持，因此在任何对抗中，都更胜一筹。但这并非意味着以色列会免受身份和道义上的攻击。这些攻击经常通过媒体生态展开。在当今国际关系中，传播基础设施的发展凸显出形象竞争的重要性，以色列与邻国的冲突正是处在这种背景下。下一章将论述传播基础设施。实时的报道、遍布全球的媒体、几乎无处不在的动态图像、电视、互联网，所有这些构成了国家间互动的环境。在新媒体生态中，信息来源的数量、速度和种类使国家和军队时刻面临着"丧失信任的风险"。[46]对以色列而言，还需不断面对被羞辱的风险。[47]例如，与巴勒斯坦相比，以色列在硬实力上享有绝对优势，如果在任何一次与巴勒斯坦的冲突中不能大获全胜，就会颜面扫地；但若被视为过度使用武力，伤及巴勒斯坦平民，同样也会蒙羞。因此，在控制他人对自己行动的看法上，以色列的能力存在不稳定性。

面对形象管理上的不稳定性，以色列如何实现长期的大战略？大战略是指那些经过实施能够使国家实现长期目标（如国家安全）的战略。[48]在中短期内，国家如果面临战争，就需要制定一系列前后一致的战略、行动和战术。根据莫尔的研究，信息基础设施将大战略和具体实施的战略、行动和战术公之于众。在媒体和民间记者面前，行动和战术显而易见；政治和军事领导人在镜头前讲述战略，他们的声明被深挖细酌；冲突区民众的手机带有摄像头；视频片段以难以预测的方式出现。因此，在新媒体生态中，大战略的具体实施变得更为透明。

这种透明度和可见度意味着在实施大战略的同时，必须持续不懈地加以解释。[49]公共外交被用来解释大战略，并且融入战略叙事中。事件发生后，新闻团队必须使用多种语言快速向记者作出回应。[50]国家若采用宣传手段，就有可能招来质疑。另一种方法是将公共外交与军事行动相结合。例如，在1991年的海湾战争中，盟军用精准武器轰炸巴格达，虽然这不是最有效的军事战略，但却较好地应用了公共外交，促进了一个整体上更优化的大战略的实施。莫尔认为，以色列有时选择不使用坦克和直升机，按照以色列国防军（IDF）少将摩西·亚阿隆的话来说，是因为这些武器"拍摄下来太难看"。[51]公共传播的成功并不取决于一国的传播策略，而是取决于冲突方的行动和传播。

关于这一点，我们将通过分析冲突中的若干事件加以解释。本案例有利于突出以下内容：

- 战略的含义
- 战略调解如何通过媒体生态发生变化
- 如何维持可信度；叙事者可信度的必要性
- 行动与叙事的关系，即"言-行"差距[52]
- 叙事不可避免的相对性；调整叙事以强调自身优势，同时突出对手在身份和叙事上"令人无法接受的模糊度"[53]

2002 年 3 月 29 日，以色列城市内坦亚的一家酒店遭到自杀式炸弹袭击，以色列随即发动了防卫墙军事行动。该军事行动集中在三个地点，"巴勒斯坦民族权利机构（PA）主席亚西尔·阿拉法特在拉姆安拉的官邸……伯利恒的圣诞教堂，4 月 4 日，巴勒斯坦武装人员挟持人质，占领该教堂，后来被以色列国防军围困……杰宁难民营，4 月 3 日，以色列国防军进入难民营追捕恐怖分子，双方激烈交战，据说发生了大屠杀"[54]。以色列政府宣布，军事行动的目的是为了"彻底摧毁巴勒斯坦恐怖主义的基础设施"，并非要消灭巴勒斯坦民族权利机构或亚西尔·阿拉法特，尽管看起来是这些人建立的恐怖主义基础设施。当一位电视评论员指出大多数恐怖袭击的策划者不是巴勒斯坦民族权利机构，而是宗教极端分子和哈马斯时，军事行动目的的表述就变得更加模棱两可。原因在于那些对以色列政府而言至关重要的群体在偏好上存在分歧。以色列民众希望政府采取强有力的反恐政策，但以色列的头号盟友——美国则希望有一个巴勒斯坦领导层可以与以色列进行谈判，因此要保留巴勒斯坦民族权利机构。

由于缺乏一个清晰的战略，军事逻辑便占了上风，导致以上三个地点的暴力冲突。在电视国际频道上，人们看到以色列用推土机把巴勒斯坦人的家园夷为平地。以色列国防部随即要求在战区对媒体实行审查制度。于是，巴勒斯坦、以色列、国外的非政府组织，以及联合国之间展开了叙事竞争，以确定事件真相，其中包括在杰宁到底有没有发生过大屠杀。[55]然而，以色列的传播是模糊的：以色列否认杰宁大屠杀，但声称为了自卫不得不采用一些战术，包括在"人口密集地区"行动，认为"武装恐怖分子"把杰宁难民营作为"与以军对抗的战场"。[56]

在事件刚开始时，以色列是恐怖袭击的受害者，不得已进行防御。

后来的事态发展却强化了"大卫与歌利亚"叙事，以色列在国际上投射的形象是不正当地过度使用武力。莫尔认为，以色列起初应当从媒体画面和公共外交的角度考量"哪些内容上镜效果好"，[57] 应该制定一个大战略来指导军事行动，从而"在一个民主规范普及，媒体无处不在的环境中随时调整，作出最佳回应"[58]。然而，以色列没有一个清晰的大战略，以色列自身的目标和其支持者——美国的目标存在分歧，不可能建构一个连贯一致的战略叙事，也无法对事件进行规划，从而实现和展示战略叙事。

几年后，以色列似乎吸取了教训。2006 年 7 月 12 日，黎巴嫩真主党入境以色列，袭击了以色列国防军的一个分队。两名以色列士兵被俘，三名以色列士兵被杀。真主党还向以色列平民区发射火箭炮。以色列在随后几周选择军事战术时，更多考虑到媒体价值，而非行动价值。[59] 杰宁事件后，以色列开始重视自身行动所引发的国际舆论。2006 年 7 月 17 日，总理埃胡德·奥尔默特的媒体顾问声称以色列"将打赢国际舆论战"。根据英国天空新闻电视台的民调，80％的观众认为以色列袭击黎巴嫩是正当行为。[60] 以色列急于表现自我，同时要揭露黎巴嫩和真主党的特点，其目的是为了剥夺后者的合法性。以色列打造了一个别无选择、被迫应战的勇士形象，指责黎巴嫩没有控制好真主党。

以色列的这种表现会带来被羞辱的风险。一个月前，哈马斯绑架了一名以色列士兵，以色列后来的营救行动却导致了更多以军伤亡。如莫尔所述，7 月 12 日，当真主党绑架以色列士兵时，真主党总书记哈桑·纳斯鲁拉在布鲁特召开新闻发布会，嘲笑以色列军方领导人。那一年，以色列国防军屡遭失败，名声受损，军事遏制政策似乎毫无效果。7 月 12 日的袭击，也就是第二次黎巴嫩战争，对以色列军队和政治领导人来说，是一个修补形象和恢复在本国国民中信誉的机会，但又要保证回击方式不会引发负面的国际舆论。莫尔没有研究反屈辱叙事是如何产生的，是由国内哪个群体推动的，以及为什么这一叙事能够被以色列受众理解或引起他们的情感共鸣。

这次冲突的性质变得尤为重要。虽然有些以色列领导人避免称之为战争，媒体和公众则支持战争这种说法。这就意味着以色列国防军必须展示"获胜的画面"。[61] 于是，以色列国内媒体报道了敌方的伤亡情况,政府也把真主党描述为"伊朗军的先头部队"。[62]

2006 年 7 月 30 日,以色列空军轰炸了黎巴嫩的村庄卡纳,导致 28 人丧生,其中 16 人是儿童。这一事件破坏了以色列的自我表象。欧洲领导人指责以色列过度使用武力,美国不得不投票否决联合国安理会谴责以色列行动的决议。在冲突爆发两周后,以色列争辩说真主党从平民居住的建筑开火,以色列没有杀害平民的意图,并且在空袭前两个小时,通过发放传单和打电话,已告知村民有轰炸的危险。以色列国防军甚至展示了一些传单,希望记者使用这些传单来增强叙事的可信度。莫尔指出,以色列试图强调最初的叙事,指责黎巴嫩没有控制好真主党。[63]7 月 30 日,以色列国防军公开了视频片段,显示真主党从卡纳村庄发射了火箭炮。[64]

国际舆论一片愤怒之声,以色列国内也弥漫着失望情绪。民众对战争的支持率从 7 月的 80％下降到 8 月中旬停火协议最终达成时的 40％。[65]与冲突双方均无牵连的大赦国际和人权观察这两个非政府组织力图找到证据,确定真相。他们派遣自己的调查团队到卡纳,采访见证人,核实从医院和政府获得的信息。非政府组织的这些举动投射出的信息不言而喻:以色列自己无法核实自身行动的影响,或者说,即便以色列可以做到,但一个独立、公正的非政府组织能够提供更加可信的评估。人权观察没有发现真主党在卡纳村庄利用人体盾牌的证据。至于以色列声称在空袭前提醒过卡纳村民逃离,人权观察指出,所有通往卡纳的道路早已被以军炸毁,村民们不可能逃离,真主党更不可能把火箭炮发射器运输到卡纳。

总之,以色列试图把事件嵌入自己偏好的叙事中,但这次又失败了。与 2002 年相比,2006 年在与真主党的冲突中,以色列的战略比较清晰,但由于多个行为体的参与,出现了不同的叙事,又有证据和图像驳斥了以色列自己的叙事。2008 年 12 月,以色列针对加沙地带的哈马斯执行了"铸铅行动"。对以色列而言,这又是一个恢复自我身份和国际信誉的机会。这次的冲突一直持续到 2009 年 1 月 18 日,从始至终都得到了以色列民众的支持。以色列《国土报》的专栏作家将其称为"一次改弦更张的经历"。[66]然而,造成以色列与邻国关系紧张的政治争端并未出现长期减弱的迹象。从莫尔的研究中,我们能汲取什么经验呢？

莫尔关于以色列战略叙事及其冲突的分析贯穿着一条重要脉络，即以色列的行为需要符合国际社会从文化上能够接受的规范，并且要向国际社会提供自身行为的证据，这些证据还需达到公认的标准或是符合国际社会的期待。关于第一点，我们从上述案例可以看出，以色列不得不参考民主规范，要让其他国家认为以色列使用武力反击的方式是负责任的和恰当的。战略叙事必须符合国际规范才能产生效果，若被视为支持并实施了这些规范，则再好不过。莫尔指出，行为和表达适当的规范是"（国家）施加影响的媒介"。[67]

第二点是关于如何通过提供证据来说服国际受众，莫尔写道：

> 通信革命前所未有地增强了跨文化互动，我们不清楚这是否会最终促成国际社会形成有关证据的意义和标准的统一规范（类似法庭程序目前的地位），但若熟悉公认的标准，即使没有被社会化（或是没有被完全社会化），也能有策略地"假意顺从"。[68]

在政治领域，是否符合标准并不重要，重要的是要让他人认为你已符合。莫尔甚至指出，国际关系学者必须要研究国家和其他行为体如何进行"可信性谈话"（credibility talk），也就是说，行为体如何获取信任与合作。[69]在国际事务中，互动的目的并非探明真相，而是展现出探明真相的表象（当然，如果真的是在寻求真相，做样子会容易得多）。如果行为体投射的形象是寻求和重视真相，就会赢得信任，其动机不会遭到质疑，行为也具有一定的可预测性。在国际事务中，一个国家的性格体现在这个国家的各种行为中，行为体需要始终如一地表现自身的可信性。国家如何投射出寻求真理的形象是一个有意思的问题。随着媒体生态年复一年的变化，国家应该能运用新的技巧和方式来投射这种表象。

第三点是，新的媒体生态更加透明，这是否会增加或减少暴力发生的几率？莫尔早期的分析表明，"射得准"不如"拍（摄）得好"。[70]这就意味着透明度会减少暴力发生的几率，因为军事力量的使用受制于大战略和公共外交目标。信息基础设施能否会带来道德和人道主义方面的益处呢？莫尔在另一项研究中指出，媒体的透明度"'拉开了帷幕'，使观众能够更清晰地观察世界舞台上的行为体和上演的事件"。[71]增加透明度也使领导人有机会做些大动作,表演得更精彩。但若曾经遭受屈辱的领导人一心要挽回颜面或是想表现坚强意志,发生暴力冲突的可能性是否会增加? 我们需要进一步研究媒体透明度的规范性影响,以及透明度所带来的可视性和关注度。[72]

最后,我们认为,如果围绕一个议题的叙事像巴以争端叙事那样很难改变,形象管理的效果就有可能微乎其微。受众看到什么不重要,重要的是他们如何看,如何理解。政治传播领域数十年的研究表明,受众从相当稳定的视角或世界观诠释事件。形象与叙事的关系很微妙。首先,在受众诠释事件时,形象并非是最重要的,尽管脑科学研究发现,我们对事件的印象和记忆大部分是视觉上的。反恐战争期间,有许多引发公众热议,甚至激起民愤的新闻故事并没有照片或其他视觉上的呈现。2005 年 5 月美国审讯官在关塔那摩湾把《古兰经》扔进马桶,用水冲走。这条消息足以在阿富汗引发暴乱和杀戮,[73]无需任何图像。受众会到处寻找能够证实他们所持有的国际政治叙事的任何传言、谣言或数据。

在此基础上,奥洛克林指出,能够产生冲击的不是媒体内容的瞬时影响,而是内容的象征意义,要想管控与战争相关的媒体内容,就必须考虑到这一点。[74]针对受众对安全类新闻的反应,奥洛克林开展了为期三年的研究。他发现当受众感受到一个故事的深层象征意义时,就会对新闻内容产生最强烈的反应。1993 年,美国士兵的遗体在摩加迪沙被游街示众。受众看到这些形象时的不安情绪并不重要,重要的是他们可能会认为这些形象表现出无谓的牺牲、错误的外交政策,或是领导层的无能。战争形象使一些受众不得不重新思考干预的意义,以及能够忍受多大程度的伤亡。[75]在预测媒体形象的影响时,需要关注具体形象与特定受众所持有的深层信念和叙事之间的复杂关系。桑塔格(Sontag)认为,一些形象之所以能够产生共鸣,是"因为它们意味着更大的斗争"。[76]因此,我们也需知道受众通过怎样的叙事来诠释形象。

以色列、巴勒斯坦和真主党的战略叙事将长期存在的偶像、持久的信念与实时发生的事件和危机交织在一起。这些战略叙事所挑战的不仅是当前事件,还有用于理解事件的长期叙事。由于涉及两个时间维度,它们对本国、敌对国、盟国、其他行为体,以及全球的公共舆论会造成不同程度和不同类别的影响。

莫尔的研究表明,以色列在学习如何调整军事反击行动,以确保自己在国际媒体中的形象与自己希望在国际舆论中塑造的身份和性格相一致。每一次新的危机都使以色列有机会强化自身的长期战略叙事。这一叙事描述了以色列在本地区的角色和历史轨迹,并把敌对的邻国视为问题的根源,同时也指出以色列实力强大、善于合作,能够解决这些问题。然而,在每次危机中,以色列也面临着形象失控,负面印象被进一步固化的风险。战略与战术、行动与言辞、目标与结果都可能出现脱节。管理这些动态因素在媒体中的形象不仅需要高超的技巧,还需要了解新媒体生态的运作方式。

"大卫与歌利亚"叙事适用于不同的故事和不同的时代。接下来的案例是关于 20 世纪全球经济中捕鲸政策的转变,我们将看到"大卫与歌利亚"身份如何被运用其中。

案例分析二：捕鲸为何变成邪恶的行为?

捕鲸从一种正常的工业行为变成邪恶的行为是 20 世纪国际社会发生叙事转变的一个最典型案例。到 20 世纪 60 年代,捕鲸不仅不符合国际社会的规范,而且被认为是不经济的,是不能产生物质效益的行业。日本、挪威和其他少数几个国家继续捕鲸,抵制这种转变。对这些国家而言,捕鲸是当地的一种传统。然而,新的政策叙事把捕鲸国这一身份框定为非法的。政策叙事被彻底翻转。爱泼斯坦对此进行了研究,她直截了当提出一个问题:"捕杀鲸鱼原是常见的行为,没有人质疑,现在却被认为是不道德的,那些继续捕鲸的国家也遭到反对,这种变化是如何发生的呢?"[77]

这个问题的答案在于反对捕鲸的活动人士利用先前的国际政治和环境话语,精心编制了一个有吸引力的鲸鱼叙事。该叙事将捕鲸活动非法化。他们利用的第一个话语是关于资本主义和民主的冷战话语。1974 年,反对捕鲸的绿色和平组织拍摄了一部有突破性的影片,引起了西方媒体的关注。在影片中,绿色和平组织的活动人士站在一条鲸鱼上,阻止俄罗斯的捕鲸者杀害它。重要的是,绿色和平组织挑战了一艘俄罗斯的捕鲸船,并且像二战老兵那样回到了旧金山港。他们把自己描述成独立的、坚韧不拔的个体,勇于挫败强大的苏联工业势力。[78]的确,反捕鲸人士就像大卫,通过利用传播媒体的不对称性实力,与苏联这个歌利亚对抗,并最终将其击杀。第二个话语与拯救地球相关。在 20 世纪 60 年代,濒危物种的话语已被广泛认可。爱泼斯坦指出,彩色电视的普及和环境危机的频发促使人们思考麦克卢汉的地球村概念,环境这个词也进入到公共话语中,但环境的含义存在争论。爱泼斯坦写道:"'环境'的定义不清晰,除了指那个正在遭受人类活动威胁的'事物'。"[79]

无论如何,对反捕鲸活动人士来说,这是一个机会。他们需要利用当时的媒体生态抓住这个机会。在爱泼斯坦的采访中,这些活动人士希望全球受众成为见证者和消费者;通过定期的新闻报道来见证鲸鱼遭受的苦难;作为消费者,可以订阅非政府组织的出版物,参加观鲸之旅,阅读有关鲸鱼的新闻报道。[80]绿色和平组织扮演着生态侦探的角色,甚至还承担起监控的任务。他们拍摄海上船只违反捕鲸规定的行为,然后把视频送到媒体机构,说服媒体相信视频的新闻价值。在上文关于以色列的案例分析中,大赦国际和人权观察发挥了类似的监控作用。他们都力图找到证据,并且利用媒体生态吸引公众的注意力。作为绿色和平组织在英国的项目主任,克里斯·罗斯很清楚视觉刺激和冲突可以提升视频的新闻价值,因此在采访中告诉爱泼斯坦,绿色和平组织发起的运动"与其说是思想层面的,不如说是影像层面的"。[81]这表明反捕鲸的活动人士努力利用媒体生态和媒体行为塑造主体性。一旦处于主体地位,受众就会把叙事作为常识接受,自然也会认可叙事中提出的解决方案。

如果西方国家拯救鲸鱼,就是在拯救整个地球。这是绿色和平与其他非政府组织所建构的叙事要表达的观念。该叙事明确了指责对象,提供了行动路线。任何一个小的举措都有利于全球性问题的解决。爱泼斯坦认为,把这些话语编织在叙事中,随意性强,很可能失败。但结果是,反对捕鲸的国家组成了一个新的联盟。他们以保护环境为目的,尽管并不明确环境的具体定义。从此,这些国家通过这样的叙事来理解自身行为。任何有着正确思维的国家都希望被视为地球的监护者,任何有着正确思维的公民自然也会保护环境。

1982 年,全球商业捕鲸被禁止。爱泼斯坦称之为"胜利时刻"[82],因为叙事被嵌入到国家身份和社会秩序之中,反捕鲸群体的战略目标得以实现。具有讽刺意味的是,20 世纪 80 年代和 90 年代,海洋生命科学进一步完善,提出持续捕杀多种类的鲸鱼不会对鲸类的生存造成威胁,政策制定者和反捕鲸的活动人士却对这一新的科学建议置若罔闻。

关于捕鲸的案例分析表明,运用现有的话语精心编制叙事是叙事竞争中的一个重要机制。话语成就了某些叙事,行为体将话语编织在一起需要一定的技巧。第三章"国际秩序中的战略叙事"所讨论的金砖国家叙事就依赖于一个地缘政治话语和一个经济话语。在地缘政治话语中,国际社会充满竞争,等级分明。在经济话语中,经济增长成为发展的标志。爱泼斯坦认为,如果不研究这些话语如何限制行为,就会造成以施动者为中心,把权力和施动性混合在一起;行为体的主体地位正是由话语所创造的,只有通过这种主体地位,行为体才可能发挥其施动性。[83]爱泼斯坦的研究同时也表明,反捕鲸的群体在借助话语得以发表观点,受到关注之后,发挥其施动性,实现了自身目标。权力产生于结构,一旦通过权威主体地位或角色加以组织,就由行为体来行使。我们既要考虑建构性权力,又要考虑行为权力。反捕鲸行为体在话语结构中,利用反捕鲸叙事,确实对日本、挪威和其他几个国家施加了影响,使这些国家不得不进行抵制。关于捕鲸的案例分析让我们非常清楚地看到,在叙事投射过程中,没有单纯的施动性或单纯的结构,而是存在一组复杂交错的机制。

捕鲸案例也显明如何将议题叙事化。假如西方国家在 20 世纪早期从事工业捕鲸,那么即使到 20 世纪 90 年代,捕鲸议题也不会出现在公共讨论中。反捕鲸叙事始于 1982 年,当时已形成全球反捕鲸体系,只需改变少数几个继续捕鲸的无赖国家的想法,并且有希望全面禁止捕鲸,从而实现人类与自然和谐共处。在此,我们并不真的要把捕鲸国称为无赖国家,但这说明了叙事的第二个特点:类型化。爱泼斯坦的研究表明,行为体试图把国家类型化,一些国家力图抵制和挑战这种做法。最后,反捕鲸的活动人士成功地将叙事赋予紧迫感和全球性。

案例分析三：伊朗核项目

伊朗核项目是一个经典案例，充分体现了当有多种行为体参与针对某议题的叙事竞争时，国家努力赢得叙事战争或战斗[84]的重要性。我们在第二章中就已指出，多种行为体参与叙事竞争的情况正变得日益普遍。自 21 世纪初开始谈判以来，欧盟、美国和伊朗一直未能就伊朗核项目的未来达成共识。每个行为体都就国际体系以及伊朗核项目在该体系中所处的位置投射了各自的战略叙事。当这些叙事相互契合时，各方有可能达成共识，因为各国能以彼此相同的说法理解议题。至少在它们的语言使用中，它们会把议题和对方的叙事联系起来。然而，这种情况极其少见。为什么呢？首要原因是一国的战略叙事是根深蒂固的，不易改变，因此会限制该国领导人的提议。其次，战略叙事来源于多种话语，议题会受所有这些话语的检验。例如，关于伊朗核项目的叙事可以在科学、法律、主权、神学等多个话语体系中转换。娴熟的领导人为了促成共识，能将辩论固定在单一基点上，即让辩论始终处于单个话语空间内，而伊朗领导人则非常善于不断转换话语，由此阻止共识达成。只要我们把战略叙事过程进行详细分解，就可以阐明伊朗是如何施展手段制胜美国和欧盟，得以继续其核项目的。

每个主要行为体，即伊朗、欧盟三国（法、德、英）以及欧盟外交与安全政策高级代表索拉纳（2009 年凯瑟琳·阿什顿女男爵继任该职务）、国际原子能机构（IAEA）和美国，在针对伊朗核项目的外交中，都运用了不同的理解和辩解模式。这些理解和辩解极少能就关键议题形成一个统一的观点。因为每个行为体对国际体系以及国际关系的运作方式投射了不同的战略叙事，这些叙事框定了他们各自对伊朗核问题的阐释。[85]简言之，核问题与关于国际关系过去、现在和未来的长期性叙事紧密交织在了一起，而这些叙事是每个行为体向其国内受众及国际对手传播的内容。对欧盟和国际原子能机构来说，伊朗核项目问题是艰难建构基于规则的多边国际秩序的一部分。对美国而言，该问题关乎在中东地区的权力结构维护。而在伊朗看来，其核项目的意义在于挑战美国的权力结构，挑战那些试图维护该结构的国家。由于每个行体都是根据不同的叙事阐释伊朗核问题的,它们很难在原本存在意见分歧的问题上达成一致。这些分裂很难通过寻求真理的话语加以克服,因为此类立场以情感关联为基础:多边合作、科学引领的进步、全球领导、地区性霸权、成为拥核国家,所有这些都涉及地位、身份和政治象征性等问题。[86]

如果我们想弄清对话是如何推进的,必须将体系叙事拆解成各个部分。我们必须将行为体的叙事拆分成不同时刻对其立场正当性的具体解释。这样做是因为,像以色列冲突和反捕鲸斗争这两个案例所表明的那样,只有在具体行为中,我们才能看到更大层面叙事结构的认识论根基是如何被维系或修正的。我们发现,行为体不断转换辩论说法,先是从国际法转到了神学,后转到科学,再又转到主权,在乱如万花筒般的辩论说法中,伊朗表现得格外游刃有余。伊朗在与欧盟、美国和国际原子能机构的交锋中,还利用议题叙事和背景。伊朗核项目争端是在其他国家核项目的背景下发生的。尽管签署了《核不扩散协议》(又称《不扩散协议》或简称为 NPT),印度、以色列和巴基斯坦都出现了核扩散。伊朗由此宣称其受到了不公正对待,存在着双重标准。此研究中的主要行为体,欧盟三国和美国都是核能国家(虽然德国与其他行为体不同,承诺过不发展核武器技术,在 2011 年日本福岛灾难发生后,德国近年来也确实致力于逐步放弃其国内的核能生产)。此外,关于国际行动的目标和手段也存在意见分歧。外交和胁迫之间何种平衡为适度?如果伊朗不遵从美国或欧盟三国的目标会出现什么后果?针对诸如此类问题,各方分歧明显。

伊朗核问题极其错综难解,一方面,参与谈判的国家和非国家行为体数量众多,谈判盘根错节;另一方面,联合国安理会的政治也存在复杂性。在该问题中,美国发挥的作用耐人寻味,因为自 1979 年伊朗革命之后,华盛顿和德黑兰就没有了正式的关系。时任《新闻周刊》记者的法里德·扎卡利亚曾将伊朗对外交僵局的看法总结如下:

> 想想伊朗眼中的世界是什么样子。它被核能大国(俄罗斯、中国、印度、巴基斯坦、以色列)所包围,在其两面边界线外都驻扎着上万人的美军部队(在伊拉克和阿富汗)。美国总统反复表明将德黑兰视为不合法政权,想要推翻它,并资助有类似想法的各类组

织。如果你在德黑兰,你会愿意放弃自己的核项目吗?坚决要求既要改变政策,又要改变政权,我们两样都得不到。[87]

欧盟三国(法国、德国、英国和欧盟外交与安全政策高级代表)为自己确立了谈判的中间对话者身份。我们的分析涵盖了欧盟三国在谈判中起引领作用的这个时期,即2005—2010年间伊朗问题变得高度政治化,所有共识基础都遭到质疑之前的阶段。我们的分析止于2010年,当时联合国原子能机构已经极为恼怒,其总干事公开呼吁终止这场编舞,或如他所说的"歌舞伎舞"。[88]

我们的研究分析四个互动阶段或周期。在第一个周期中,即2002—2004年间,欧盟和伊朗在巴黎与联合国原子能机构达成了一项协议。这有助于欧盟展现与美国明显不同的政策立场和身份。美国总统小布什在2002年1月的《国情咨文》中,给伊朗、伊拉克和朝鲜贴上了"邪恶轴心"的标签,指责它们是通过大规模杀伤性武器的威胁和对恐怖分子的支持来"资助恐怖主义的政权"。[89]欧盟自己的《2003年欧洲安全战略》与这一立场保持了距离,呈现了关于国际体系的不同叙事。关于美国2002年《国家安全战略》(NSS)与《欧洲安全战略》(ESS)之间的区别论述很多,二者虽然标题看起来相似,却是两份目标各异、区别很大的文件。[90]虽然《欧洲安全战略》表面上看标志着欧盟开始在外交与安全政策方面变得更坚持自己的主张、更加自信,但是区别主要在于整体安全观念,且欧洲偏好在应对安全挑战时采用非军事解决办法,而非军事干预。

美国谴责伊朗秘密发展核武器项目,此前伊朗的一个主要反政府组织泄露消息称,伊朗有不为国际原子能机构所知的核设施。2003年6月,国际原子能机构总干事穆罕默德·巴拉迪宣布,伊朗隐瞒了某些核原料和活动,欺骗了该机构。[91]

2003年10月21日,伊朗同意暂停其核浓缩计划,与国际原子能机构合作,签署并执行附加议定书。[92]这是少有的叙事趋同时刻,因为伊朗、国际原子能机构和欧盟三国顾及了彼此的要求,达成的协议考虑了彼此的愿望。欧盟三国认可伊朗作为一个签署了《核不扩散条约》的主权国家为了和平目的开发核能的权利,并考虑到了伊朗发展更现代科技的需求。伊朗通过签署作为"建立信任举措"的附加议定书,承认欧盟三国和国际原子能机构寻求的多边、以法律为基础的秩序。值得一提的是，联合声明表示："附加议定书决不是为了削弱其签署国的主权、国家尊严或国家安全。"[93]欧盟三国愿意默许伊朗的尊严，而这是其他行为体很可能不愿承认的，例如美国就将伊朗定义为流氓国家。[94]

几年后，美国于2007年发布《国家情报评估》（NIE）时，对于伊朗为什么同意接受2003年10月协议这个问题的解释显得不太明确。该报告称伊朗仅仅是为了"回应国际压力"——包括外交努力以及经济制裁的压力。[95]然而，制裁在别的时期也有，而当时特有的因素是在特定基础上达成的叙事趋同，包括国际原子能机构和欧盟三国的技术性和法律性基础以及伊朗寻求的主权和认可基础。

2004年2月24日，国际原子能机构的报告称，伊朗10月与欧盟三国及国际原子能机构签署协议时存在误导性。伊朗曾表示已经提交了所有核原料供核查，但是却回避了离心机的设计和研究——"这是需要严重关切的事情"。[96]伊朗于2004年3月5日回应时使用了相同的技术—法律性语域。伊朗称已经告知国际原子能机构自己在进行离心机的研发，且本已打算将相关的具体进展在国际原子能机构规定的时间期限内向其告知。[97]

这些科技—法律秩序内的技术性纠纷走到了僵局。伊朗和美国都设法将话语从科学和国际法基础转向更政治性的说法。2004年6月，伊朗外交部长卡迈勒·哈拉齐在一次新闻发布会上表示："伊朗拥有很高的技术能力，国际社会需要承认伊朗作为核俱乐部的一名成员。这是不可逆转的趋势。"[98]由此披露了伊朗的意图。

欧盟三国成员主动寻求和解，也愿意了解与伊朗相关的政治历史。哈努·桑蒂尼特别提到，英国外交大臣杰克·斯特劳就伊问题阐述了详尽的文化外交话语……承认双方的责任与失误。[99]2004年7月，斯特劳说道：

> 我们与伊朗关系的问题部分源于我们过去对中东地区的控制。我们一直积极推动巴列维国王的父亲上位，而巴列维国王政权在很多方面都很粗暴、专制，力图彻底根除伊朗的过去，包括伊朗的伊斯兰传统和伊斯兰信仰。在许多伊朗人的心里，这些都与英国有关。我相信英国政府最近几年对伊朗采取的做法才是正确

的。伊朗是一个非常重要的国家,是中东地区的主导力量,因此不容忽视。我认为我们现在采取的方式,尤其是我和法国、德国密切合作在核问题上所采取的方式是正确的。[100]

2004 年 10 月 21 日,欧盟三国向伊朗抛出了一项新协议。欧盟将向伊朗提供民用核技术,作为交换,伊朗永久性终止其铀浓缩项目。伊朗提出抗议,认为其仍然拥有浓缩材料的权利,但是同意在 11 月 14 日的巴黎协议中冻结铀浓缩活动。根据该协议:"欧盟三国即欧盟承认《核不扩散条约》赋予伊朗的权利……不抱任何歧视。"[101]欧盟还将支持伊朗加入世界贸易组织,伊朗承诺"打击恐怖主义,包括基地组织的活动"。《巴黎协议》所体现的共有叙事跨越了当时的几种话语:主要是法律—技术性的,还有主权和安全话语。欧盟提出认可伊朗作为一个主权国家加入世界贸易组织的可能性,而伊朗愿意承认欧盟对恐怖主义的关切。

由于伊朗未能履行《巴黎协议》的条款,由此开启了第二个周期。2005 年,伊朗总统哈塔米和美国国务卿康多莉扎·赖斯分别在联合国慷慨陈词,将伊朗核问题从之前的法律—科技秩序带入了政治秩序。欧盟则表现出对伊朗的失望,转而与美国联手,提升了对伊朗采取行动的可能性。

2005 年 8 月,伊朗拒绝了欧盟为换取伊朗保证不寻求核武器而提出的激励措施。德黑兰宣布重启在伊斯法罕的铀转化活动。伊朗选择退出《巴黎协议》,因为该协议意味着永久停止浓缩铀活动。欧盟三国提出的经济和民用核技术激励措施被伊朗嘲笑为"极具侮辱性和羞辱性"[102]。永久性停止将违背《核不扩散条约》赋予伊朗发展核能的权利。国际原子能机构呼吁伊朗"回到谈判进程",欧盟三国继续它们的多边主义叙事。[103]但是伊朗已经另寻他路。此时内贾德已出任总统,他采用了以神学和正义为基础的秩序为伊朗的核项目辩解,这些秩序在欧盟或国际原子能机构的文件中从未出现过,由此将该议题置于一个完全不同的语境和长期性叙事中。2005 年 9 月 17 日,内贾德在联合国发表演讲。[104]该演讲内容广泛,内涵丰富,内贾德借此清楚表述了各种不同的秩序,并将它们融入一个条理清楚的战略叙事中。

在对联合国发表的演讲中,内贾德主张国际和平的唯一希望在于以"正义和灵性(spirituality)为两大支柱"的秩序。西方人却已经偏离了这些,他们因推崇启蒙思维和科学知识,排斥"神圣知识"或"基于天启的知识"而缺乏宗教信仰。不过这种情况在转变,"随着不可知论哲学时代的逝去,当今的人类再次因颂扬单一神教,信仰造物主是存在的创始人而连接在一起"。在美国和欧盟三国的讲话中,我们看到的是线性时间性,以解决眼前问题的叙事为导向,与之不同的是,内贾德提出了一个循环性的历史,要回归到重新发现信仰的"吉祥开端"。据他称,该叙事的"结尾"将出现在一个救世主式的人物到来时,"出现一个完美的人物(这个人将)引领世界进入正义和绝对和平"。通过将国际体系回归到灵性与正义,伊朗正在为这个完美人物——真主"最后的代言人"的到来创造条件。

将神学、主权、法律、技术性话语包罗在一起,内贾德呈现出的伊朗与"所有人民和国家"对等,但是他指出伊朗的对等性没有得到承认,这标志着正义的缺失。这一点证明了美国和欧盟三国的立场是不道德的或虚伪的——它们缺乏灵性。简言之,美国和欧盟三国的战略叙事将伊朗设定为有错或有罪的一方,而内贾德作出的回应是在对方用来表明自己正义性的话语框架内将羞辱转移到了对方身上,并增加了神学、基于正义的话语来强化其论点,创建了更为全面的叙事。

随后的几个月开启了重建叙事的竞争进程。伊朗、美国、国际原子能机构和欧盟三国回应彼此的叙事,但是转换了重点。例如,2006年1月13日,欧盟重新阐述了伊朗给出的叙事。在此阶段,伊朗的公报开始重申《核不扩散条约》的最初原则,欧盟三国则以2003年揭露的伊朗对国际社会的欺骗作为开端。虽然欧盟三国本可以直接提交到联合国安理会,但却选择了外交途径,给堕落的伊朗一个自赎的机会:"鉴于伊朗存在记录在案的隐瞒和欺骗行为,问题的关键一直是而且仍将是伊朗需要建立信任。"[105]然而,伊朗于2005年夏恢复了铀浓缩,再次使欧盟失望。自从伊朗核问题被提交到联合国安理会之后,"伊朗与卡迪尔汗核扩散网之间的关联"就引发了"令人不安的问题,因为该组织曾帮助利比亚和朝鲜发展秘密军事性核项目"。尽管如此,欧盟三国一直在加倍努力,争取和伊朗进行附加和谈,但是伊朗拒绝了它们的好意。"伊朗政府现在貌似决意拒绝改善关系",欧盟三国写道,这对其经济、政治和技术进步会造成危害性影响。面对这一僵局，欧盟三国/欧盟感到它们别无选择，只有提请更高一级权威介入，"我们认为到了请安理会参与进来的时候了"。

　　欧盟三国的叙事强调其"好意"遭到了伊朗黩武好战的背叛，这个叙事存在几个方面的错误。它忽视了内贾德面临的国内压力，也忽视了其自身立场的虚伪性，以及《核不扩散条约》在全球范围内得不到平等实施的事实。不过，如哈努·桑蒂尼指出的那样，欧盟这个叙事最主要的后果是使自己陷入了窘境，需要为胁迫政策辩解。[106]外交努力失败是因为根本无法跟伊朗讲道理——伊朗是"非理性的"，德国外长约施卡·菲舍尔如是说。[107]这样的叙事会使那些寻求用武力手段改变伊朗行为，或根据行为体类型（比如小布什在 2002 年给伊朗贴上的流氓国家标签）来理解世界的人更加肆意妄为。果不其然，在 2006 年 3 月美国发布《国家安全战略》时，美国总统在最新版本的美国战略叙事表述中，就使用了 2006 年欧盟的叙事说法，但是对可能发生的后果，或者说故事的结局说得比欧盟更加直白：美国与我们的欧盟伙伴及俄罗斯一道向伊朗施压，敦促其履行国际责任，提供证明其核项目仅用作和平目的客观保证。如果想要避免对抗，这一外交努力就必须成功。[108]

　　到 2006 年初，欧盟已经被排除在核心圈之外。《巴黎协议》已失败，欧盟从与伊朗和国际原子能机构的叙事趋同转为之前没有料想到的与小布什政府的叙事重叠。在 2006—2008 年的第三个周期中，由于伊朗还是未能如期望的那样与国际原子能机构合作，提供的证据也充满争议，各方都增大了对伊朗的压力。

　　这个周期始于 2006 年 3 月美国发布《国家安全战略》。该文件将伊朗的核项目问题表述为阻挠和平秩序的更深层障碍——伊朗政权本身的一个附加产物。"美国政策的终极目标"是要"使伊朗开放其政治体制，向其国民提供自由"。[109]美国运用了地缘政治而非科技或神学话语，坚称自己现在愿意在该议题中起主导作用。伊朗可以从美国如何处理萨达姆·侯赛因中吸取教训："萨达姆虚张声势、抵赖欺骗的战略是独裁者需要自担风险的危险游戏。"他未能证明伊拉克没有大规模杀伤性武器，这就是一个前车之鉴："是他弄得含糊不明，又拒绝澄清，这才迫使美国及其盟友采取行动。"[110]伊朗能否证实自己没在发展用于制造核武器的核能力？

内贾德在次月回复时说，"对那些因为伊朗实现了核燃料全循环而感到恼怒的人，我们的回答就一句话。我们说：'生气吧，气死你们。'"[111]不过，2006 年 5 月 8 日，内贾德作出了一个前所未有、引人注目的举措，他给美国总统小布什发了一封 3 901 字的信，用英语和波斯语在互联网公开发布。内贾德在信中直接回应了美国关于国际体系性质的叙事，以及伊朗的反抗是否是国际社会前进道路上不得不解决的"考验"或障碍。白宫拒绝对此信内容作出回应，但是这样做可谓失策，因为全世界都可以读到这封信，看到内贾德主动接触的努力。内贾德是冒了风险的，因为他无法预测这封信在全球会被如何解读，也不知道小布什及其官员将如何回应。这也表明重要的不一定是叙事的内容，而是叙事的投射和传播方式。[112]拒绝这封信最终使美国作茧自缚。当科林·鲍威尔对记者说"我们不与邪恶力量谈判时"，实际上强化了美国鹰派的地位。[113]直到后来奥巴马执政时期，美国才得以寻求以可行的方式与伊朗进行外交接触。

外交手段被彻底排除。由于看不到伊朗接受联合国常任理事国和德国的倡议或者与国际原子能机构加大合作的前景，联合国安理会于2006 年 7 月 31 日通过了 1696 号决议。如果伊朗到 8 月 31 日仍不能与国际原子能机构完全合作，那么联合国安理会将决定对伊朗采取制裁。从我们的分析视角来看，值得一提的是，当该决议在联合国辩论时，伊朗代表贾瓦德·扎里夫明确宣称，多年来美国的战略一直是要将辩论从法律和技术性说理秩序转到地缘政治秩序上。扎里夫指出："一直以来，谈判都面临着很大的威胁，有人要把这个问题弄到安理会，让其脱离正常的技术性、已协商框架。"[114]扎里夫对那些想要转换话语的人提出诘问，声明这种企图注定会失败，但是他自己也回到了地缘政治语域，称伊朗革命政府"已经多次展示了在压力、威胁、非正义、不合理要求面前的韧性"[115]。换言之，在批评了美国的做法之后，扎里夫也使用了能引起伊朗国内公众共鸣的措辞，由此自己转换到了地缘政治话语上。

2006 年 8 月 31 日是要求伊朗履行联合国安理会 1696 号协议的最后期限，伊朗未采取行动，为实施制裁铺平了道路。几个月后，2006 年

11 月 29 日,内贾德在针对美国人民的致辞中,提出了美国是国际事务中失败国家和行为体的叙事。[116] 12 月 23 日,联合国安理会[117]通过了 1737 号决议,针对运抵伊朗的与弹道导弹技术有关的材料实施制裁。这些制裁在 2007 年 3 月的安理会 1747 号决议中进一步加强。作为回应,内贾德宣布伊朗已经在纳坦兹开启了新的核浓缩项目。他说:"我很荣幸地宣布,截至今日,我亲爱的国家已经加入了核国家俱乐部。"[118]伊朗敢这么做的部分原因在于,美国企图利用情报制造伊朗意图不诚的印象,国际原子能机构对此深感恼怒。2007 年 2 月,国际原子能机构对美国的情报作出如是评论,"自 2002 年起,我们得到的很多情报后来都被证明是错误的"[119]。10 月,国际原子能机构的穆罕默德·巴拉迪再次表示,他对美国越来越多针对伊朗的虚夸言辞深感担忧。[120]此外,美国作出武力回应的可能性看起来也不大。《外交政策》杂志对美国外交政策精英做的调查表明,对干涉的支持很少。[121]新媒体生态使美国对伊朗的意图透明化。因此,各方都被锁定在了多轮制裁的威胁中。

最终,在 2009 年到 2010 年间,奥巴马总统和国际原子能机构的巴拉迪呼吁重启对话,欧盟退出核心地位,以色列、巴西、土耳其这些新行为体出现,他们都成为伊朗核项目各类叙事的参与者。伊朗和美国继续通过高度政治化的叙事呈现该议题,两种叙事相互平行,各自利用核议题展现关于国际体系未来的不同展望,各自将对方呈现为意欲阻挠其未来之路的有缺陷行为体。

新一届美国政府向伊朗呈现的是何种叙事?一方面,奥巴马总统在其就职演讲中说道:"对于那些靠腐败、欺骗、排斥异己攫取权力的人,你们应该清楚自己站在了逆历史潮流的一边,但是如果你们愿意松开拳头放手,我们会向你们伸出援手。"[122] 2009 年 1 月 27 日,他在阿拉伯电视台上再次重申了松开拳头的比喻。然而,美国也利用了语言施加压力。2009 年 4 月 22 日,美国国务卿希拉里警告伊朗,如果不参加谈判,就会"受到极其严厉的制裁",并公开阐述了美国的新地区安全架构计划,包括用美国部署在欧洲的导弹防卫拥核的伊朗。[123]关于奥巴马政府对伊朗采取的更倾向外交谈判的途径,2009 年 8 月 6 日,美国国务卿希拉里·克林顿说:"我们不会一直开放窗口期。"[124]尽管如此,

奥巴马至少认可了两国之间更长久的历史。他在 6 月 4 日的开罗演讲中说道:

> 这个问题一直是美国和伊朗伊斯兰共和国之间关系紧张的根源。多年来,伊朗很大程度上是以反对美国界定自己的,我们两国之间的历史确实动荡不安。在冷战期间,美国在推翻民选伊朗政府中发挥了作用。自伊斯兰革命以来,伊朗在美国人质事件及针对美国军队和平民的暴力行为中扮演了角色。这段历史是众所周知的。我已经向伊朗领导人和伊朗人民表示过,不要继续陷在历史中,美国已经做好了向前看的准备。现在的问题不是伊朗反对什么,而是它想要创建什么样的未来。

> 我承认克服几十年的不信任很难,但是凭借勇气、正直和决心,我们就可以前行。在我们两国之间有很多可以探讨的问题,我们愿意在相互尊重的基础上向前推进,不设定任何前提条件。但是所有各方都清楚的是,关于核武器问题,我们已经到了决定性的节点。这不仅关乎美国的利益,也是为了防止中东出现核武竞赛,否则该地区乃至整个世界都将陷入极其危险的境地。[125]

同月,国际原子能机构也提出了一个新起点、新叙事。该机构总干事巴拉迪在 2009 年 6 月 17 日宣称:"我们一直在绕圈圈。"[126] 国际原子能机构花了 20 年的时间核查朝鲜的核设施。因为拥核国家无视《核不扩散条约》继续扩张它们的核武库,该条约已经没有意义。他承认:"我甚至敢说我们没起到多大作用。"然而,伊朗拒绝了国际原子能机构提出的在海外浓缩伊朗核燃料的新燃料替换计划,声称这违背了伊朗作为《核不扩散条约》签署国的主权国家权利。

英国[127]和美国[128]随后作出强硬反应。欧盟则设立了一个新职位——欧盟外交事务与安全政策高级代表,由英国的凯瑟琳·阿什顿担任。她关于伊朗问题的叙事内容很官僚化,强调谈判进程的合法性,但是再次把伊朗塑造成了阻挠合作和进展的角色:"如果伊朗在核问题以及总体的地区安全问题方面能采取更有建设性的处理方式,"她说道,"它就可以在中东和海湾地区中发挥重要的作用,这样才能体现其应有的地位和傲人的历史。"[129]她谈及了伊朗的经济潜力,但是也说到了伊朗的人权问题。到 2010 年时,欧盟的立场强化一种去背景化的观点,认为和谈之所以暂停是因为伊朗不愿意参与,而不是因为和谈的条件有问题。阿什顿坚称:"自 10 月的欧盟三国＋3 会议以来,我们就准备好与伊朗官员会面,讨论伊朗核项目的国际关切。"[130]

到 2010 年初我们完成此分析时,美国和伊朗的叙事呈现出一种镜像关系,他们各自都坚信对方因其性格缺陷在破坏国际体系和核问题方面的进步。欧盟和国际原子能机构提出的叙事,只能敦促各方回到谈判桌上,并设法限制美国或伊朗使用挑衅性语言。欧盟主导了 2002 年到 2004 年期间的谈判,并达成了叙事趋同,到 2010 年时欧盟已经失去了核心地位,而美国和伊朗之间达成叙事趋同的可能性极小。

总而言之,本研究中的行为体都设法让其他行为体根据它们自己的战略叙事理解国际体系和核问题,这些叙事包括它们偏好的国际体系愿景,实现该愿景的障碍,它们对参与者的描述,以及未来可能达成的良性或恶性结局。如果他国领导人和公众的反应显示对该叙事怀有渴望,并根据该叙事的进展建立预期,这会令形成和投射该叙事的国家在国际关系中获得巨大的优势。

这些行为体需要做大量的叙事工作。在上述四个周期中,某些新的事物和进程不断出现,如何将这些内容融入叙事中是行为体持续面临的挑战。例如,情报、某些间谍和背叛者所起的作用,核加工和核武化的科技,以及领导者个人的性格特点,所有这些都要进行叙事化,在欧盟、美国和伊朗讲述的叙事中被赋予特征和意义。要确定何时是考虑他者叙事、宣称、不满的最佳时机,何时从一种话语转换到另一种话语,从而削弱其他行为体的叙事基础,这些都需要一些技巧。

在整个阶段,美国、伊朗和国际原子能机构的战略叙事基本都没有改变。欧盟的战略叙事在 2005 年时因伊朗不愿意履行 2004 年 11 月签署的《巴黎协议》而有所转换。欧盟领导人表示,因为伊朗是非"理性的",所以很难与其达成协议,这使外交努力失去了可信度,为欧洲、美国和伊朗的鹰派开辟了活动空间。2006 年,美国《国家安全战略》开始谈及"对抗"。随后,对话破裂,一系列联合国决议出台。

行为体确实曾利用全球媒体转换谈判措辞,尤其当谈判多年陷于僵局时。内贾德和奥巴马在利用媒体生态上作出了最大努力。2006年内贾德给小布什总统的信是 1979 年以来美伊之间的首次直接沟通,这封信在互联网上发布，供全球读者阅读，也让世界看到内贾德迈出了和解的第一步。奥巴马的开罗演讲既标志着开始"接触"，也标志着"一个新开端"。国际原子能机构甚至在 2008 年公开批评美国情报的准确性以及美国对伊朗核武化的夸大。然而，我们不能确定这些行为是否在很大程度上影响了政治协议的可能性或是强化了行为体的立场。

本案例分析表明了说服和沟通的局限性：国家能够彼此相互理解，但同时存在意见分歧。美国、伊朗、欧盟和国际原子能机构都知道彼此在如何运用沟通，甚至有时还会对此作出反思。沟通仅仅是一种手段，既可以用来诱使他方签订协议或采取行动，也可以借其挣脱协议。

结论：关于叙事竞争的迷思与真相

在解释战略叙事在国际关系中的作用时，我们必须考虑到叙事竞争的两个层面，本章对此进行了阐述。首先是说服光谱。一端是浅层分析，寻求解释处于特定体系和情境中的行为体如何设法利用叙事诱使、胁迫、削弱其他行为体，从而巧妙引导他们的行为。另一端是深层分析，试图解释体系、行为体或议题叙事最初是如何形成并变得毫无争议的。两者之间是对沟通行动和反思性行为体的分析，这些反思性行为体考查其他行为体如何利用叙事塑造彼此身份和利益，并利用彼此的焦虑和叙事弱点改变他们的行为及其自我感知。如何在这个光谱内进行划分取决于提出的问题是什么。每种路径都提供了对成功的不同考量，解释了不同类型的胜利。再者，我们介绍了叙事竞争的一系列方面，主要涉及叙事本身的性质，包括信息内容和情感内容，认识论或其提出的真理形式，叙事的模糊度，以及叙事与现实事件和行动的关系。叙事的形成、投射和接收也存在竞争。因此，理解叙事竞争如何进行需要考查一系列过程，并从国际关系研究以及媒体、传播学研究中汲取概念。之后，我们重点分析了以色列及其邻国、反捕鲸斗争、围绕伊朗核项目未来的竞争这三个案例分析，由此说明说服光谱和叙事竞争的各个方面是如何展开的。

在这三个案例中，说服光谱都有明显体现。我们发现行为体利用战略叙事实现了不同程度、不同种类的说服，并对其他行为体的行为甚至主体性产生了不同类型的影响。对以色列及其对手来说，不断展开的事件为强化己方叙事，挑战对方叙事提供了素材，目的是要让国内和国际公众及决策者相信自己的利益、身份和目标有长处。无论对哪一代领导人来说，改变该地区其他国家的人长期以来对本国的认识都很难做到。只有那些极有远见的领导人才能将以色列冲突从具体议题/场所的叙事领域转换为体系叙事领域。该冲突的解决会成为一个新的国际体系或秩序的一部分。对反捕鲸活动人士来说，他们在很大的地理范围内，用相对较短的时间实现了态度和行为上的长期性转变。他们从当时盛行的冷战话语和环保话语中编织了令人信服的叙事，并以具有象征意义的壮观景象将叙事通过视觉呈现出来，由此将鲸鱼和捕鲸行为置于一个完全不同的意义框架中。在其后的几十年中，作为个体消费者的公民和他们选举的代们都开始认为捕杀鲸鱼是错误行为，国际体系也迈向没有捕鲸的状态。话语的建构能力使权力的使用更具行为性，由此产生了新主体性以及围绕捕鲸生产和消费的新行为组合。最后一个案例中，参与伊朗核项目外交的任何行为体都无法左右他人接受新的叙事协议，在2003—2004年间曾经有一小段时间，欧盟和伊朗顾及了彼此的想法。欧盟公开承认西方在伊朗近代历史中的介入、伊朗的能源和安全需求以及伊朗作为《核不扩散条约》的签署国所享有的权利，伊朗也认可欧盟建立基于规则的多边秩序的愿望，双方的话语基础出现了重叠。然而，伊朗之后的实际行为未能履行承诺，并转向了流血牺牲式叙事，与之并行的是美国的不信任和对抗叙事，所有这些使叙事趋同失去了可能性。因而，欧盟和国际原子能机构无法再创建能让美伊双方都接受并能达成协议的战略叙事。

上述案例研究展示了国际关系中的叙事竞争如何进行，以及在复杂的媒体生态中叙事的形成、投射和接收如何在特定条件下产生可见的效果。我们希望呈现出战略叙事获得成功的巨大难度。正是因为这一点，我们希望读者们不要把我们的论述作为获取战略传播或软实力成功的另一个模板。的确，专业人士可以学习如何管理围绕特定议题和活动的公共舆论，取得短期收益。但是，要想使别人对国际关系的意义理解发生长期性的转变，需要面对利益和身份的形成过程，以及行为体控制这些过程的局限性。

我们在此提醒,不要建构关于叙事竞争的神话。"叙事之战"这一表述听起来会让人想当然地认为我们需进一步仔细探究其在实践中的意义。创建成功叙事竞争的模板是颇具影响力的。1979 年在伊朗,身在偏远之处的大阿亚图拉通过散发其布道和演讲磁带,从被迫流亡的弱势地位跻身成为强势的掌权者。这个案例推翻了传统观念,成了新的教科书级范例。[131] 以此为起点,从事战略传播的专业人员设法从此类事件中学习,他们搜寻此类事件,甚至(从我们同该领域领导人对话中得知)努力制造此类事件。近期以来,一个新的战略传播模板开始发挥影响:解放广场、阿拉伯之春、脸书革命的神话。它激发了对更多此类事件的期待,以及对社交媒体发展的后续支持。我们知道成功的军事行动是有模板的。斯蒂尔[132] 指出,这些模板通常具有美学特征:一国的军队高速、优雅、精准地行进。同样,我们可以看到精美的说服和外交运筹模板。然而,我们必须避免这些。

战略叙事是说服工具,也是具有行事性权力和建构性权力的工具。这两种形式的权力同时发挥作用。不管叙事专业人员能运用什么技巧,任何形式的说服都取决于受众以及同时期其他行为体的叙事工作。无论是国内还是国际政治和媒体体系,都存在结构性限制。领导人必须假定,战略叙事成功的可能性低,除非具备了某些特定条件。

我们以自己的视角讨论了战略叙事的竞争和成功。针对这些问题,坚定的理性主义者和沟通行动理论学者可能会坚守他们自己的分析路径。不过,我们已经阐明了为什么我们的研究路径被用来分析某些过程。布伦特·斯蒂尔呼吁"不同传统之间富有成效的对话",正是本着这样的精神,我们提出了自己的路径,来研究战略叙事这一在传播学和国际关系领域中的重要现象。

在下一章中,我们将讨论说服和竞争的另外一个层面:战略传播过程中的信息基础设施。掌控这些基础设施,就能赢得叙事之战吗?

(梅琼　尉洪池　译)

注释

1. Madeleine Albright, "MFN for China Would Advance America's Leadership in

Asia," Senate Finance Committee, June 6, 1997, accessed May 21, 2013, http://www.usembassy-israel.org.il/publish/press/state/archive/1997/june/sd90612.htm.

2. Joseph S. Nyr, Jr., "American and Chinese Power after the Financial Crisis," The Washington Quarterly 33(2010):149, 151.

3. 南非当时还未加入金砖国家合作机制。

4. Robert B. Cooper, The Breaking of Nations: Order and Chaos in the Twenty-First Century(New York: Atlantic Books, 2004).

5. Jens Ringsmose and Berit K. Borgensen, "Shaping Public Attitude toward the Deployment of Military Power: NATO, Afghanistan and the Use of Strategic Narratives," European Security 20(2011).

6. Government of Canada, "Canada's Approach in Afghanistan,"最后修改于 2022 年 8 月 24 日,accessed April 14, 2013, http://www/afghanistan.gc.ca/canada-afghanistan/approach-approche/index.aspx? lang=eng。

7. 类似的提法出现在 Diana Panke and Ulrich Petersohn, "Why International Norms Disappear Sometimes," European Journal of International Relations 18(2012)。

8. Michael Cox, "Power Shifts, Economic Change and the Decline of the West?" International Relations 26(2012).

9. Brent J. Steele, Defacing Power(Ann Arbor: University of Michigan Press, 2012).

10. Ronald R. Krebs and Patrick Thaddeus Jackson, "Twisting Tongues and Twisting Arms: The Power of Political Rhetoric," European Journal of International Relations 13, no.1(2007).

11. Krebs and Jackson, "Twisting Tongues," 38, 41.

12. Robert M. Entman, Projections of Power: Framing New, Public Opinion, and US Foreign Policy(Chicago: University of Chicago Press 2009); Patrick Thaddeus Jackson, "Defending the West: Occidentalism and the Formation of NATO," Journal of Political Philosophy 11, no.3(2003).

13. Marc Lynch, "Why Engage? China and the Logic of Communicative Engagement," European Journal of International Relations 8, no.2(2002):214.

14. Jackson, "Defending the West."

15. David Campbell, Writing Security(Minneapolis: University of Minnesota Press, 1992).

16. Jackson, "Defending the West," 235.

17. Diana Coole, "Rethinking Agency: A Phenomenological Approach to Embodiment and Agentic Capacities," Political Studies 53, no.1(2005).

18. 夏洛特·爱泼斯坦在其关于规范和捕鲸的著作中探讨了这个动态过程,参见 Charlotte Epstein, The Power of Words in International Relations: Birth of an Anti-Whaling Discourse(Cambridge, MA: MIT Press, 2008); Charlotte Epstein, "Moby Dick or Moby Doll? Discourse or How to Study 'the Social Construction of' All the Way Down." In Construction the International Economy, edited by Rawi Abdelal, Mark Blyth, and Craig Parsons(Ithaca, NY: Cornell University Press, 2010)。

19. Thomas Risse, "'Let's Argue!': Communicative Action in World Politics," International Organization 54, no.1(2000):19.

20. Krebs and Jackson, "Twisting Tongues," 55; Risse, "'Let's Argue!'" 14—15.

21. Brian S. Brooks, George Kennedy, Daryl R. Moen, and Don Ranly, News Reporting and Writing(Boston: Bedford, 2005).

22. Marc J. Hetherington and Michael Nelson, "Anatomy of a Rally Effect: George W. Bush and the War on Terrorism," Political Science and Politics 36, no.1(2003).

23. Daniel C. Halin, The Uncensored War: The Media and Vietnam(Berkeley: University of California Press, 1989).

24. Walter Benjamin, Illuminations: Essays and Reflections(New York: Schocken, 1969).

25. Barry Richards, Emotional Governance: Politics, Media and Terror(Basingstoke: Palgrave Macmillan, 2007).

26. William J. T. Mitchell, Cloning Terror: The War of Images, 9/11 to the Present (Chicago: University of Chicago Press, 2011), 98.

27. Mitchell, Cloning Terror.

28. Michael Freeden, The Political Theory of Politics, Full Research Report ESRC End of Award Report, RES-051-27-0098(Swindon: ESRC, 2008).

29. Ringsmose and Borgensen, "Shaping Public Attitude," 516.

30. Laura Roselle, Media and the Politics of Failure: Great Powers, Communication Strategies, and Military Defeats, 2nd ed.(New York: Palgrave Macmillan, 2011).

31. Roselle, Media and the Politics of Failure.

32. Jeffrey W. Legro, Rethinking the World: Great Power Strategies and International Order(Ithaca: Cornell University Press, 2005).

33. Vivien A. Schmidt, "Does Discourse Matter in the Politics of Welfare State Adjustment?" Comparative Political Studies 35, no.2(2002); Vivien A. Schmidt, and Claudio M. Radaelli, "Policy Change and Discourse in Europe: Conceptual and Methodological Issues," West European Politics 27, no.2(2004).

34. Tom Dyson, Neoclassical Realism and Defence Reform in Post-Cold War Europe (Basingstoke: Palgrave Macmillan, 2010).

35. Graeme A. M. Davies, "Coercive Diplomacy Meets Diversionary Incentives: The Impact of US and Iranian Domestic Politics during the Bush and Obama Presidencies," Foreign Policy Analysis 8, no.3(2012).

36. M. J. Williams, "(Un)Sustainable Peacebuilding: NATO's Suitability for Post-conflict Reconstruction in Multiactor Environments," Global Governance: A Review of Multilateralism and International Organizations 17, no.1(2011).

37. Monroe Price, Fierceness of Competition, Softness of Power: Freedom of Expression in a Time of Strategic Communicators(即将出版)。

38. Janice Bially Mattern, Ordering International Politics: Identity, Crisis, and Representational Force(New York: Routledge, 2005), 14.

39. Richard K. Betts, "Is Strategy an Illusion?" International Security 25, no.2 (2000).

40. David A. Lake, Hierarchy in International Relations(Ithaca, NY: Cornell University Press, 2009).

41. Jennifer Mitzen, "Governing Together: Global Governance as Collective Intention," in Arguing Global Governance: Agency, Lifeworld and Shared Reasoning, edited by Corneliu Bjola and Markus Kornprobst(London: Routledge, 2010); Jennifer Mitzen, "Ontological Security in World Politics: State Identity and the Security Dilemma," Euro-

pean Journal of International Relations 12，no.3(2006)；363.

42. Lara Nettelfield，Courting Democracy in Bosnia and Herzegovina：The Hague Tribunal's Impact in a Postwar State(New York：Cambridge University Press，2010)，174—175，192—209.

43. Martha Minow，"Stories in Law," in Law's Stories：Narrative and Rhetoric in the Law，edited by Peter Brooks and Paul Gewirtz(New Haven，CT：Yale University Press，1996)，32—33.

44. Nettelfield，Courting Democracy，178.

45. 另见 Lara Nettelfield，"Research and Repercussions of Death Tolls：The Case of the Bosnian Book of the Dead," in Sex，Drugs，and Body Counts：The Politics of Numbers in Global Crime and Conflict，edited by Peter Andreas and Kelly M. Greenhill(Ithaca，NY：Cornell University Press，2010)。

46. Nik Gowing，"Skyful of Lies" and Black Swans：The New Tyranny of Shifting Information Power in Crises(Oxford：Reuters Institute for the Study of Journalism，University of Oxford，2009)，50；Andrew Hoskins and Ben O'Loughlin，War and Media：The Emergence of Diffused War(Cambridge：Polity，2010)；Ben D. Mor，"Public Diplomacy in Grand Strategy," Foreign Policy Analysis 2，no.2(2006)；165.

47. Ben D. Mor，"Using Force to Save Face：The Performative Side of War," Peace & Change 37，no.1(2012)；另参见 Steele，Defacing Power。

48. Mor，"Public Diplomacy."

49. Emile Simpson，War from the Ground Up：Twenty-First-Century Combat as Politics(London：Hurst，2012)，179.

50. Mor，"Public Diplomacy," 163.

51. Mor，"Public Diplomacy," 166.

52. Simpson，War from the Ground Up，181.

53. Bially-Mattern，Ordering International Politics.

54. Mor，"Public Diplomacy," 167.

55. Ben D. Mor，"The Rhetoric of Public Diplomacy and Propaganda Wars：A View from Self-Presentation Theory," European Journal of Political Research 46，no. 5 (2007).

56. Ben D. Mor，"The Rhetoric of Public Diplomacy and Propaganda Wars," 675.

57. Mor，"Public Diplomacy," 173.

58. Mor，"Public Diplomacy," 173.

59. Mor，"Using Force to Save Face."

60. 转引自 Ben D. Mor，"Accounts and Impression Management in Public Diplomacy：Israeli Justification of Force during the 2006 Lebanon War," Global Change，Peace & Security 21，no.2(2009)；234。

61. Mor，"Using Force to Save Face," 111.

62. Mor，"Using Force to Save Face," 112.

63. Mor，"Accounts and Impression Management."

64. Ben D. Mor，"Credibility Talk in Public Diplomacy," Review of International Studies 38，no.2(2012).

65. Mor，"Credibility Talk."

66. 转引自 Mor，"Using Force to Save Face," 115。

67. Mor，"Accounts and Impression Management," 224.

68. Mor，"Credibility Talk，" 394.

69. Mor，"Credibility Talk."

70. Mor，"Public Diplomacy，" 173.

71. Mor，"Using Force to Save Face，" 103.

72. Bernard Stiegler，For a New Critique of Political Economy(Cambridge：Polity，2009).

73. BBC News，"Nine Killed as Afghans Rage at US，" May 13，2005，accessed May 21，2013，http：//news.bbc.co.uk/2/hi/south_asia/4544833.stm; Philip Seib，The AI Jazeera Affect：How the New Global Media are Reshaping World Politics(Washington，DC：Potomac Books，2009)，52.

74. Ben O'Loughlin，"Images as Weapons of War：Representation，Mediation and Interpretation，" Review of International Studies 37，no.1(2011).

75. Richard C. Eichenberg，"Victory Has Many Friends：U. S. Public Opinion and the Use of Military Force，1981—2005，" International Security 30，no.1(2005).

76. Susan Sontag，Regarding the Pain of Others(New York：Farrar，Straus and Giroux，2003)，32—33.

77. Epstein，The Power of Words，vii.

78. Kevin M. DeLuca，Image Politics：The New Rhetoric of Environmental Activism，Revisioning Rhetoric(New York：Guilford Press，1999).

79. Epstein，The Power of Words，100.

80. Epstein，The Power of Words，142.

81. 转引自 Epstein，The Power of Words，144。

82. Epstein，The Power of Words，10.

83. Epstein，The Power of Words，92—93.

84. 例如：Emile Hokayem，"Foreign Policy：The Middle East Channel—The War of Narratives，" International Institute for Strategic Studies，February 8，2011，accessed May 21，2013，http：//www.iiss.org/whats-new/iiss-in-the-press/presscoverage-2011/february-2011/the-war-of-narratives/; Ministry of Defence，"Strategic Communication：The Defence Contribution，" Joint Doctrine Note 1/11，accessed May 23，2013，http：//www.mod.uk/NR/rdonlyres/7DAE5158-63AD-444D-9A3F-83F7D8F44F9A/0/20110310JDN111_STRAT_COMM.pdf; Wayne Porter and Mark Mykleby，A National Strategic Narrative(Washington，DC：Woodrow Wilson Center，2011)，accessed May 21，2013，http：//www.wilsoncenter.org/sites/default/files/A%20National%20Strategic%20Narrative.pdf。

85. Shahram Chubin，"The Iranian Nuclear Riddle after June 12，" The Washington Quarterly 33，no.1(2010).

86. Wyn Q. Bowen and Jonathan Brewer，"Iran's Nuclear Challenge：Nine Years and Counting，" International Affairs 87，no.4(2011)：925.

87. Fareed Zakaria，The Post-American World(London：Penguin，2009)，235.

88. Mohamed ElBaradei，"Director General's Intervention on Non-Proliferation Issues at IAEA Board of Governors，" International Atomic Energy Agency，June 17，2009，accessed April 4，2013，http：//www.iaea.org/newscenter/statements/2009/ebsp2009n007.html.

89. George W. Bush，State of the Union Address，January 29，2002(Charlottesville：University of Virginia，Miller Center，2013)，transcript of published text of speech，accessed May 20，2013，http：//millercenter.org/president/speeches/detail/4540.

90. Felix S. Berenskoetter, "Mapping the Mind Gap: A Comparison of US and European Security Strategies," Security Dialogue 36, no.1(2005); Sven Biscop, The European Security Strategy: A Global Agenda for Positive Power (Abingdon: Ashgate, 2005); Roland Dannreuther and John Peterson, Security Strategy and Transatlantic Relations(London: Routledge, 2006).

91. IAEA, "Implementation of the NPT Safeguards Agreement in the Islamic Republic of Iran," GOV/2003/63, August 26, 2003, accessed April 4, 2013, http://www.iaea.org/Publications/Documents/Board/2003/gov200363.pdf.

92. Iran Ministry for Foreign Affairs, "Statement by the Iranian Government and visiting EU Foreign Ministers, " NuclearFiles.org, October 21, 2003(Santa Barbara, CA: Nuclear Age Peace Foundation, 1998—2013), accessed May 21, 2013, http://www. nuclearfiles. org/menu/key-issues/nuclearweapons/issues/proliferation/iran/statement-visiting-eu-ministers.htm.

93. Iran Ministry for Foreign Affairs, "Statement,"3b,斜体系后加。

94. White House, The National Security Strategy of the United States of America, Washington, DC: White House, September 2002, accessed May 21, 2013, http://www.state.gov/documents/organization/63562.pdf. 205.

95. Office of the Director of National Intelligence, Iran: Nuclear Intentions and Capabilities, National Intelligence Estimate, November 2007, accessed April 4, 2013, http://graphics8. nytimes. com/packages/pdf/international/20071203 _ release. pdf, no page;进一步解释参见 Andrew Parasiliti, "Iran: Diplomacy and Deterrence," Survival 51, no.5(2009):8。

96. IAEA, "Implementation of the NPT Safeguards Agreement in the Islamic Republic of Iran, " GOV/2004/11, February24, 2004, accessed May 21, 2013, http://www.iaea.org/Publications/Documents/Board/2004/gov2004-11.pdf, 12.

97. IAEA, "Communication on 5 March 2004 from the Permanent Mission of the Islamic Republic of Iran Concerning the Report of the Director General contained in GOV/2004/11," INFCIRC/628, March 5, 2004, accessed May 21, 2013, http://www.iaea.org/Publications/Documents/Infcircs/2004/infcirc628.pdf, 6.

98. 转引自 Robert E. Hunter, "Engage, Don't Isolate, Iran," Rand Corporation, June 27, 2004, accessed April 4, 2013, http://www. rand. org/commentary/2004/06/27/SDT.html。

99. Ruth Hanau Santini, "European Union Discourses and Practices on the Iranian Nuclear Programme," European Security 19, no.3(2010):477.

100. Jack Straw, "Interview with Foreign Secretary Jack Straw on UK Diplomatic Relations with Iran," UK Foreign and Commonwealth Office, July 4, 2004, accessed April 5, 2013, http://www. iranwatch. org/government/UK/uk-mfastrawinterview-070404.htm.

101. IAEA, "Iran-EU Agreement on Nuclear Programme," November14, 2004, accessed April 5, 2013, http://www. iaea. org/newscenter/focus/iaeairan/eu _ iran14112004.shtml.

102. The Age, "Iran Resumes Uranium Processing,"August 9, 2005, accessed December 3, 2012, http://www. theage. com. au/news/world/iran-resumes-uranium-processing/2005/08/09/1123353289095.html.

103. IAEA, "Implementation of the NPT Safeguards Agreement in the Islamic Re-

public of Iran," GOV/2005/77, September24, 2005, accessed December 3, 2012, http://www.iaea.org/Publications/Documents/Board/2005/gov2005-77.pdf, 3.

104. Mahmood Ahmadinejad, "Address by H.E. Dr. Mahmood Ahmadinejad President of the Islamic Republic of Iran before the Sixtieth Session of the United Nations General Assembly," New York, September 17, 2005, accessed May 21, 2013, http://www.un.org/webcast/ga/60/statements/iran050917eng.pdf.

105. IAEA, "Communication Dated 13 January 2006 Received from the Permanent Missions of France, Germany and the United Kingdom to the Agency," INFCIRC/662, January 13, 2006, accessed April 4, 2013, http://www.iaea.org/Publications/Documents/Infcircs/2006/infcirc662.pdf, 1. 206.

106. Hanau Santini, "European Union Discourses"; see also Frank Schimmelfennig, "The Community Trap: Liberal Norms, Rhetorical Action, and the Eastern Enlargement of the European Union," International Organization 55, no.1(2001).

107. Joschka Fischer, "The Case for Bargaining with Iran," Washington Post, May 29, 2006, accessed May 21, 2013, http://www.washingtonpost.com/wpdyn/content/article/2006/05/28/AR2006052800978.html.

108. White House, The National Security Strategy of the United States of America, March 2006, accessed April 4, 2013, http://www.comw.org/qdr/fulltext/nss2006.pdf, 20, italics added.

109. White House, NSS 2006, 20.

110. White House, NSS 2006, 24.

111. 转引自 Los Angeles Times, "Iran Rejects U.N. Request to Halt Its Nuclear Activity," April14, 2006, accessed April 4, 2013, http://articles.latimes.com/2006/apr/14/world/fg-iran14。

112. Hoskins and O'Loughlin, War and Media.

113. Davies, "Coercive Diplomacy".

114. UN Security Council, "Security Council Demands Iran Suspend Uranium Enrichment by 31 August, or Face Possible Economic Sanctions," SC/8792, 5500th Meeting(AM), July 31, 2006, accessed May 21, 2013, http://www.un.org/News/Press/docs/2006/sc8792.doc.htm, italics added.

115. UN Security Council, "Security Council Demands."

116. Mahmood Ahmadinejad, "Message to the American People," November 29, 2006, accessed April 4, 2013, http://www.ahmadinejad.ir/en/Message_to_the_American_People_.

117. UN Security Council, Resolution 1737, S/RES/1737, December 23, 2006, accessed April 4, 2013, http://www.cfr.org/iran/un-security-council-resolution-1737-iran/p12334.

118. BBC News, "Iran 'Enters New Nuclear Phase,'" April 9, 2007, accessed April 4, 2013, http://news.bbc.co.uk/1/hi/world/middle_east/6538957.stm.

119. Bob Drogin and Kim Murphy, "U.N. Calls U.S. Data On Iran's Nuclear Aims Unreliable," Los Angeles Times, February 25, 2007, accessed May 21, 2013, http://articles.latimes.com/2007/feb/25/world/fg-usiran25.

120. NBC News, "Anti-Iran Rhetoric Worries U.N. Nuke Watchdog," October 28, 2007, accessed July 15, 2013, http://www.nbcnews.com/id/21516968/42739722#.UTTq9Y6PdgM.

121. Davies, "Coercive Diplomacy." 207.

122. Barack Obama, Inaugural Address, Washington, DC, January 20, 2009, accessed April 4, 2013, www.whitehouse.gov/blog/inaugural-address, italics added.

123. Parasiliti, "Iran."

124. 转引自 Belfast Telegraph, "World News in Brief: Clinton: No Iran Illusions," August 10, 2009, accessed May 21, 2013, http://www.belfasttelegraph.co.uk/news/world-news/world-news-in-brief-clinton-no-iran-illusions-28490233.html。

125. Barack Obama, "Remarks by the President on a New Beginning," Cairo University, Cairo, Egypt, June 4, 2009, accessed May 21, 2013, http://www.whitehouse.gov/the-press-office/remarks-president-cairo-university-6-04-09.

126. ElBaradei, "Director General's Intervention."

127. Julian Borger, Patrick Wintour, and Michael Oliver, "Iran Nuclear Plant: Miliband Refuses to Rule Out Military Action, " The Guardian, September 26, 2009, accessed May 21, 2013, http://www.guardian.co.uk/world/2009/sep/26/miliband-iran-nuclearplant.

128. Haaretz, "Obama: We'll Mull 'Sanctions that Bite' If Iran Nuclear Talks Fail," September 25, 2009, accessed April 4, 2013, http://www.haaretz.com/news/obama-well-mull-sanctions-that-bite-if-iran-nuclear-talks-fail-1.714.

129. Catherine Ashton, "Statement on Iran," European Parliament, January 19, 2010, accessed May 21, 2013, http://www.eu-un.europa.eu/articles/en/article_9421_en.htm.

130. 转引自 Trend, "Iran May Be Willing to Talk on Nuclear Issue, Says EU's Ashton," May 22, 2010, accessed May 21, 2013, http://en.trend.az/regions/iran/1692278.html。

131. Monroe E. Price, Fierceness of Competition, Softness of Power: Freedom of Expression in a Time of Strategic Communicators(forthcoming), 131—132.

132. Steele, Defacing Power, 43.

第五章
信息基础设施

引　言

　　要理解战略叙事在国际关系中的作用,我们需要追踪它的轨迹,探究它是如何被受众接收和理解的。我们需要了解受众如何评价这种叙事以及他们平时经常听到或者相信的其他叙事,同时需要知道他们在接收战略叙事之前和之后的行为。我们也必须解释叙事在媒体生态过程中被改编、挑战、重新包装、扭曲和重新语境化的方式。如果政策制定者想要知道如何赢得叙事之战,那么绘制媒体生态中的传播、解释和意义生成的路线图是第一步。

　　似乎这并不太困难,我们必须解释国际关系中的行为体是如何设法管理和塑造媒体生态的,以确保他们的叙事最大程度地被倾听和支持,而其他叙事则被边缘化。他们必须利用当今的媒体生态,在国家和跨国公共领域传播他们的叙事,赢得辩论和框定的斗争。但各行为体也必须在塑造这些生态系统本身的基础设施方面进行竞争,因为基础设施会使某些声音和某些交流方式优于其他声音和交流方式。正如我们在第一章"绪论"中所说,在过去十年中,美国一直在推行一项互联网自由议程,目的就是要实现上述两个目标。该议程既包括媒体生态中关于自由和技术的叙事,也包括塑造媒体生态以使自由叙事能够获得更多支持的努力。国际关系中的其他行为体也在进行同样的努力,试图确保媒体系统、媒体技术的传播以及国家和国际媒体的规定都支持他们所喜欢的交流模式。因此,谁的叙事能占上风也是一个制度建设、技术转让和政治经济的问题。

　　要解释战略叙事的成功,我们需要考察政治行为体如何完成上述两个任务,以及分析叙事在媒体生态中的传播方式和这些叙事塑造媒体生态的方式如何相互作用。本章将探讨各国在努力将这种相互作用付诸实践时会遇到的一些困难。美英两国都在努力开发和打造一种新的媒体生态与国际政治传播的新等级,在这种新的生态和等级中,"人民"作为战略叙事的重要载体,被赋予了重要作用。本章聚焦 2009 年奥巴马开罗演讲和英国广播公司(BBC World Service)阿拉伯语频道。这些案例展示了传播空间的战略性创造。奥巴马团队和英国广播公司都试图建立横向的传播网络,让不同国家的公民展开某种类型的对话。这明显扩大了国际关系行为体的范围。然而很明显的是,这些都是强大的机构自上而下的努力,目的是在平等者之间开展自下而上的对话。在每一个案例中,跨文化对话的内在价值与公共外交的工具性、利益导向目标之间的紧张关系都很明显——海外公众对公共外交的目标都很清楚。尽管如此,这些都是具有启发性的例子,说明战略叙事需要关注叙事的接收和接收的空间,而不仅限于关注叙事内容、形成过程及其投射。

在我们生活的这个世界,行为体的经历各不相同。[1]行为体之间的关系不是在真空中进行,而是发生在见面的场合当中。领导人在峰会或双边会议上会面,年轻的政策精英在文化交流项目上会面或在大学里会面,公众越来越多地在网上见面。这些会面的行为体都带有一些已知的权力特征和属性,以及一些共有的经验。贝伦斯科特(Berenskoetter)指出:"世界政治不仅仅是划定、尊重或争夺主权分界线——尽管这很重要——而是谈判和投资于一个共有的经验/愿景空间。20 世纪为许多共同体带来了重要的经验,这些共同体的空间和视野现在已经重叠,而这样的'重叠'既是创造力的场所,也是竞争的场所。"[2]正是在这里,合作和冲突都会发生。在这一章中,我们关注交流空间。我们可以明确线上参与者使用语言的叙事效果,他们愿意参与哪些问题和接收哪些想法,以及他们对领导人及其政策的可信度和合法性的定性。

我们将从以下多个方面参考前面章节的论点。第一,基础设施的控制涉及具有不同经济、政治和文化利益和动机的一系列行为体。在各国努力引领基础设施发展的同时,公司、媒体组织、活动家和受众的作用也不容忽视。第二,基础设施是国际秩序的重要支柱。行为体对国际体系、等级制度、权威、主权和历史轨迹的理解是在围绕这些事项的交流过程中生成的。当时的信息基础设施对这种交流成为可能及塑造产生了重要影响。如果交流和调解对国际关系的本体越来越重要，那么对这一本体的任何论述都必须涉及基础设施的作用。第三，叙事竞争发生在这些基础设施所能提供的交流空间中。从事战略传播和公共外交工作的人设计交流空间，使海外受众能够参与其中，同时也试图渗透和进入区域广播频道和互联网论坛等现有媒体空间进行讨论。我们在本书的一开始就指出，国际关系如何运作，施动者是谁，以及它涉及什么内容，都会因媒体生态的发展而发生变化，这是一种难以言喻的感觉。本章通过深入到微观层面来完善论点，即分析各国作为国际关系的一部分寻求建立接触，培养受众，确保受众参与国家叙事，以便获得他们对所期望的国际秩序的长期支持。

信息基础设施

基础设施是指社会或企业运行所需的基本物质和组织结构及设施，如建筑、道路、电力供应、通信系统等。它也指确保一个社会或企业运作的标准、协议、规则和记忆等非物质实体。[3]信息基础设施指那些通过它实现社会或企业的信息存储和流动的结构和协议。今天，数字信息基础设施及其所保障的联通受到了极大关注。[4]经济和社会依赖大数据服务器、云服务、软件系统以及维持它们运行的电力系统。传统基础设施如交通系统、建筑和发电站本身都依赖数字基础设施。因此，政治领导人现在寻求确保关键信息基础设施的安全。[5]然而，信息基础设施一直是社会和企业运作的关键。政治领导人可以利用信息基础设施远程行使权力，治理、监测并管理领土和人口，通过发布意识形态材料培养民众的忠诚和达成共识。[6]例如，迈克尔·曼（Michael Mann）对古代和中世纪社会组织的调查显示了美索不达米亚人和罗马帝国是如何依赖在其领土上分散的精英而维持了一种跨地域文化。[7]这种跨地域文化能够维持规范和规则，因为它们被刻在石板和其他器物上。这些帝国面临的挑战来自宗教运动，宗教运动利用精英媒体或新媒体，比统治精英更能有效传播他们的思想。每一个信息基础设施都允许一种宗教或文化的嵌入，而这种宗教或文化则成为下一个文明的背景——其宗教和政治叙事必须与先前信息基础设施所体现的价值观产生共鸣。早期的跨地域体系给今天国际体系带来的经验是显而易见的。我们必须在解释不同观念和叙事是如何传播并形成共识的过程中考虑传播的实体组织。

特定时代的信息基础设施是国际关系传播过程的基础，是规范传播、框定的连续传递、合法性的产生以及对权威和合法性普遍理解的基础。信息基础设施是领导人能够形成和投射战略叙事的条件，也是影响受众如何接收和理解战略叙事的条件。信息基础设施是国际秩序本体论所固有的。国家、主权、权力和权利都是由传播体系所制约和建构的。人类对时间、空间和互联互通的体验——我们对世界的导向——取决于我们在日常生活中使用的技术。[8]没有文字，人类社会的正式组织就无法形成。格莱克(Gleick)指出："在书写诞生之前，交流是短暂的和局部的；声音传递了几码远就会消失。"[9]从麦克卢汉(McLuhan)将媒体与地球村意识的出现联系起来之后，学者们一直在研究媒体和信息基础设施是如何塑造全球性和地方性、临近性和距离性、连续性和断裂性的体验。[10]与此同时，对现代性和国家的描述强调了它们的发展是如何依赖当时的媒体技术，不仅是为了治理和管理，而且是为了创造一种共同体、国家和身份的定性意识。[11]因此，我们有理由推断，信息基础设施对记录国际社会和身份、国际规范、信仰和习惯、领导人和公民体验国际关系的方式都极为重要。

政策制定者比学者更了解这一点。[12]鉴于信息基础设施对国际关系的基础性作用，信息基础设施本身被政治化也就不足为奇了。大国、企业、科学家和维权团体都在围绕塑造信息基础设施的性质、发展和监管方面展开竞争。信息基础设施不仅仅是"真正的"强权政治的一个技术背景，它决定了军事、商业和政治力量的性质，也被它们所决定。[13]正是在这种二元论的背景下，我们才能理解小布什和奥巴马政府的美国互联网自由外交政策。麦卡锡(McCarthy)对美国外交政策声明的分析表明，美国主要行为体创造性地将互联网的意义与个人权利、言论自由和促进民主联系起来。[14]在这种意义形成的框架下，互联网在世界各地的普及将意味着权利、自由和民主的普及。这些假设支持了加强信息流动的政策，比如推广防封锁软件，支持对技术进行传播的非政府组织，以及最臭名昭著的一个例子——在 2009 年伊朗抗议期间要求推特推迟其网络维护。麦卡锡指出："我们所期望的转变是一种物理上的转变，""试图按照美国对全球政治的设想，建立一个国际体系"。[15] 这项规划在很多方面都存在问题，例如，忽视了美国无法限制自己的技术公司向集权政权提供监控和其他工具，将获取信息的机会和运用信息的能力混为一谈，忽视许多国家的民族主义和仇恨团体利用互联网自由攻击少数群体，忽视美国支持的知识产权计划是如何限制信息流动的。[16] 正如科莫（Comor）和比恩（Bean）提醒我们的那样，媒体就是信息；如果媒体是脸书（Facebook），那么信息就是个人在不断扩大的信任圈中真实自我的表达。[17] 这是一个关于个人和共同体应该如何融合的特殊话语。它的传播可以被描述为迈向个人自由和网络权力的运动，克服了顽固政权的障碍。这种社交媒体空间的扩散创造了国际秩序的一个条件，这种国际秩序体现并延伸了美国外交政策所支持的价值观。

对于采取战略行动塑造信息基础设施的国家来讲，它们都有一个明确的逻辑。外交政策制定者在谋划国际传播时必须有双重战略。首先，他们必须塑造对话和互动，并努力引导它们围绕该国正在推动的话题、框架和对国际变化的整体叙事展开。战略叙事工作的这一维度是例行分配给公共外交工作者的任务。外交是指国家代表之间的沟通。公共外交是指"与外国公众"和其他国家的非国家团体进行的官方交流，[18] 国家主导的公共外交战略在越来越多的国家得到推广，导致"世界各国政府都在各个层面就所有问题努力培养国内支持者"。[19] 因此，公共外交并不局限于官员或各国代表之间的交流。企业、非政府组织、文化教育机构都有能力开展公共外交，公共外交战略可以通过若干此类机构的合作来实施。外国公众也不是这些沟通活动的唯一受众，国内公众不可避免地可以了解到本国的公共外交战略，因此必须同时关注和考虑多元受众。

首先，如果外交政策制定者能够实现双重战略的第二部分，那么战略叙事工作的公共外交部分就会容易得多。他们还必须塑造促使这种对话和互动发生的环境。他们必须确保支持的声音有机会被听到，并且——如果我们在这里表现的有些愤世嫉俗的话——反对的声音被搁置一边,或者至少给予反击。2009—2011 年期间,安妮-玛丽·斯劳特曾任奥巴马政府国务院政策规划办公室主任,她在 2012 年伦敦的一次演讲中明确阐述了这个双重战略。[20]斯劳特明确指出,美国对外政策的目标是塑造国际秩序的条件,而不仅仅是其中的互动。她开场便指出,美国正在建立一些架构,其影响在若干年内都不会显现出来。美国正在建立的架构基于这样一种假设:国际关系最大的发展不是金砖国家的崛起,而是单个国家内部以及国家之间的社会——"人民"的崛起。美国必须建立一些架构,将社会作为国际体系的代理人。斯劳特回到了普特南两个层面的博弈,即政府可以在国际和国内政治的互动中,利用选民之间的对立,找到解决外交和政策困境的方案。[21]斯劳特接受了这个框架,美国政府必须将一个国家视为由政府和社会两部分组成,与两者合作,并使美国社会能够与其他国家的政府和社会打交道。后者意指美国不是"施动者",而是"召集人",利用社交媒体,并为公民、民间社会团体和公司组织面对面的平台,形成国内和国际网络。换言之,它取决于保证全球信息基础设施的各个方面。

从长远来看,这一对外政策旨在确保当几十年后海外发生危机时,本土和国际公众发现自己支持美国的行动,或者至少愿意听取美国领导人的提议。斯劳特引用前国务卿乔治·P.舒尔茨(George P. Shultz)的话。他将外交比作园艺:

当杂草还小时,你就要把它们除掉。你也会建立信心和理解。然后,当危机出现时,你就有了一个坚实的基础来开展工作。[22]

在本章中,我们将看到两个国家利用尖端的信息基础设施来投射战略叙事,试图建立舒尔茨所说的坚实基础的案例。分析的第一个案例是当时的美国总统奥巴马 2009 年 6 月对"穆斯林世界"的讲话。奥巴马的战略叙事在两个层面展开:讲故事时,谈论世界将会怎样;编故事时,通过去开罗并试图创造一个新的开始来介入历史。这就要求奥巴马预先演练他自己的演讲,构建并提炼出对他尚未说出的话的可能回应,并要求白宫创建多语言平台和渠道,构建关于演讲的全球讨论空间。在分析这些工作的基础上,我们可以研究在政治行为体积极利用政治传播的非线性和多向性的时代,围绕一次演讲的形成、投射和随后的互动。我们发现,尽管奥巴马的传播团队在创造对话空间方面付出了努力，但他们未能渗透到关键的现有空间，比如像伊拉克这样的穆斯林人口占多数的国家全国性媒体。

在第二个案例的研究中，我们分析了英国广播公司国际频道正在进行的尝试，运用在线的方法来评估其节目安排对观众的影响。这一分析借鉴了媒体民族志学者玛丽·吉莱斯皮（Marie Gillespie）发表的一系列文章和报告，她和英国广播公司国际频道的制作、社交媒体分析和受众研究团队都有接触。[23]这是一个重要的例子，因为英国广播公司国际频道致力于调和相互竞争的目标。首先，它是一个由专业记者组成的新闻机构。它还兼具公共外交职能，因为其资金来源于英国政府针对外交政策优先事项的拨款。它的记者在面向海外观众的试验性节目安排中拥有相对自由，而它的受众研究相对复杂，因此英国广播公司国际频道是世界政治中少数几个可以提供战略叙事对海外舆论影响研究的重要数据案例之一。

这些分析表明，如果国际关系学者考虑到传播是如何进行的，就会给他们所关心的核心问题提供一个更为丰富的图景：国家和国家体系意义的建构、规范的传播以及利益是如何通过语境和传播塑造和调节的。

信息基础设施、媒体生态与资本主义

如果我们要从整体上看待信息基础设施，就无法避免商业的作用。我们必须将战略叙事置于当代资本主义和经济生活变化的情境下。在此一个有益的出发点是奈杰尔·思里夫特（Nigel Thrift）的论点，即"建构'经济'的基本模式正在转变为可以称之为'自然'模式……与生产环境有关"[24]。如果说18世纪的第一次工业革命是与自然经济的决裂，因为生计较少地依赖土地，更多地依赖工厂，那么今天发生的第二次工业革命则是回归土地。[25]然而，经济活动的土地或地形已经改变：它是原始土地，是一个技术和社会相互渗透的领域，从中可以获利，也可以产生创新浪潮。这些可能是城市或在线空间，或者两者的结合。思里夫特指出："公司开始生产的是一个基于超负荷自然主义的思想和影响的空间，这是一个不停地重新加载和记录的过程，是通过它在世界上产生的不同影响进行控制的连续的构图空间。"[26]而工业革命之前的土地利润是来自圈地和租金，现在公司寻求创造相对无边界的空间，人们生产新的内容、思想和活力。这让公司可以监控人们对公司产品的反应，并绘制变化的需求图；最后思里夫特强调，"这种新的密集而又个性化的土地将感受到我们的存在"。[27]

传播的"空间"不是中立的，它提供了指导我们以某种方式进行传播的方法，它还附带了监控软件，因此作为公民、消费者、父母或我们所扮演的其他角色，我们的传播可以被视为引导我们的思想和潜在行动的代理工具来加以分析。国际政治传播发生在商业环境中，而这一环境则建立在资本主义不断创新的悠久传统，以及不断探寻能够引发创造性思维的新的、最佳情境之上。20世纪80年代流行的是学习型组织，在生产机构中设有创造空间；后来人们意识到，创新不是只发生在生产端，消费者也可以提供创意。企业淡化了消费和生产之间的区别，成为了冯国经（Victor Fung）、冯国纶（William Fung）和约拉姆·温德（Yoram Wind）所称的"网络协调者"，管理信息和需求循环的行为体，从而建立起一个交流的时刻。[28]到2000年初，随着社交媒体的出现，企业开始利用思里夫特所定名的"表达性基础设施"。[29]这就产生了"认知资本主义"（congnitive capitalism）。思里夫特指出：

> 资本主义必须，也需要，干预想象力。因此，它的主要兴趣变成了莫里耶·布当（Moulier Boutang）所说的"授粉"（pollination），即作为供需双方，通过各种模仿的梯级系统地生产和管理各类公众及其意见和影响。[30]

通过追踪人们的想法，公司可以发现人们行为中的微小差异并加以利用，他们可以研究出模仿是如何工作的，他们可以给人们一些暗示，说服人们进行某些交流。公司可以监测人们关于产品的谈话，但人们的谈话也变得有利可图——这是脸书和推特所追求的模式。公司必须扩大人们的社交空间，让人们的互动对公司和个人都可以看到。

这些营销理论和实践在国际政治传播中都有体现。在以下奥巴马和英国广播公司国际频道的案例研究中也不同程度显示出这种情况。它们的公共外交实践有助于扩大社会空间和加强联系。除了这两种情况外，一般的任务还包括寻找新的方式，将我们的互动反馈给我们个人用户。这可能包括创建人们的社交网络分布图和图表,以使人们反思如何优化互动;通过创建透明的网站来深化人们的关系——通过这些网站我们可以看到其他人的互动、点赞、评论;通过说服市民和用户使用全球定位系统,登录四方(Foursquare),知道这些人在哪里;通过使用其他数字工具看到我们的共同对话者的位置。

值得注意的是,企业必须承认人们在九维空间(proto-lands)或不同空间中行为的不确定性。事实上,通过用户创造新的行为、令人惊讶的趋势和不可预见的需求就是利润的来源。借用布莱恩·马苏米(Brian Massumi)的观点,[31]思里夫特认为这个"持续涌现的空间"的力量是先发制人的:"先发制人的力量是环境的力量。它改变了生命环境的产生条件……通过攻击性的指控改变了一种情况的可能性,并将它指向一个新的方向。"[32]正如斯劳特和舒尔茨所说的那样,这样的空间会奠定基础:

> 由于不确定性无处不在,主要的解决办法是创造一个空间,它能在当下时刻到来之前发挥作用,以便能够为当下注入有利的想法和影响,一个空间能被扩展,聚集在一起,以新方式进行连接,将我们融合在一起,支撑我们前进,把我们拉出来,并用新方式把我们联系起来,改变我们的关系。[33]

这就是当今信息基础设施中说服的动态。企业、媒体机构和从事公共外交的人士都在寻求利用这种"媒介化兴起"(mediatized emergence)。[34]"兴起"一词常被用来描述复杂条件下社会组织和变化的机制。从本体层面看,社会不仅仅是各个部分的总和,因为关系、身份和各种状况的出现是无法简单从其组成单位来预见的。然而,社会生活的媒介化会极大地扩大数字和数字化媒体数据兴起的可能性和可到达的界限,以超越和改变关于事件的已知或被认为已知的内容。[35]媒介化是一个漫长的历史转变的一部分,在这一转变中,制度和实践呈现出一种媒介形式。理解媒体逻辑这一点的另一种方式是:某些媒体及其相关产品和消费实践为某些行为方式赋予了特权。电视优先考虑的是一种视觉上引人入胜和语言上流畅的行动模式,政治领导人和组织在20世纪晚期很快就学会了适应这种模式,从而使政治工作变得不同。[36]随着更多的生活被记录、存档、检索和转化,它们被数字化,也转变成媒体内容,政治机构的媒介化也变得更加普遍。在此背景下,数字媒体内容可能会真的出现,或是突然出现,迫使人们对某些事件或现象进行重新思考。萨达姆·侯赛因被处决的混乱的视频影像,阿布格莱布监狱的照片和塞尔维亚士兵在斯雷布雷尼察实施处决的影片,所有这些都导致了在事件发生后的几天、几个月和几年之后,人们对美国在伊拉克的存在或 20 世纪 90 年代塞族部队所犯罪行感到种种不安。[37] 意识到任何事件都可能被记录下来,而且这种记录可能在任何时候以任何形式出现,为社会生活增加了一种永久、"偶然的开放性"。[38]

正如我们将在下文中看到的,这正是英国广播公司阿拉伯语频道在一定程度上对 2011 年埃及抗议所做的事情。因此,如果战略叙事是国家创造共有意义的一种手段,并且意义是通过这些空间产生的,那么战略叙事工作就包括利用和理解这些空间及其媒介化的兴起动态和实时监控。针对海外公众的战略叙事工作更是如此。

到目前为止,本章的重点一直放在国家-公众和公众-公众的传播上,但正如本章案例所示,传统媒体仍然影响战略叙事的投射、接收和理解。在 21 世纪初期,传统或主流媒体经历了诸多焦虑之后,现在很明显的是,许多传统媒体机构已经适应了新的媒体生态,主流新闻界仍然是世界各地大多数公民的主要新闻来源。[39] 公民可能会从小众的网络资源获取新闻,但这通常是在终生消费主流媒体的背景下进行解读的。主流新闻编辑和记者仍然是重要的守门人,他们可以将一种战略叙事拒之门外,或为受众进行权威的重新解读。在某些情况下,供职于传统媒体的记者为应对公民记者数量激增和信息流动更加混乱的挑战,变得更加传统,努力维护其职业记者的身份;正是在这样的背景下,汉德利(Handley)和鲁蒂利亚诺(Rutigliano)记录了美国记者更有可能强化"国家叙事"的方式。[40] 维基解密等新的信息-新闻混合体最终依赖《卫报》《纽约时报》《明报》《世界报》和《国家报》,在 2010 年 12 月发布相关各大使馆电报的新闻。[41] 因此,致力于传播其战略叙事的外交政策和公共外交从业者,需要了解这些更新或混合的媒体生态是如何运作的。

回到思里夫特提出的第二次工业革命的建议,并不是所有的经济生活都转移到了环境的生产上,农业和制造业也是如此。我们没有用一种理想类型取代另一种理想类型。同样，并不是所有的国际传播都是通过Web2.0实现的：在20世纪90年代和21世纪第一个十年，看似新的和旧的媒体现在都已经融合成了更加稳定的生态。思里夫特的"环境"描述以富有成效的方式与当前的媒体生态概念化（conceptualizations）对接，即各种行为体和技术之间的相互依赖如何产生"舆情趋势""波动""调节"和其他动态，这些动态可以通过与发生在自然界的过程相类比来理解。[42]数字工具（即使被旧的或传统的机构所利用）监测、可视化甚至引导国际传播的方式，为寻求掌握"舆情趋势"和"舆情波动"的战略叙事实践者提供了丰富前景。他们的进展如何？以下两个案例的研究具有启示意义。

奥巴马的开罗演讲

2009年6月4日，奥巴马总统在埃及开罗对"穆斯林世界"发表演讲。[43]他大量使用社交媒体扩大受众面。他的演讲通过脸书和我的交友（MySpace）、短信和推文、白宫和国务院网站的直播以及半岛电视台和其他阿拉伯语电视频道进行直播传播。此外，演讲还有多种语言的翻译版本。白宫发言人罗伯特·吉布斯（Robert Gibbs）说，要创造一种"持续的对话"，而不是简单地把信息传递出去——换句话说，就是维持双向沟通，奥巴马及其政府既要听，也要说。[44]这种营销体现了一种新的媒体生态已经改变了政治领导人对其演讲的预期和反应的管理方式。通过出发前接受美国国家公共电台（NPR）和英国广播公司的采访，这次演讲被广泛预告，引导世界各地受众对这次演讲抱有期待。通过推文不间断进行自我和官方评论，对受众对演讲的解读发挥微妙的引导作用。通过创造反馈和电子对话的空间，领导人可以通过几种方式来构建回应。通过对发表的内容进行调整，奥巴马团队展示了全球反应的事实，而这种反应可分为几类（欣喜若狂、谨慎，或者甚至是一些批评性的评论，建议提高透明度和可信度）。奥巴马的演讲表明了在新媒体生态中投射和管理战略叙事的潜力。

首先来看演讲的初期形成，演讲的事实与内容同样重要。在一个阿拉伯国家向"穆斯林世界"发表演讲的决定本身就是一种姿态。奥巴马不仅准备讲述一个关于美国与穆斯林关系的故事,而且还将自己嵌入到这个故事中,从而使故事朝一个新方向发展。这是一种有意为之的叙事。奥巴马曾指出,这一尝试也是一种试图中断政治时间性的做法。在这种政治时间性中,似乎不可能取得进展,这是全人类共有的政治时间,但伊斯兰教、基督教和犹太教的追随者,尤其是亚伯拉罕三大宗教的追随者是例外。奥巴马将他的演讲描述为试图打破一个"猜疑与不和的循环";为了解决"让我们走到这一步的复杂问题……为了继续前进",用叙事的术语来说,故事已经停止了,或者更确切地说,达到了一个无休止的不和谐循环。一个英勇的行为体需要抓住这一天,打破循环,开启新的篇章,开创一条新的共享之路。奥巴马并没有具体说明目的或结局,而是呼吁人们认为目前的情况是不可接受的。他试图达到的部分效果是使人们认为这种叙事是可信的;我们陷入僵局了吗?有没有可能向前迈进,打破这个循环? 如果听众不接受这些前提,演讲的其余部分就会变得平淡无奇。

演讲也是一种冒险。如果在接下来的几个月或几年里,奥巴马政府的政策失败,如灾难性或令人失望的新中东和平倡议(Middle East Peace initiative),那么回想起来,这种姿态从好的方面看会显得傲慢,从坏的方面看会显得虚假。这就会使未来总统的外交武器库中少了一个工具,因为对"穆斯林世界"的任何演讲都将受到质疑。[45]若干年后,我们可能会问,事实是否应该如此。

就奥巴马及其撰稿人所撰写的演讲内容而言,奥巴马的叙事建立在对真理的三个认识基础之上。第一,奥巴马试图建立共同事实,"基地"组织杀害的主要是穆斯林,这是"不需要辩论的观点;这些都是需要应对的事实"。大屠杀导致二战中数百万犹太人死亡,这是另一个需要应对的事实,否认这一点将是"毫无根据,也是无知和可恨的"。第二,奥巴马诉诸超然的原则:"我们希望别人怎样对待我们,我们就要怎样对待别人。这个真理超越了国家和民族……我们知道这是上帝的愿景。"第三,他提出了外交政策的"红线",即国家利益的基本或根本标志,他试图将其定位为没有讨论余地的议题,例如,"美国与以色列的关系是众所周知的。这种纽带是牢不可破的"[46]。

确保奥巴马叙事的真实性的每一个基础都发挥了作用,例如,建立一个固定的历史记录,从而开始面向未来的会谈,或将身份群体捆绑在一起,围绕在上帝亚伯拉罕的形象之下,或通过引用国家利益,唤起国内选民共鸣。这些主张的多重依据是否会产生矛盾或分裂——即贾尼丝·比亚利-马特恩(Janice Bially-Mattern)所说的"无法忍受的模糊"——使反对者可以利用这些矛盾或分裂——甚至可能导致思想开放但持怀疑态度的听众质疑奥巴马的可信度?这是一个面向多元受众的演讲的典型案例,在叙事的形成和准备过程中,奥巴马团队也已经预料到了会出现一定程度的不同意见。

有关奥巴马演讲的第二个主题是叙事形式。奥巴马说:

> 我确实有一个不屈的信念,所有人都渴望某些东西;有能力说出自己的想法,并对治理方式有发言权;对法治的信心……现在,实现这个承诺没有那么简单……但我也知道人类的进步是毋庸置疑的。[47]

这种线性历史的概念(不是直线,而是总体上沿着一条直线向前移动)与布鲁诺·拉图尔(Bruno Latour)对政治的定义相似:

> 当一个人说某人或某事是"政治性的"时,首先是发出了根本性的失望信号,就好像再也不可能合理、迅速、有效地直线前进,但必须"考虑"到"许多""额外理性因素",而这些"额外理性因素"的来龙去脉,人们都无法清楚地了解。[48]

奥巴马通过指出和平进程和国际外交进程间接和繁琐的过程来管理人们的期望。所预料到的反应是,开启一个新开端的尝试过于乐观,因为他承认,事情不会沿着一条直线迅速向前发展,走向和平。然而所传递的信息仍然是一种自由的普遍主义和一个"不可否认"的目标;他既朝着目标迈进,也在它受阻之后启动了终极目标;他提供了一种历史哲学,并试图成为一个通过实践来实现他最初声称只是一种描述的哲学家-王子。

演讲的投射是通过渠道和空间的扩散,随着时间的推移在多个语言平台实现的。白宫(whitehouse.gov)不仅在其网站和脸书上提供了一段视频,而且在会议结束几分钟后就在油管的白宫账户上发布了视频和演讲的原文——这些材料被翻译成阿拉伯语、汉语、达里语、法语、希伯来语、印地语、印度尼西亚语、马来语、普什图语、波斯语、旁遮普

语、俄语、土耳其语和乌尔都语。自由（Alhurra）电视台和萨瓦电台
（Radio Sawa）直播了讲话，同时提供阿拉伯语同声传译，并在自由电视
台网站（Alhurra.com）上提供了讲话的实况转播。白宫和美国政府其
他部门也提供了一套宣传资料。其中包括：

- 一段在美国政府任职的穆斯林的视频。
- 发布在 www.america.gov 上的演讲的播客录音和演讲的多语种
  全文，例如阿拉伯语版的播客录音，网址是 http://www.
  america.gov/ar/multimedia/podcast.html。
- 2009 年 6 月 2 日至 7 日，奥巴马之行的幕后视频。
- 一篇关于想要戴头巾的美国穆斯林妇女如何受到美国宪法保护
  的博文（http://www.whitehouse.gov/blog/nashalas-story）。
- 活动的照片张贴在照片分享网站 Flickr 的白宫网页上，网址是
  flickr.com/photos/whitehouse。
- 白宫的推特账户@whitehouse 在演讲期间向全世界大约 25 万
  名关注者发布了大约 20 条不到 140 个字符的实时更新信息。
- 美国驻渥太华大使馆在其推特上链接到一份关于美国向穆斯林
  开展外联活动的概况介绍。
- 美国驻伦敦大使馆也在推特上发布了一份官员们演讲前的文字
  记录。
- 美国驻泰国大使馆使用泰文提前发布了行政谈参。
- 国务院使用阿拉伯语、英语、波斯语和乌尔都语四种语言向移动
  电话用户提供了带有演讲要点的短信。短信收件人被邀请回
  复他们对演讲的评论。选定的部分消息在 america.gov/sms-
  comments.html 网站上发布。（美国公民不能参加，因为纳税人
  的钱不能用于国内宣传。）

白宫发言人罗伯特·吉布斯说：

> 我们的目标是确保最大数量的有兴趣的人看到演讲——不仅
> 仅是通过报纸和电视——还可以通过网站看到……这里的互联网
> 团队正在与许多其他人合作，将这些信息传递到尽可能多的平台
> 上，这样全世界的人都有机会看到总统的讲话。[49]

正如我们所看到的，吉布斯提到的广播时代独白式的传播方式得

到一系列可提供少量交互性的平台的补充。世界各地的人受邀发送短信。在这里，公众在国际事务中获得了一丝发言权。由于人们可以看到其他人的短信并作出回应，就可能产生公众对公众的横向传播，我们可以将其称为"公民公共外交"。保罗·夏普（Paul Sharp）使用足球运动的比喻来描述这些多层次的外交实践："全面外交"（total diplomacy），呼应了荷兰"全攻全守"的古老足球竞技理念。[50]白宫鼓励这种全面外交，通过提供渠道和空间，让诸多国内和海外公众可以对演讲进行思考并提出问题。简单地将一场演讲投射到国际传播中，或者依赖于与穆斯林占多数的国家领导人的闭门外交，都意味着无法利用 2009 年 Web2.0 信息基础设施所带来的新的公共外交技术。然而，正如下文所述，英国广播公司国际频道的案例研究在这方面展示了更大的创新。

最后讨论对奥巴马演讲的接收和解读。引人注目的是，奥巴马本人和该地区的反对派领导人试图抢先发表演讲，并做好演讲被接收的准备。奥巴马并不是孤立地提出一个叙事。2009 年 6 月 4 日，就在当天的早些时候，阿亚图拉·阿里·哈梅内伊（Ayatollah Ali Khamenei）发表讲话，纪念现伊朗共和国的缔造者阿亚图拉·哈梅内伊逝世 20 周年。哈梅内伊认为，美国需要的是行动，而不是"漂亮的甜言蜜语"。[51]他说："如果美国新总统想要改变面貌，美国就应该改变其行为。言辞和谈话不会带来改变。"[52]尽管如此，奥巴马还是把重点放在言辞上，并将其作为一个起点。在接受法国电视频道 Canal Plus 演讲前的第一次采访中，奥巴马介绍访问开罗的目的是为了提出一个框架：

> 我正在履行我在竞选期间所作的承诺，提供一个框架，一个我认为我们可以重建美国和"穆斯林世界"国家之间关系的演讲。[53]

面对 Canal Plus，奥巴马公开谈道了传播过程本身，而不是他希望"穆斯林世界"被说服的任何具体信息或目标：

> 嗯，你知道，这是一个开始，我认为这将是一个长期的过程。我们将发表一场演讲，还会有一个圆桌讨论。我认为，这将给世界各地的人们提供一个参与这一讨论的机会。它将在我们的白宫网站（whitehouse.gov）上以多种语言播出。我希望的结果是，你开始看到讨论不仅仅发生在总统层面，而是发生在生活的每一个层面。

我希望我能在"穆斯林世界"引发一些对话和辩论,因为我认为,在那些认为伊斯兰教与现代生活不可调和的人和那些认为伊斯兰教始终能够与进步并肩前进的人之间,存在着一场真正的斗争。[54]

奥巴马试图确立三大主题来定位其演讲:(1)演讲是互动的开始;(2)他承认外交政策造成言行不一的问题;(3)他以开放和尊重的态度对待"穆斯林世界"。演讲前几天的媒体报道表明这种框定取得了一定的成功。《纽约时报》的专栏作家托马斯·弗里德曼(Thomas Friedman)和詹姆斯·特劳布(James Traub)都紧扣奥巴马的三个主题,奥巴马也在英国广播公司和法国电视频道Canal Plus上清晰表达出来这三大主题。[55]然而,即使在美国,其他媒体也选择以不同的主题报道演讲。《洛杉矶时报》更感兴趣的是演讲稿的出炉——奥巴马的演讲撰稿人——以及奥巴马仅仅通过在那个国家发表演讲而发表的声明。可以理解的是,埃及媒体如《金字塔周刊》将重点放在会议的举办地——开罗,但也报道了美国外交政策与奥巴马的言论之间可能存在差异的主题,奥巴马本人也强调了这一点。不出所料,当第二天的新闻媒体确实报道了这个演讲时,也是通过当地视角来报道的。来自特拉维夫的《纽约时报》专栏View和半岛电视台英语频道都从巴以冲突的角度报道了演讲;后者还将奥巴马的演讲置于反恐战争和美国打击该地区暴力极端主义政策的背景下。

尽管半岛电视台在整个地区对奥巴马的演讲进行了现场直播,但传统媒体格局中却出现了重要的国别差异。伊朗电视台或电台都没有转播演讲(尽管观众可以通过卫星频道观看),因此演讲是否覆盖到了该地区的关键受众存在疑问。[56]伊拉克电视台当天的主要报道是伊拉克反恐部队逮捕的三人死亡。奥巴马的开罗演讲在主要新闻频道上都有报道,但除了美国资助的自由之声(Al-Hurra)电视台和国家赞助的伊拉克(Al-Iraqiya)电视台外,演讲都没有完整播出,而且播出的内容都是对奥巴马演讲的批评。[57]美国还发现很难在网上说服普通民众。哈提卜(Khatib)、达顿(Dutton)和特尔沃尔(Thelwall)研究了美国国务院数字外联团队在2009年5月至12月期间的工作。[58]在奥巴马开罗演讲前后,这支由十名公务员组成的团队介入并参与了许多讲阿拉伯语的人使用的海外网络论坛。他们之间的互动为中东和北非的反应提供了一个有益视角。数字外联团队似乎招致了负面评论——嘲讽、敌意，以及反复出现的关于美国必须"采取行动，而不是光说不做"的实质性批评。阿拉伯网民发布了数字外联团队难以反驳的视觉图像。开罗演讲也成了阿拉伯网民心中失望的象征。简而言之，数字外联团队所能做的就是正面呈现白宫制定的对该地区的政策，而不是美国国务院制定的政策。

媒体对奥巴马开罗演讲的反应提出了以下问题：可以预期产生什么样的影响，以及由此来看公共外交的作用和目的是什么；传播在更为广泛的国际关系中的作用是什么。第一，演讲提出了什么才是价值的问题。战略叙事工作是一个传播伦理过程，在此过程中对话本身具有价值还是一个价值存在于可衡量的态度改变或可观察到的行为改变的过程？就前一章所述的说服光谱而言，狭隘的理性主义者会支持后者，但研究传播行为的学者则认为，对话本身会产生信任，而信任最终能为可衡量的态度或行为改变提供一个平台。[59]

第二，演讲对具有工具性的公共外交的透明度提出了质疑。这样看来，由公关主导的战略叙事工作极其有限，甚至是妄想的，因为海外受众及其领导人预料到了这些演讲背后的意图，并且已经形成了条件反射。面对这一困境，一些人认为，美国应该开展真正的对话，倾听和顾及他人的观点。[60]然而，政治传播中一个反复出现的问题就是倾听和顾及到底意味着什么。作为一个大国领导人，即使在开罗倾听了受众的意见，奥巴马也很难承认他愿意改变对该地区的外交政策。

第三，人们也许会问，大国身份是否阻碍了真正的对话？在美国仍以大国自居的情况下，美国所能开展的对话有限度吗？公共外交学者保罗·夏普（Paul Sharp）认为："奥巴马治下的美国外交仍然被一种越来越令人质疑的假设所框定，即美国重新开放对话，继续保持军事优势，并声称体现普世价值，这些普世价值将继续赋予美国全球领导地位。"[61]大国身份会使大国产生焦虑，这一点尤其体现在大国实现预期目标的过程中。[62]作为平等伙伴参与对话将意味着放弃或重新定义大国的角色和意义。

第四，也是最后一个问题，人们可能会问：公民社会会受邀加入吗？在国内政治中，网络参与吸引了边缘政治行为体（政党积极分子、知名博主),但却排除了普通公民,形成了一个"臃肿的"精英民主。[63] 活跃的博主和在国际关系领域运作的公民记者,是否被拉拢进了权力结构?为了辨别有影响力的用户,拥有实时意见监测工具和网络分析技术的公共外交团队是否正在占领相对自由的网络空间? 这将破坏美国关于互联网自由的更广泛的战略叙事。

总之,奥巴马开罗演讲的投射利用了 2009 年建立的信息基础设施。对其接收情况的考查清楚表明,在预期战略叙事如何发挥作用方面尚存一些未解决的张力。一方面,奥巴马的演讲提出了对话和接触的言辞、Web2.0 横向互动的承诺以及全球部分公众的真实愿望,即奥巴马的公共外交可能标志着美国外交政策一条新路径的到来。另一方面,美国设定的关系和接触平台无法掩盖美国与其受众之间的权力不对称,而且美国也没有成功渗透到阿拉伯主流电视媒体中。

作为一种工具,这种叙事没有明显的好处。从长远看,这种将叙事付诸实践的尝试是否有助于推动斯劳特和舒尔茨所说的培育基础,从而在十年或二十年后使态度发生转变,使中东和北非的受众更容易接受美国的战略叙事,这仍有待观察。

英国广播公司国际频道:创造和监测影响

英国广播公司国际频道的全球声誉总体反映了英国的国家声誉。[64] 它是与殖民历史联系在一起的机构,因此它既是受质疑的对象,也是许多前英国殖民地长期联系的对象。它渴望影响全球,因此体现了英国政府在国际事务中"试图发挥超越英国实力的作用"的言语。通过新闻报道,英国广播公司努力维护公正和客观的价值观,这产生了一个有吸引力的软实力维度,使英国广播公司受到海外舆论的好评。[65] 然而,作为一个机构,英国广播公司难免会显得偏颇,因为它是由英国政府资助,观众可以推断,英国只在服务于国家利益的情况下才会出资。事实上,从历史上看,英国广播公司国际频道一直是由英国外交部直接资助。虽然皇家特许状禁止外交和联邦事务部干涉国际频道的节目内容,但外交和联邦事务部可以决定加强或削减哪些外语服务。在 21 世纪的第一个十年,对阿拉伯语和其他具有重要战略意义的语言服务的资助往往都保留了下来。人们不可能不怀疑，这些决定与英国政府选择其战略叙事受众目标无关。2010年，政府宣布将通过收取每年的许可费来为国际频道提供资金。英国人必须支付许可费，才能合法接收英国广播公司的内容。国际频道只是英国广播公司全球新闻的一部分，从而使其与英国外交和联邦事务部的联系不那么明显。这意味着它必须以新的方式来展示其价值。然而，受战略叙事投射的影响，以及具备为海外受众制作内容并评估其影响的内部专业知识，英国广播公司国际频道仍然是战略叙事发展和试验的一个有趣的机构。

研究人员玛丽·吉莱斯皮（Marie Gillespie）和休·麦凯（Hugh Mackay）在2010—2012年间进驻英国广播公司国际频道，研究了该机构是如何理解效应和价值的。效应是针对受众而言，而不是对政治制度、社会变革、企业或商业产生影响。不过，英国广播公司的全球战略目标可谓雄心勃勃。它的目标是"满足特定受众的需求或增强英国推崇的价值观的影响力"，其中有一条就是"独立于政府的自由媒体"。[66] 它还希望创造全球"公共价值"——"公民、社会和文化利益"——包括全球公民身份。[67] 虽然效应是从效果、影响和接触来考虑，但在实践中，可以指触动、影响和与个人、社区甚至整个政治体系打交道。其中一些效果在短期内并不明显，但可能与其他部门相配合，如英国外交和联邦事务部与国际开发署（Department for International Development, DfID）相配合的海外政策干预，从而产生长期影响。英国广播公司国际频道必须努力达到的最引人注目的标准之一是促进"全球对话"。[68] 英国广播公司信托基金将全球对话定义为：

> 超越国际边界和文化分歧的有启发性和明智的对话；为世界各地创造、出版和分享其观点和故事提供机会；从而使人们能够理解日益复杂的区域和全球事件及其进展。[69]

对英国广播公司来说，这就产生了一个认识和知识的问题，也产生了一个界定的问题——什么是全球对话，多大程度的全球性才是全球性，对话是什么？它必须证明它正在产生这些效应，才能保留它所获得的资助。怎么做？对该机构九十年的受众研究创造了一套类似于某一学科的理论和模型，但在2010年前后出现了一种新范式：数字媒体为使用新的方式监测、衡量和评估英国广播公司国际频道节目安排和在线内容的影响提供了机遇。这些量化指标包括覆盖范围、接收英国广播公司国际频道内容的时间、推特关注者和转发量以及情绪的积极程度。这些指标可以得到实时评估,并在此基础上绘制接触网络图。奈吉尔·思里夫特所写的环境空间(见前文)可以被制成图表——思想、行动和影响的传播变得可视化或得到了加强。然而,这些指标并没有说明"互动的内容或意义,以及它们的定性维度"。[70]它并没有衡量出接触的质量,以及由此带来的后果。例如,它无法帮助英国广播公司国际频道理解人们如何与朋友、家人或同事谈论他们在该频道上听到的内容,也不能帮助英国广播公司国际频道了解如何使观众产生不同的想法。它无法确定英国广播公司节目所投射的叙事如何与观众持有的叙事相吻合。吉莱斯皮和麦凯的研究表明,要弄清效应的因果关系,需要进行定性研究。

　　按照思里夫特对当代经济的定义,效应还意味着在制作和消费两方面需要有创造性。在制作方面,到 20 世纪 90 年代中期,英国广播公司国际频道一直坚持说教性的文化变革理论,这主要是因为节目安排的目的是教育观众。例如,在由战后英国广播节目《弓箭手》(The Archers)改编的一部阿富汗广播肥皂剧中,一个年轻人能否举行婚礼取决于他养猪能否成功。这样的故事情节设计是为了教导二战后英国农村的观众如何自己养猪。到了 20 世纪 90 年代,阿富汗的农村人都在听一个年轻人试图养羊的故事。这位年轻的主人公经常因地雷而损失绵羊,但最终饲养成功并卖掉了足够的羊,向新娘的父亲交付了一笔聘礼。[71]同样的叙事,只是换到了不同的时间、空间和背景。在 21 世纪初,英国广播公司国际频道开始减少说教性的故事情节。取而代之的是,他们尝试了吉莱斯皮所说的"创造性联合",由驻伦敦的记者和那些在目标国家工作的记者共同制作节目。这包括伦敦的编辑们放弃对精确和精通的追求,给趣味性留出空间。消费端则包括创建平台,从而用户可以与来自其他社会和文化的人接触。因此,制作和消费不仅成为传播思想与外交和联邦事务部战略叙事的接触区域,而且更具有仪式意义的是其成为了建立关系和培育文化素养的接触区域。[72]

　　正如舒尔茨和斯劳特所说,这样的实践再次"奠定好了基础",创造了某些主体性、规范和期望。在说服光谱内,英国广播公司正在实践一种后结构主义的方法。英国广播公司可以把自己说成与新媒体生态的产物相一致，例如，互联网允许在宗教和政治领域传播权威的观念是横向、同行之间的传播，从而使个人能够从他们认为与其相似的人那里获得信息，而不是从遥远、传统的权威人物那里获取信息。[73]英国广播公司可以说，它正在为有机、新兴的机制创造蓬勃发展的空间，同时让受众接触到它的规范和价值观。

然而，英国广播公司国际频道试图通过创造性接触做得更多。根据思里夫特对于企业如何通过将生产和消费结合在一起来寻求创新的解释，该机构转向了一种让观众共同制作节目的实践形式。

接触区域："格林尼治710"

英国广播公司阿拉伯语频道创建于2007年。该台台长霍萨姆·索卡里（Hosam Sokkari）表示，该台的目的是改变英语和阿拉伯语媒体文化中的习惯性反应，在这些文化之间，经常引发猜疑和责备的言辞。正如他所说，该频道的作用是"冲破英国和阿拉伯媒体领域之间的固有屏障，促进英国和中东之间进行高质量与公正的辩论"。[74]这样的任务之所以艰难，原因在于语言媒体空间不太容易与地理空间吻合。超过50%的英国广播公司外语频道的用户散居国外，并不居住在出生的国家和地区。[75]外交政策制定者努力设计和传递战略叙事，在他们看来，受众并不在他们应该在的地方，但是针对分布在不同地域的叙事他们会创建不同类型的对话。例如，那些居住在伦敦、墨尔本或芝加哥的人们时而充当调解人，时而充当啦啦队长，但肯定会打开跨越国界和跨文化交流的非习惯性模式。英国广播公司阿拉伯语频道在推动这一模式方面具有优势地位。

作为一项创造接触和跨文化效应的实验，英国广播公司阿拉伯语频道于2010年3月4日推出了一个名叫"格林尼治710"（Greenwich 710）的节目。在这个节目中，观众有机会参与其内容和制作。"格林尼治710"是一个每周播出一次的政治脱口秀节目，时长50分钟，于周四晚上格林尼治标准时间7:10（未选用19:10）在中东和阿拉伯国家卫星电视上播出。具体而言，它由三个团队制作：英国广播公司的阿拉伯语制作人、制作志愿者"produsers"，即在英国广播公司制作人授予的空间内进行定期制作活动的用户，以及通过"格林尼治710"网站和脸书等平台参与的普通观众。英国广播公司鼓励制作志愿者将自己视为节目的"公民"——"格林尼治710共和国公民"。[76]这种做法类似于采用后结构主义、深层（thick）的说服方法，因为它创造和构建了鼓励观众接受和发表观点的主体地位。当被要求描述这个复杂制作过程是如何开展的，霍萨姆·索卡里画了一个沙漏图形。节目主持人和粉丝会就节目及其可能邀请的嘉宾与存在的问题提出大量建议。这些建议和问题渗入了沙漏狭窄的中部，在这里，英国广播公司的阿拉伯语制作人强加了一些编辑经验，并设法确保英国广播公司的新闻精神不会因任何选择而受到损害；然后，节目会再次传播给制作志愿者和更广泛的粉丝群。索卡里招募成立了一个他所称的智者委员会，委员都是埃及著名的社交媒体活动人士，他们在脸书的一个封闭群里开会，讨论节目内容和议程，商讨如何在阿拉伯语社交媒体空间推广节目，以及节目的对话如何扩展到官方网站之外，编辑队伍也因此得到了加强。

"格林尼治710"是否创造了一个全球性对话——或者至少是一个地区性对话？它如何成功利用新媒体生态来帮助人们参与对话？"格林尼治710"播出六周后被封停。英国广播公司全球频道电台的收听人数是以百万计的，而该节目的收看人数是以千计的。该节目的内容令埃及政府感到不安——知名的持不同政见者得到了一个平台，埃及的政治进程遭到了讽刺。[77]"格林尼治710"也未能满足对全球性或对话的预期：用户绝大多数是埃及人，互动有时是充满敌意和性别化的。"格林尼治710"的网上社区上演着阿拉伯国家之间的政治紧张关系。然而，在这短短的一段时间内，出现了一些有趣的进展。制作志愿者和粉丝在脸书上接触并参与到对新闻的公正性和可靠性的辩论中，这就是一个明显的说教过程。节目必须符合英国广播公司的标准，因此参与者了解到这在实践中意味着什么，并有机会就这些标准所体现的规范和价值进行辩论。这个节目也使在该地区被认为是私密的很多内容出现在公共场合得到合法化。由于制作人志愿者和粉丝可以调整所问的问题，这意味着政治人物遇到的问题是在虚拟论坛上提出的，但很少通过直播的场合提出。

关于"格林尼治710"，有一个不同寻常且意义重大的背景故事：智者委员会成为后续抗议事态的关键人物。吉莱斯皮指出，"格林尼治710"的数字化、网络化形式和意识形态内容"预示了一年后埃及的抗议活动，并与之相关联"。她写道：

> "格林尼治710"以有趣的方式预示了导致穆巴拉克辞职的事件，以及数字设备和数据在这些事件中的体现方式……穆巴拉克的倒台……节目被封停之后——"格林尼治710"已经停播了一段时间，数字网络被重新激活。例如，霍萨姆和其他"格林尼治710"成员开始提出埃及军队在革命期间甚至革命之前实施酷刑的问题。[78]

英国广播公司国际频道在公共外交方面的实验以何种方式指出了全球秩序的改变？回顾一下，在第三章中，我们认为秩序变得有意义和叙事化的方式正在发生变化，因为新的媒体生态增加了投稿人的数量和对所投射的叙事范围的贡献。同样，美国对利用"人"的重视和英国广播电视公司国际频道"全球对话"的概念似乎遵循了同样的逻辑，并在推动这一发展方向。这些多平台现象创造了新的模式、新的过程和新的接触和交易类型，从中战略叙事及其分散的原材料可以在普通人之间进行投射和交流。[79]然而，美英两国的倡议都是按照它们各自的条件，而不是受众的条件提出的。因此，在赋予用户权力和监测用户之间存在着一种取舍，需要认识到构建新的主体性是为了通过原动力实践来行使行为权力。权威、控制、创造力和风格方面也存在矛盾。英国广播公司希望开展自发的跨文化对话，但在选择和翻译观众评论方面存在繁琐的审核程序，因此它的论坛与其说是对话的空间，倒不如说是一块公共屏幕，仅供人们浏览孤立的言论。[80]

透明度和媒体素养的提高可能会产生与参与度同样多的愤世情绪。一个更有媒体素养、跨领域的海外受众群体可能会孕育无限的潜力，成为一个潜在的未来支持者的储备库。然而，观众可能会认为他们看到的参与节目原本就是说服观众的工具。因此，美国数字外联小组发现，阿拉伯国家对奥巴马开罗讲话的反应是呼吁采取行动，而不是口头的空谈：接触并不意味着政策的改变。战略叙事的投射是一项困难、有风险的事业，因为受众在接收和解读这些叙事时，会参照他们对该国在历史上、今天和可预见的未来的对外政策的认知。虽然国家各部门和全国性广播公司的直接目标是接触到受众,塑造对战略叙事的长期认同,使这些受众"生活在特定国家叙事所投射的……身份体验中",并按习得的身份思考和行动,这将是一个艰难而令人担忧的过程。[81] 然而,这种贾尼丝·比亚利-马特恩所称的"语言力"(language power)以及我们还要添加的基础设施的创建实践,同样难以避免,因为这就是国际秩序可能形成的方式。[82]

结 论

公司是公共传播空间的主要创造者,因此国际关系与经济领域不断变化的形式紧密联系在一起。人们必须认识到,国际关系是发生在经济领域不断变化的形式当中的。当代资本主义的特点是鼓励和利用持续的流动性、创造性和不确定性。令人习以为常的是,那些从事战略叙事工作,如国家各部门和全国性广播机构也在这样做,而且这种趋势一定会持续下去。自相矛盾的是,政策制定者必须接受这些空间表面上的变化和兴起,因为这是实现控制的唯一途径。近些年来,政治领导人似乎已经意识到国际关系中的传播存在多重不确定性。这些不确定性包括如何与多元受众沟通,如何在混乱和控制之间寻求平衡来保持信誉,如何实施长期的传播行为,甚至如何使用后结构主义的方法来达到工具性的战略目标。

若要控制传播过程,一种方法是塑造说服和身份形成的基础设施,并找到受众认为有吸引力的方式。像英国广播公司国际频道这样的公共外交组织正在尝试这些形式。在战略叙事的制作端,他们雇用了散居海外的知识分子和当地的制片人。在消费或接收端,他们创造的空间和内容可能看上去不会那么具有政治色彩,受众可能希望在娱乐的同时获得政治信息。"格林尼治710"就综合了这些因素,让受众参与节目的设计和制作,传播公共文明规范和新闻标准。公共外交实践的目的是为了培育基础。值得注意的是,无论是像奈杰尔·思里夫特这样的网络空间理论家,还是像安妮-玛丽·斯劳特这样的政治领导人和国际关系专家,都在借用自然隐喻来表达培养受众的必要性。[83]具体任务则是构建主体性、素养和关系。"格林尼治710"确实培育了一个推动政治变革的网络。它成为了一个支持民主、支持媒体自由的战略叙事可以蓬勃发展的空间,并扩大了这个叙事可以蓬勃发展的网络。我们需要以反思性和后结构主义的方法来研究在人们参与这些空间、对话和倡议的过程中,他们的国际关系体验是如何变化的。接触使受众能够通过投射的叙事来体验国际事务,这是一项重要任务。

必须承认,在海外培养长期的支持并不是国际关系的全部。这是本章的重点,但也有必要为特定的条约或干预措施培育短期的支持,并将目标对象指向海外精英和公众。国家公共外交机构因事件类型、过程和目标的不同制定不同的传播战略。无论活动是事先安排的与否,是国内的还是国际的,都可以培养或利用不同的关系和不同的接触模式。有时受众可能是有意参与,有时受众可能是在不知情的情况下被利用。如果要对这一系列的结构性场景进行比较分析,案例研究是必需的。我们在完成本书之后将着手开展这项任务,并将成果编辑成册。[84]

(杨悦　译)

注释

1. Felix Berenskoetter, "Parameters of a National Biography," European Journal of International Relations (2012). 文 章 网 络 首 发, 16 October, DOI: 10. 1177/ 1354066112445290:20。

2. Berenskoetter, "Parameters of a National Biography," 21.

3. Geoffrey C. Bowker and Susan Leigh Star, Sorting Things Out: Classification and its Consequences(Cambridge, MA: MIT Press, 1999).

4. Geoffrey C. Bowker et al., "Toward Information Infrastructure Studies: Ways of Knowing in a Networked Environment," in International Handbook of Internet Research, edited by Jeremy Husinger, Lisbeth Klastrup, and Matthew Allen(Heidelberg, Germany: Springer, 2010).

5. Barack Obama, "Remarks by the President on Securing Our Nation's Cyber Infrastructure"(The White House, Office of the Press Secretary, May 29, 2009), accessed August 29, 2012, http://www. whitehouse. gov/the-press-office/remarks-presidentsecuring-our-nations-cyber-infrastructure; Neelie Kroes, "Working Together to Protect Cyber Security," in Telecom Ministerial Conference on Critical Information Infrastructure Protection(Balatonfüred, Hungary, April 15, 2011), accessed July 15, 2013, ht-

tp://europa.eu/rapid/press-release_SPEECH-11275_en.htm.

6. Michel Callon, "Some Elements of a Sociology of Translation: Domestication of the Scallops and the Fishermen of St Brieuc Bay," in Power, Action and Belief: A New Sociology of Knowledge, edited by John Law (London: Routledge and Kegan Paul, 1986); Stewart R. Clegg, Frameworks of Power (London: Sage, 1989), 88; Robert A. Dahl, "The Concept of Power," Behavioral Science 2, no.3(1957):204; Bruno Latour, "Visualisation and Cognition: Thinking With Hands and Eyes," Knowledge and Society 6(1987):1—40; Nikolas Rose, "Governing 'Advanced' Liberal Democracies," in Foucault and Political Reason: Liberalism, Neo-Liberalism, and Rationalities of Government, edited by Andrew Barry, Thomas Osborne, and Nikolas Rose(London: UCL, 1996); Nikolas Rose and Peter Miller, "Political Power beyond the State: Problematics of Government," British Journal of Sociology 61(1992):271—303.

7. Michael Mann, The Sources of Social Power, Vol.2A: A History of Power from the Beginning to AD 1760(Cambridge: Cambridge University Press, 1986).

8. Walter Ong, Orality and Literacy: The Technologizing of the Word (London: Routledge, 1988).

9. James Gleick, The Information: A History, a Theory, a Flood(London: Fourth Estate, 2011), 31.

10. Marsall McLuhan, Understanding Media: The Extensions of Man (London: Routledge & Kegan Paul, 1964); Steven Livingston, "The CNN Effect Reconsidered (Again):Problematizing ICT and Global Governance in the CNN Effect Research Agenda," Media, War & Conflict 4, no.1(2011):20—36; James N. Rosenau, Distant Proximities: Dynamics beyond Globalization (Princeton, NJ: Princeton University Press, 2003); John Tomlinson, "Global Immediacy," in Cultural Politics in a Global Age: Uncertainty, Solidarity and Innovation, edited by David Held and Henrietta L. Moore(Oxford: Oneworld, 2008).

11. Benedict Anderson, Imagined Communities(rev. ed.)(London: Verso, 1991); Jürgen Habermas, The Structural Transformation of the Public Sphere: An Inquiry into a Category of Bourgeois Society (Cambridge, MA: MIT Press, 1989); Walter Lippmann, The Phantom Public(New Brunswick and London: Transaction, 2002); Michael Mann, The Sources of Social Power, Vol.2: The Rise of Classes and Nation-States, 1760—1914(Cambridge: Cambridge University Press, 1993); Mark Thompson, "Delivering Public Value: The BBC and Public Sector Reform," Smith Institute Media Lecture, Westminster, London, October 11, 2006, accessed September 4, 2012, http://www.bbc.co.uk/pressoffice/speeches/stories/thompson_smith.shtml.

12. 有关信息基础设施对政治现象的影响,现有一些实证研究,但对于每个研究领域而言,研究成果较少,且少有交叉。现有研究成果如下:有关网络安全,参见 David Barnard-Wills and Debi Ashenden, "Securing Virtual Space: Cyber War, Cyber Terror, and Risk," Space and Culture 15, no.2(2012):110—23; Mary M. Manjikian, "From Global Village to Virtual Battlespace: The Colonizing of the Internet and the Extension of Realpolitik," International Studies Quarterly 54, no.2(2010):381—401。有关恐怖主义和激进化,参见 Akil N. Awan, Andrew Hoskins, and Ben O'Loughlin, Radicalisation and Media: Connectivity and Terrorism in the New Media Ecology (London: Routledge, 2011); Andrew Hoskins and Ben O'Loughlin, War and Media: The Emergence of Diffused War(Cambridge, Polity: 2010)。有关公民身份和民主,参见 Bruce Bimber, "The

Study of Information Technology and Civic Engagement," Political Communication 17, no.4(2000):329—33; Bruce Bimber, Information and American Democracy: Technology in the Evolution of Political Power(Cambridge: Cambridge University Press, 2003); Philip N. Howard, The Digital Origins of Dictatorship and Democracy: Information Technology and Political Islam(New York and Oxford: Oxford University Press, 2010)。有关帝国主义参见 Linda Main, "The Global Information Infrastructure: Empowerment or Imperialism?" Third World Quarterly 22, no.1(2001):83—97。

13. Tim Wu, The Master Switch: The Rise and Fall of Information Empires(London: Atlantic Books, 2010).

14. Daniel R. McCarthy, "Open Networks and the Open Door: American Foreign Policy and the Narration of the Internet," Foreign Policy Analysis 7, no.1(2011):89—111.

15. McCarthy, "Open Networks and the Open Door," 104.

16. Evgeny Morozov, The Net Delusion: How Not to Liberate the World (New York: Penguin, 2011); McCarthy, "Open Networks and the Open Door"; Edward Comor and Hamilton Bean, "America's 'Engagement' Delusion: Critiquing a Public Diplomacy Consensus," International Communication Gazette 74, no.3(2012).

17. Comor and Bean, "America's 'Engagement' Delusion."

18. Jan Melissen, The New Public Diplomacy(Basingstoke: Palgrave, 2007), xvii.

19. Paul Sharp, Diplomatic Theory of International Relations (Cambridge: Cambridge University Press, 2009), 269.

20. Ben O'Loughlin, "How the US Is Slowly Cultivating the Conditions for a Renewed International Order," Global Policy, May 31, 2012, accessed August 29, 2012, http://www. globalpolicyjournal. com/blog/31/05/2012/how-us-slowly-cultivatingconditions-renewed-international-order-0.

21. Robert D. Putnam, "Diplomacy and Domestic Politics: The Logic of Two-Level Games," International Organization 42, no.3(1988).

22. George P. Schultz, "Diplomacy in the Information Age," paper presented at the Conference on Virtual Diplomacy, U.S. Institute of Peace, Washington, DC, April 1, 1997.

23. 吉莱斯皮主持了三年的艺术与人文研究委员会资助的项目,项目名称为"Tuning In: Diasporic Contact Zones at BBCWS";参见 http://www.open.ac.uk/socialsciences/diasporas/。项目号:AH/ES58693/1。开放大学社会文化变迁研究中心(经济和社会研究委员会资助)负责项目的执行(参见 www.cresc.ac.uk)。奥洛林与吉莱斯皮合作开展对英国广播公司、社交媒体和 2012 年奥运会的研究(参见 http://newpolcom.rhul.ac.uk/npcu-blog/2012/9/4/newproject-the-olympics-twitter-and-the-bbc.html)。

24. Nigel Thrift, "The Insubstantial Pageant: Producing an Untoward Land," Cultural Geographies 19, no.2(2012):161.

25. Thrift, "The Insubstantial Pageant," 141.

26. Thrift, "The Insubstantial Pageant," 156.

27. Thrift, "The Insubstantial Pageant," 155.

28. Victor K. Fung, William K. Fung, and Yoram R. Wind, Competing in a Flat World: Building Enterprises in a Borderless World(Upper Saddle River, NJ: Prentice Hall, 2007).

29. Thrift, "The Insubstantial Pageant," 146.

30. Thrift，"The Insubstantial Pageant," 146.

31. Brian Massumi, "National Enterprise Emergency Steps Toward an Ecology of Powers," Theory, Culture & Society 26, no.6(2009):167.

32. Thrift, "The Insubstantial Pageant," 155.

33. Thrift, "The Insubstantial Pageant," 156—57.

34. Mina Al-Lami, Andrew Hoskins, and Ben O'Loughlin, "Mobilisation and Violence in the New Media Ecology: The Dua Khalil Aswad and Camilia Shehata Cases," Critical Studies on Terrorism 5, no.2(2012):237—56.

35. 通过这些术语开展的战略叙事研究有助于人们理解约翰·汤姆林森提出的"复合联通"(complex connectivity)。"复合联通"是对正在兴起的媒介化的更为宽泛的学理和实证阐释的一部分。有关"复合联通"参见 John Tomlinson, Globalization and Culture (Chicago: University of Chicago Press, 1999)。有关媒介化参见: Knut Lundby, ed., The Mediatization of Communication(Berlin: De Gruyter Mouton, forthcoming)。

36. David L. Altheide and Robert P. Snow, Media Logic(London: Sage, 1979);有关其应用参见 Andrew Hoskins and Ben O'Loughlin, "Security Journalism and 'The Mainstream' in Britain since 7/7: Translating Terror but Inciting Violence?" International Affairs 86, no.4(2010):103; Andrew Chadwick, The Hybrid Media System: Power and Politics(Oxford: Oxford University Press, 2013)。

37. Hoskins and O'Loughlin, "Security Journalism."

38. John Urry, "The Complexity Turn," Theory, Culture, and Society 22, no.5 (2005):3.

39. Pippa Norris and Ronald Inglehart, Cosmopolitan Communications(Cambridge: Cambridge University Press, 2009).

40. Robert L. Handley and Lou Rutigliano, "Journalistic Field Wars: Defending and Attacking the National Narrative in a Diversifying Journalistic Field," Media, Culture & Society 34, no.6(2012).

41. Chadwick, The Hybrid Media System.

42. Hoskins and O'Loughlin, "Security Journalism"; Brian Massumi, "Fear(The Spectrum Said)," Positions: East Asia Cultures Critique 13, no.1(2005):31—48; Massumi, "National Enterprise Emergency."

43. Barack Obama, "A New Beginning", Cairo University, Cairo, Egypt, June 4, 2009, accessed August 29, 2012, http://www.whitehouse.gov/the_press_office/Remarks-by-thePresident-at-Cairo-University-6-04-09.

44. Philip Elliot, "White House Relays Obama's Cairo Message to Web," ABC News, June 4, 2009, story no longer available online.

45. David Bromwich, "Advice to the Prince," New York Review of Books 56 (2009):12, accessed August 29, 2012, http://www.nybooks.com/articles/archives/2009/jul/16/adviceto-the-prince/.

46. Obama, "A New Beginning."

47. Obama, "A New Beginning."

48. Bruno Latour, "What If We Talked Politics a Little?" Contemporary Political Theory 2, no.2(2003):143.

49. ABC News, "White House Relays Obama's Cairo Message to Web."

50. Sharp, Diplomatic Theory of International Relations, 270.

51. BBC News, "Iran Marks Ayatolla Khomeini Anniversary," June 4, 2009, ac-

cessed May 23, 2013, http://news.bbc.co.uk/2/hi/8082386.stm.

52. BBC News, "Iran Marks Ayatolla Khomeini Anniversary."

53. 引自 Laura Haim, "Interview of the President," Canal Plus, June 1, 2009, accessed May 23, 2013, http://www.whitehouse.gov/the-press-office/transcript-interviewpresident-laura-haim-canal-plus-6-1-09.

54. Ibid.

55. Thomas L. Friedman, "Obama on Obama," New York Times, June 3, 2009, accessed May 22, 2013, http://www.nytimes.com/2009/06/03/opinion/03friedman.html?_r=0; James Traub, "Obama Realism May Not Play Well in Cairo Streets," New York Times, May 30, 2009, accessed May 22, 2013, http://www.nytimes.com/2009/05/31/weekinreview/31traub.html.

56. "Obama Speech Gets Solid Reaction World-Wide," Wall Street Journal, June 4, 2009, accessed September 1, 2012, http://online.wsj.com/article/SB124412266343885095.html.

57. "Iraq TV: Obama in Cairo, Dog Eaten Corpses," Iraq Slogger, June 4, 2009, accessed September 4, 2012, http://iraqslogger.powweb.com/index.php/post/7742?PHPSESSID=86b6121176d9268d5067ebce23e8a267.

58. Lina Khatib, William Dutton, and Michael Thelwall, "Public Diplomacy 2.0: An Exploratory Case Study of the US Digital Outreach Team," Middle East Journal 2 (2011).

59. Craig Hayden, The Rhetoric of Soft Power: Public Diplomacy in Global Contexts(Lanham, MD: Lexington Books, 2012); Marc Lynch, "Why Engage? China and the Logic of Communicative Engagement," European Journal of International Relations 8, no.2(2002):187—230.

60. Comor and Bean, "America's 'Engagement' Delusion."

61. Paul Sharp, "Obama, Clinton and the Diplomacy of Change," The Hague Journal of Diplomacy 6, no.3—4(2011):393.

62. Brent J. Steele, "The Limit(ation)s of International Society?" In Maritime Piracy and the Construction of Global Governance, edited by Michael Streutt, Jon D. Carlson, and Mark Nance(Abingdon, UK: Routledge, 2012).

63. Aeron Davis, "New Media and Fat Democracy: The Paradox of Online Participation," New Media & Society 12, no.5(2010):745—61.

64. Ben O'Loughlin, "New Deal for BBC World Service Weakens Britain's Soft Power?" The Duck of Minerva, June 26, 2011, accessed May 23, 2013, http://duckofminerva.blogspot.co.uk/2011/06/new-deal-for-bbc-world-serviceweakens.html.

65. Foreign and Commonwealth Office, Public Diplomacy Review(London, December 2005), accessed September 1, 2012, http://www.britishcouncil.org/home-carter-report.

66. BBC Trust, "The BBC's Global Strategy: An Overview from the Executive," February, 2011, accessed September 1, 2012, http://www.bbc.co.uk/bbctrust/assets/files/pdf/review_report_research/strategic_review/global_strategy.txt.

67. Thompson, "Delivering Public Value."

68. Marie Gillespie. "BBC Arabic, Social Media and Citizen Production: An Experiment in Digital Democracy before the Arab Spring," Theory, Culture and Society 30, no.4(2013, forthcoming), doi: 10.1177/0263276413482382; Hugh Mackay and Jingrong

Tong，"Interactivity, the Global Conversation and World Service Research: Digital China," Participations: Journal of Audience and Reception Studies 8, no.1(2011):48—74, accessed September 1, 2012, http://www.participations.org/Volume%208/Issue%201/PDF/mackay.pdf.

69. BBC Trust，"Operating Agreement: BBC World Service," June, 2007, accessed September 1, 2012, http://www.bbc.co.uk/bbctrust/assets/files/pdf/regulatory_framework/other_activities/world_service_op_agreement.txt.

70. "Understanding Impact," Report for the BBC World Service, 2012, para 9.8, accessed November 4, 2012, http://www8.open.ac.uk/researchprojects/diasporas/news/publicpolicy-fellowship-at-the-bbc-world-service.

71. Andrew Skuse, Marie Gillespie, and Gerry Power, eds., Drama for Development: Cultural Translation and Social Change(London: Sage, 2011).

72. Skuse, Gillespie, and Power, Drama for Development.

73. Bryan S. Turner, "Religious Authority and the New Media," Theory, Culture & Society 24, no.2(2007):117—34.

74. Gillespie, "BBC Arabic, Social Media and Citizen Production," 6.

75. Matilda Andersson, Marie Gillespie, and Hugh Mackay, "Mapping Digital Diasporas @ BBC World Service: Users and Uses of the Persian and Arabic Websites," Middle East Journal of Culture and Communication 3, no.2(2010):256—78.

76. Gillespie, "BBC Arabic, Social Media and Citizen Production," 11.

77. Gillespie, "BBC Arabic, Social Media and Citizen Production."

78. Gillespie, "BBC Arabic, Social Media and Citizen Production."

79. Gillespie, "BBC Arabic, Social Media and Citizen Production."

80. Marie Gillespie, David Herbert, and Matilda Andersson, "The Mumbai Attacks and Diasporic Nationalism: BBC World Service Online Forums as Conflict, Contact and Comfort Zones," South Asian Diaspora 2, no.1(2010):109—29.

81. Janice Bially Mattern, Ordering International Politics: Identity, Crisis, and Representational Force(Abingdon, UK: Routledge, 2005), 14.

82. Bially Mattern, Ordering International Politics.

83. Schultz, "Diplomacy in the Information Age."

84. Alister Miskimmon, Ben O'Loughlin, and Laura Roselle, eds., Forging the World: Strategic Narratives and International Relations(Ann Arbor: University of Michigan Press, forthcoming).

第六章

结　语

前瞻未来

　　政治行为体通过战略叙事，建构国际关系过去、现在和未来的共有意义，从而影响国内外行为体的观念和行为。在本书中，我们分析的多个案例表明，行为体通过精心设计和投射战略叙事，给国际事务赋予某种特殊的意义，以此获得有利的战略条件。例如，凯南和尼茨通过创建冷战叙事为他们倡导的外交政策获得了合法性，而这些政策催生了一个新的国际体系；还有一些国家、国际组织、恐怖组织和激进分子试图给经济危机、环境变化、战争和冲突赋予意义。在所有这些案例中，战略叙事都对政策变化起了重要作用。研究难点在于弄清战略叙事是如何又是何时发挥作用的。我们提出的研究路径有助于解释决定战略叙事如何且何时发挥作用的制约因素和条件。

　　如果我们要解释国际关系中的一些主要进程，就必须重视我们关于世界的表述，以及我们看待自己的方式。对参与这些主要进程的行为体来说，叙事是它们在体验、理解和沟通时不可或缺的。人在叙事中思考，又通过讲述故事理解周围的世界。叙事将事件编织起来，建构过去、现在和可能的未来。叙事将行为体和它们的特点呈现出来，创建对它们应该扮演什么角色的预期，给事件发生的情境和背景赋予意义，将事件组织成情节，同时排挤或压制其他看待事件的方式。对处于国际体系中的行为体而言，叙事是其身份和行为的核心，是体系自身结构的重要组成部分，对不同观念、议题和政策如何竞争也至关重要。

　　正是因为叙事为国际关系赋予意义，行为体会努力战略性地运用叙事。在战略沟通、印象管理、传递外交信号和公共外交活动中，都投放了大量的努力和资源。这些努力的背后有一些潜在的假设、概念和通常很难付诸实践的沟通模式。我们的战略叙事研究揭示了决策者和专业传播人士为了在国际关系中制造某种效应,在设计战略时必须加以考虑的因素。这包括将战略叙事的塑造、投射和接收与叙事引发的互动及反馈回路融为一体,还包括确定战略目标处于说服光谱的哪个维度:目标只是为了让对手掉入修辞陷阱而签订协议,还是有更长远的雄心,想改变对手理解自我身份及其在国际体系中所处地位的方式?此外,还包括某个叙事在各种不同媒体生态中会遭到怎样的竞争。无论是叙事内容,还是叙事的塑造、投射和接收过程都可能面临竞争。我们希望叙事竞争的多个维度可以清楚地表明通过设计和运用战略叙事给国际关系带来改变的难度。尽管如此,政治领导人只能努力争取,别无选择。

除此之外,我们还表明一种新的媒体生态环境既能影响战略叙事的运用,也会受到战略叙事的影响。新科技的出现和信息传播者人数的增加改变了体系的动态以及身份和议题叙事。如今,领导人对媒体内容传播的掌控能力减弱,因为媒体来源激增,且信息通过互联网、智能手机及其他新媒体传播的速度更快。尤其是非精英媒体和非政府渠道对媒体报道和关于国际关系的广泛叙事有了更多施加影响的机会。这一点非常重要,因为我们知道一个国家的新闻媒体通常更关注与自己国家相关的内容。[1]我们也知道包括博客、社交媒体空间在内的非精英媒体以及非政府性的个体信息源会提供非主流叙事。我们应该把叙事视为多面性、非线性、范围广泛的建构。这也是卡斯特尔在其关于传播、权力及国际关系领域范围的著作中提出的见解。

在第二章中,我们重点讨论了战略叙事中描述的行为体以及行为体对战略叙事的运用。例如,对国际体系的叙事会清晰阐述谁是世界格局中的重要行为体,这些行为体有哪些特征,它们发挥着什么样的作用。由此,大国、正常国家、崛起国、“流氓国家”都有预期的行为方式,它们的行动在一定程度上是由这些预期决定的。大国不仅要在行动上达到预期,还要能够提供关于世界秩序的令人信服的叙事。这意味着“言行不一”是会有问题的。[2]必须说到做到。如果叙事中说到要同心协力,就是在作出承诺。这样的言语相当于一个具体行为,要求行为体必须作出某种行为，否则就要被贴上"伪君子"的标签。

不过，战略叙事不只是在建构或约束国际行为中起主导作用，政治行为体会努力利用战略叙事。我们对国家利益的理解与尤塔·维尔德茨（Jutta Weldes）一致，认为它是由"共有意义"建构的，"世界，尤其是国际体系以及各国在体系中的位置，是通过共有意义理解的"，换言之，是通过叙事理解的。[3]在一定程度上，这些叙事是战略性建构的，因为政治行为体会力推它们自己偏好的叙事。此外，行为体选择特定叙事是因为这样的叙事支持它们偏好的政策，或者赋予政策合法性，这些叙事又会架构未来的决策和/或偏好。

第三章主要分析叙事如何影响我们对国际秩序的理解。2011年利比亚危机的案例说明了各国如何讲述正在发生的事件，并努力阐明它们各自作出的回应。法国和英国在通过外交努力促成禁飞区设立中发挥了带头作用，它们之所以能成功，主要基于两国关于危机的战略叙事努力，该叙事后来在联合国得到了国际支持。这一战略叙事的核心是对国际秩序的一些构想，包括主权的本质，强国在"保护的责任"原则下保证公民安全的责任，以及多边国际机构在维护秩序中应发挥的作用。通过激发美国的全球领导意识，呼应美国之前对欧洲地区的危机参与，法英两国得以为联合国1973号决议争取到足够的支持。此外，法英联合战略叙事强调该危机对利比亚公民造成了严重威胁，这也有助于获得对联合国1973号决议的支持，并确保了中国、德国、俄罗斯三个持保留态度的国家投了弃权票。如奥福德评论的那样，自20世纪90年代以来，对西方国家参与危机处理采用英雄式叙事已经在军事干预议题的讨论中占据了主导地位。[4]事实证明，以此种叙事为基础的英法外交对确保禁飞区的实行，促成奥巴马总统支持该决策成效显著。该案例表明，英法通过将法律、合作、主权等国际关系的组成内容叙事化而实现了它们眼前的利益，这种方式也有助于就国际秩序应该如何运行的问题达成更广泛的理解。

利比亚的例子简明清楚地证明了第四章的主要论点。我们提出的问题是，当叙事发生冲突时会发生什么情况，什么才算成功或胜利。学者们从不同的理论角度讨论了各种不同形式的竞争。竞争可能涉及短期性的议题框定，一国将另外一国限定在一个特定议题中，比如法英两国对利比亚危机的框定就是为了激起美国的行为反应。然而,竞争也可以涉及长期性的话语转换,有些行为体寻求重新定义理解和实践国际关系的核心词汇,它们会有目的性地推动话语转换。第四章提供了两种分析框架,可以帮助理顺这些进程。其一,根据分析者寻求解释的互动和权力关系类型,说服可以从浅层或者深层两种不同角度进行研究。在理想状态下,分析者可以分析浅层和深层两种进程如何相互影响,有些研究已经取得了相应成果。其二,我们可以考查竞争针对的是叙事的哪个方面。我们提出,无论是叙事内容还是其形成、投射和接收过程,都可能面临对手的竞争。通过20世纪后半期的三个叙事实例,我们对这两种分析框架的某些方面都作出了阐释:在以色列与其邻国发生冲突时,出现了叙事竞争;20世纪60年代到70年代,当大多数国家及其公民从支持捕鲸转变为反对捕鲸时涉及了叙事工作;还有就是关于伊朗核项目的叙事竞争。捕鲸案例中反捕鲸活动人士取得了长期性的叙事成功,世界各国及公众都开始以新的叙事诠释捕鲸问题,带来了重要的政策转变。而伊朗能够破坏关于其核项目的共有叙事形成也算是一种成功,至今为止和谈仍在进行,其核项目也没有被终止。这些案例表明,不存在叙事成功的模板或模式。

第五章探讨了国家如何寻求掌控新媒体生态,以培育乐于接受其战略叙事的海外观众。有观点认为,我们正进行着一场新型游戏。随着参与媒体和传播力量的扩散,“人民”被卷入国际关系中,成为各方想要取悦的行为体,需要充分了解他们的观点,需要管控他们的施动性。我们认为,政府正在运用一种双轨战略。首先,它们必须在当今的媒体生态内赢得辩论,对观众形成叙事牵动,确保它们的叙事在国内和跨国公共范围内有可信度高的人物接棒传递。其次,国家之间还必须相互竞争,以影响这些媒体生态本身的基础设施,因为这些基础设施会倾向某些声音和某些传播方式。由此,对基础设施的影响决定着支持者或反对者能否在叙事斗争中表达自己的观点。美国提出了可以在两条轨道上都能畅行的网络自由议题。网络自由是在有关自由的媒体生态中传播的叙事。然而,它也能使影响媒体生态的努力合法化、合理化,使更多声音能支持以自由为议题的叙事。美国以外的其他国家,也在忙于这个双轨游戏。两个层面或轨道都可以呈现问题,可以通过不同的传播和说服理论来理解。这些媒体空间是传播力发挥作用和战略叙事竞争进行的关键场所，但是各种关系在此空间的展开方式会带来一些概念性、方法性和规范性方面的难题。例如，我们所说的"人民"或"观众"具体指的是什么本身就存在争议；我们很难在经验层面衡量或展现影响力是如何在这些空间发挥作用的；质疑者也完全有理由发问，国家关于参与和倾听的说辞是否真有可能对其外交决策产生实质性影响。

本书贡献

我们提出的战略叙事理论可以为国际关系中的许多进程提供解释。[5]战略叙事建构并塑造对国际体系性质和运行的预期，其中包括行为体对体系结构和极化的理解。行为体也会认同对国家类别的划分，并设法通过社会化过程让其他国家也接受这些身份认同；对某种类型国家（如大国和流氓国家）的行为预期是通过话语建构的。此外，对协作、合作、一体化的需求及可能性，对崛起国和守成国、威胁、敌人及盟友的预测，以及对利益的认定，所有这些都与叙事建构相关。对于外交政策而言，战略叙事至关重要，无论是政策议程的确立，对政策选择和偏好的理解，联盟的形成还是政策的合法性都是如此。

将战略叙事作为研究重点还可以解决一系列研究中的许多关键问题：

国关体系理论和权力转移理论：战略叙事考查行为体如何理解权力转移，由此触及了国关体系理论和权力转移理论。硬实力大小，甚至是构成国际体系的行为体都会发生变化，但是新的秩序必定是由叙事建构的。事实上，我们所生活的世界到处充斥着围绕新秩序的竞争。通过战略叙事的视角，我们可以研究新秩序是如何建构的，为什么这个建构过程是一个挑战。需要再次重申，我们仍然认为硬实力很重要，但是最强大的国家也不能总运用硬实力，而且即使在它们运用硬实力时，其运用也会受到叙事的限制，因为利益和威胁是由叙事定义的。

影响力：即说服、社会化、规范传播、软实力、规范性权力：战略叙事分析关注影响力在国际关系和外交政策中发挥的作用，有助于学者更深入地理解为什么观念或规范会传播，哪些因素促进社会化的实现，软实力或规范性权力的基础是什么。正如我们在第四章中关于竞争内容概述的那样,有效的叙事对所有这些进程都有促进作用。关于规范传播、社会化、软实力的叙事之所以能取得一定的成功,得益于与叙事有关的各种特性,包括叙事内容、传播过程以及增强传播者可信度的技巧等。战略叙事分析聚焦既是传播者、同时身兼观众和用户身份的施动者,从而极大丰富了国际关系理论的建构主义研究议程。同时,认识到新媒体生态是塑造这些进程的影响因素也很重要,因为在某些情境下,传统观念中作为接收者的观众已经变成了与信息互动且彼此互动的使用者,这使得网络变得更为重要,传播过程较之过去也呈现出更具垂直化和非线性的特征。这有可能使国际体系中权力和影响力的性质发生重大变化,引发我们在第三章中提出的是否需要重新审视国际关系研究本体论的问题。

国际关系中的语言:话语、框定及叙事研究:叙事的重要性凸显了语言在国际关系中的核心地位。这与话语和框架研究构成了直接关联。例如,对"框架"一词有多种定义和使用方式,很多与战略叙事的说法有观念性的重合。比如,恩特曼(Entman)将"框架"定义为"选择和凸显事件或议题的某些方面,并在它们之间建立起关联,从而力推某种特定理解、评判和/或解决办法"。[6]沃尔夫斯菲尔德(Wolfsfeld)把"理解性框架"定义为"理解相关事件、表明何为讨论焦点的整体理念"。[7]恩特曼所说的建立起关联和沃尔斯菲尔德所说的整体理念与叙事的展开很接近。不过,叙事作为一个概念会明确说明一段形式非常具体、基于时间和位移的经历,它会涉及一种初始秩序或现状、一个打破此秩序的问题,以及重建秩序的解决办法,这个解决方式通常会带来略有改变的形势,而人物在新形势下已经展现出了他们的品质。叙事是一种由行为体和事件、情节和时间、背景和空间组成的特定结构。叙事的某些方面可能会被框定,但是框架并不代表此段经历的广义结构。同时,叙事和框架需要借鉴持久性的话语,这种话语是指大量的知识以及维系这些知识的实践。在第四章中,我们了解了行为体如何将法律性、科学性或宗教性话语要素精心编制成关于伊朗核项目的叙事。这不是说叙事与框架和话语处于一种等级关系中。事实上,对三者中任何一个的分析都有助于更好地弄清另外两者是如何运行的。这三种表述形式不断互动,必须把它们放在一起分析才能确定行为体如何理解当前事件的意义以及国际关系中的长远变化。

公共外交和国际政治传播:外交政策制定者必须努力说服他们的国际对手接受他们对国际体系叙事的合法性。然而,当今这个传播力时代给公共外交实践开辟了接触精英以外群体及海外公众的机会。基于两个原因需要将这些海外公众作为传播目标,重视他们的支持。其一,他们可能会给本国政治精英施压,带来政策改变。其二,他们还可能代表着一种文化,这种文化更易于接受与叙事传播国的经济、文化和地缘政治关系,在更长远的将来也更容易接受该国的叙事。因此,战略叙事的形成、投射和接收聚合了国际政治传播的一些经典问题,包括如何设定议题,让哪些观众接触到或促进谁的传播内容,影响战略叙事传播的本国和国际媒体组织由谁所有,等等。然而,在新的媒体生态环境中,议题设定的操作、宣传曝光的模式以及所有权的属性都发生了改变。新闻议题的把关人现在已经网格化了,观众通过在网上点击和分享新闻充当他们自己新闻议题的把关人。获得新闻的模式一方面更难预测,因为走红、涌现的动态发展是无法预料的,另一方面又是常态化的,因为对世界各地的大多数观众来说,本国的传统媒体仍然是最重要的。同时,所有权也出现了分散,20世纪后半期由西方私营媒体机构主导的局面发生了权力转移,一如在国际关系各领域普遍发生的那样。金砖国家及其他崛起国的媒体日益强大。同时,媒体空间的行为体类型也更加广泛,这不仅得益于开源发布的出现,也与私有媒体有关,大众可以自我发布(比如脸书),而世界各地的公共媒体也没有甘拜下风。鉴于此,公共外交的从业者为了让他们的战略叙事获得更多受众,必须了解这些混合性媒体生态是如何运行的,这样才能充分发挥传播力的潜能。

战争和冲突中的战略性传播:最后一点,战略叙事分析还提供了充分了解战争和冲突背景的方式。在研究战争时,只分析硬实力显然是不够的。在所有类型的冲突中,都必须对战争的骇人代价作出解释。叙事可以呈现出整个故事脉络,包括国家为什么参与到冲突中,谁是队友谁是敌人,冲突将如何解决等。[8]叙事将其他国家的形象和外交政策行为联系了起来。[9]对国际体系是何种性质,是在为谁而战,争端涉及哪些具体议题这些内容都必须有相应的叙事。然而,先前的叙事,诸如关于大国地位的叙事,也会塑造和制约关于战争和冲突的叙事。这一点在美国介入越南、苏联介入阿富汗的案例中都有清楚地体现,大国身份限制了政策选择和叙事性解释,也使直陈事实缺乏吸引力。[10]在旷日持久的冲突中,如果某种严峻挑战影响到联盟的维护,这一点也会有所体现。例如,关于在联盟内部是放弃还是被困于其中的叙事会限制行为。我们的研究路径把国际关系领域和传播学领域各种不同的研究方法和轨迹统一起来。采用战略叙事分析将为上述所有研究方向增强解释力。

未来研究议程

战略叙事研究有助于解释国际关系领域的现状,对多个领域的未来研究也具有借鉴价值。示例如下。

1. 确定战略叙事是否会在转折点和关键节点发挥更为重要的作用。

需要进一步研究才能确定战略叙事在变化或静止期是否会发挥不同作用,或进行不同的运用? 随着冷战的结束,叙事是否变得更重要了? 叙事是变化发生的因素吗? 或是在变化发生后给其赋予合法性了吗? 在绪论(第一章)中,我们提出政治领导人可能会对国际关系核心特征的性质及可塑性进行深入思考。边界、国家、法律和权利的性质确实会变化,领导人希望了解在何种条件下叙事工作能帮他们改变这些核心特征的意义,具体如何实行。对寻求战略性行动的人来说,弄清楚断裂性或延续性条件是否会出现更好的机会窗口很重要。

同样重要的问题是,在不同条件下,改变叙事会更容易还是更困难? 当多个叙事在一个案例中相互冲突,而在另一个案例中重叠交织时,政治行为体可以建构意义。例如,在苏联时期,政治领导人刻意回避沙皇是合法统治者的原有叙事,将其转换为以新苏联人和共产主义理想为核心的叙事。然而,希尔(Hill)和盖狄(Gaddy)认为,在普京执政下,叙事出现了很有趣的连续性。列宁的雕像被保留或重新竖起,而关于沙皇的描述再度装点克里姆林宫,它们都强调伟大的俄罗斯所拥有的共同历史。[11]普京实现了叙事的连续性,甚至是叙事的回归。

解释叙事的连续性和变化需要涵盖整个说服光谱的分析,包括随着事件展开采取的行为层面和战术层面的操控,也包括战略性地利用建构性权力影响行为体的身份和媒体生态,而叙事目标正是通过这些来理解和体验国际关系的。分析还必须考虑行动的制约因素。领导人、国家和叙事通常会抵制变革,但是他们自己有可能改变。这些过程不是静止的,虽然我们不能期望任何行为体取得单边变化,并就一个新的议题或体系叙事赢得广泛支持。

2. 解释民族国家文化是如何向世界表述的。

彼得·卡赞斯坦的论著强调文化和文明在国际政治中的重要性。[12]我们对战略叙事的研究关注文化或文明理念如何通过叙事的传播而被建构(重建)和制约。例如,在第四章分析伊朗核项目时,我们明确表明,叙事竞争只是策略性地转换所讨论内容的领域或话语。关于领导人能说什么,每个行为体都受到文化约束的制约。为什么美国总统不能说核扩散或许是件好事,有可能带来稳定,但是肯尼思·华尔兹这样的顶级美国国际关系学者就可以?[13]为什么欧盟或美国的领导人没有对印度拥有核武器进行任何谴责,却对伊朗的核项目立即采取了先发制人的安全化措施?

3. 确定叙事的影响和效果。

我们主要尝试讨论叙事的影响和效果,即将出版一部以此为主题的文集。[14]一批学者将在一系列具体案例中讨论战略叙事的影响和效果,包括以下方面的议题:

- 冷战后世界中的美国和俄罗斯联邦
- 经济挑战上升中的欧盟
- 中国的外交政策
- 国际发展领域的国际组织
- 社会网络、公共外交和国际共同体的交叉议题
- 关于恐怖主义的叙事冲突
- 关于全球不确定性的叙事

具体而言,这些案例研究会涉及网络、科技和制度这类议题,还将讨论与战略叙事研究相关的方法论问题。

我们需要一些实证研究,考查行为体如何在国际关系中运作战略叙事。在过去十年中,国家政府部门和媒体组织都进行了大量的思考,想弄清如何确定哪些人接收了某个叙事,这个叙事对接收者的态度和行为产生了什么影响。然而,这是一个极其复杂的研究领域。要确定某个叙事的呈现、接收和理解较之其他叙事和其他因素造成了什么不同影响,需要从不同学科汲取多种研究方法理论和概念。一个突出的案例是,为了了解个体如何接收和理解 2003 年的伊拉克战争叙事,卡斯特尔转向了神经科学。[15]在接下来出版的文集中,我们会详尽阐述这一方法论层面的挑战,这里我们可以先透露其中几个要点:

第一点最明显应该做但实际却做得最少,必须对叙事的塑造、呈现和接收过程进行追踪。战略叙事设计的初衷、叙事的呈现方式(由谁、通过何种媒介、语言和形式呈现),以及叙事的预期和非预期接收者对叙事意义的理解这三者之间有何关联? 我们还要注意不能把这个过程看成是线性的。一国如何预期观众的反应,并把这些预期注入叙事塑造和呈现中,由此甚至在观众完全不知情的情况下就把他们的反应融入了叙事塑造和呈现过程中?

其次,从表面上看,数字化传播在国际体系中的扩散似乎给战略叙事的塑造、呈现和接收提供了前所未有的机会,事实上,叙事也在通过面对面的交谈,通过纸质策略和其他非数字化形式呈现和传播。一些专门研究富国和穷国中冲突叙事的学者可以证明,亲朋好友、同事甚至陌生人之间关于新闻和政治的日常讨论对理解精英叙事有着多么重要的作用。[16]写这本书的同时,出现了大量关于数字化传播和全球抗议热潮的高质量分析。[17]然而,正如精英们在幕后的互动虽然关键但是很难获知一样,要想把线上的叙事工作和线下社交互动传播意义的途径联系起来,需要综合运用不同的研究方法。

最后,尽管出现了数字化媒体,叙事作者和内容传播方式也明显更具多元性,但是叙事的接收尚未变得支离破碎,只是这个问题变得更有挑战性了。把关人仍然存在,他们掌控着叙事的流动方向。长期以来,大众传媒的编辑们一直扮演着把关人的角色,决定哪些故事可以进入稀缺页面或者新闻时段中。但是互联网的无限容载量、新闻观众的碎片化,以及观众通过各种个性化滤网(内格罗蓬特称之为"每日自我")

自我把关新闻使得这些编辑们的地位遭到了致命性打击。[18]取而代之的是，过去十年中，出现了新的把关形式，包括网络式的[19]、制度性的[20]，而且通常是多语种的，这暗示着国际传播中的权力形式和位点(loci)出现了更微妙的变化。[21]美国有线电视新闻网曾于2010年宣布，其新闻点击量的75%来自社交网站(比如脸书、推特)的链接。[22]与过去主流媒体把关和控制可预测的新闻议程不同，公民已经开始自己对日常新闻和社交媒体内容把关。大门仍然存在，试图呈现战略叙事的国家必须了解并适应，即使大门的性质和把关的形式和人员都顺应形势发生了变化。有些叙事内容不在这些网络化把关流程的范围之内，但是网络内容是可以通过社交媒体监控方法追踪到的。大数据、计算机加工能力的提升以及语言分析软件可以克服每日数据化全球传播的混乱语法和多语种障碍而追踪叙事。

战略叙事分析为应对权力转移时期可能出现的多极世界提供了前景光明的分析框架。基于了解权力和影响力分配变化的初衷，我们有了研究叙事分析如何在解释国际关系一些重大主题中发挥核心作用的最初想法。战略分析是理解当前发展的一个途径。本书的每一章都试图凸显叙事在竞争日趋激烈的媒体生态中对传播发挥的关键作用。总统、首相和国家元首都寻求通过呈现战略叙事施加影响力，激发国内对外交政策的支持，并为他们所代表的一方争取最大的说服光谱。物质性权力对塑造国际事务局势的作用是不充分的，虽然可以起一定作用。自冷战结束以来，影响世界的主要发展是现有大国和崛起国宣称要塑造全球的政治、经济和社会基础。国家政府、非政府组织、企业和普通公民都日益重视能影响决策的理念。像欧盟这样的组织已成为世界重要的经济体，并由此获得了对全球经济规则和规范的影响力。彼得·范哈姆(Peter van Ham)由此强调欧盟所具有的社会性权力。[23]

伊肯伯里是从自由主义视角解释权力转移的领军人物。[24]他认为现有自由主义秩序不会发生根本性变化，未来这将有利于现有大国。通过分析诸如巴西、印度等崛起国的战略叙事，我们相信战略叙事分析可以帮助分析自由主义模式是否仍将是主导性的国际力量。沙希·塔鲁尔在他的著作《印度式和平》(*Pax Indica*)中指出，随着时间的推移，现行惯例将面临印度这种新崛起大国的挑战。[25]巴里·布赞则认为，我们今后的世界注定会更加去中心化,而这只会使相互竞争的观点日益增多。[26]2008 年的全球金融危机和美国对阿富汗及伊拉克的强势武装干预迫使奥巴马总统建构了维护美国全球影响力的新战略叙事。[27]如奥巴马所言,"在这个理念和画面会在瞬间传遍全球的时代,我们应对恐怖主义不能只依靠军事或者执法。我们需要动用全国所有力量赢得一场意志的斗争,一场理念的斗争"[28]。随着新权威声音的出现,随着传播和权力的性质改变了国际关系运作的方式,战略叙事研究提供了一个新的路径,帮助我们理解围绕权力转移的论争,找到解决潜在冲突的潜在途径。

(尉洪池　译)

注释

1. Cristina Archetti, "Unamerican Views: Why US-Developed Models of Press-State Relations Don't Apply to the Rest of the World," Westminster Papers in Communication and Culture 5, no.3(2008):4—26.

2. Emile Simpson, War from the Ground Up: Twenty-First-Century Combat as Politics(London: Hurst, 2012), 181.

3. Jutta Weldes, "Constructing National Interests," European Journal of International Relations 2, no.3(1996).

4. Anne Orford, Reading Humanitarian Intervention(Cambridge: Cambridge University Press, 2003).

5. Alister Miskimmon, Ben O' Loughlin, and Laura Roselle, "Forging the World: Strategic Narratives and International Relations." Centre for European Politics/New Political Communications Unit Working Paper, 2012. Accessed May 23, 2013, http://newpolcom.rhul.ac.uk/storage/Forging%20the%20World%20Working%20Paper%202012.pdf.

6. Robert M. Entman, Projections of Power: Framing News, Public Opinion, and US Foreign Policy(University of Chicago Press, 2009), 5.

7. Gadi Wolfsfeld, Media and Political Conflict: News from the Middle East(Cambridge University Press, 1997), 35.

8. Andreas Antoniades, Alister Miskimmon, and Ben O'Loughlin, "Great Power Politics and Strategic Narratives." March 2010. Working Paper No.7, The Centre for Global Political Economy, University of Sussex. Accessed May 22, 2013, https://www.sussex.ac.uk/webteam/gateway/file.php? name = cgpe-wp07-antoniadesmiskimmon-oloughlin.pdf&site=359.

9. Amy Skonieczny, "Trade Talk: Narratives of US Identity in the Making of Economic Policy," paper prepared for the Annual Meeting of the American Political Science Association, Toronto, Canada, September 3—6, 2009.

10. Laura Roselle, Media and the Politics of Failure: Great Powers, Communication Strategies, and Military Defeats, 2nd ed. (New York: Palgrave Macmillan, 2011), 123.

11. Fiona Hill and Clifford G. Gaddy, Mr. Putin: Operative in the Kremlin(Washington, DC: The Brookings Institution, 2013), 67, 73. 265.

12. Peter Katzenstein, Anglo-America and Its Discontents: Civilizational Identities beyond West and East(New York: Routledge, 2012); Sinicization and the Rise of China: Civilizational Processes beyond East and West(New York: Routledge, 2012); Civilizations in World Politics: Plural and Pluralist Perspectives(New York: Routledge, 2009).

13. Kenneth N. Waltz, "Why Iran Should Get the Bomb: Nuclear Balancing Would Mean Stability," Foreign Affairs 91(2012).

14. Alister Miskimmon et al., eds., Forging the World: Strategic Narratives in International Relations.

15. Manuel Castells, Communication Power (Oxford: Oxford University Press, 2009).

16. Andrew Skuse, Marie Gillespie, and Gerry Power, eds., Drama for Development: Cultural Translation and Social Change(London: Sage, 2011); Marie Gillespie, "Security, Media, Legitimacy: Multi-Ethnic Media Publics and the Iraq War 2003," International Relations 20, no.4(2006); Monroe Price, Fierceness of Competition, Softness of Power: Freedom of Expression in a Time of Strategic Communicators, (forthcoming).

17. Lance W. Bennett and Alexandra Segerberg, "The Logic of Connective Action: Digital Media and the Personalization of Contentious Politics," Information, Communication & Society 15, no.5(2012); Sharon Meraz and Zizi Papacharissi, "Networked Gatekeeping and Networked Framing on # Egypt," The International Journal of Press/Politics 18, no.2(2013).

18. Nicholas Negroponte, Being Digital(New York: Knopf, 1995).

19. Karine Barzilai-Nahon, "Toward a Theory of Network Gatekeeping: A Framework for Exploring Information Control," Journal of the American Society for Information Science and Technology 59, no.9(2008); Sharon Meraz and Zizi Papacharissi, "Networked Gatekeeping and Networked Framing on Egypt," The International Journal of Press/Politics 18, no.2(2013).

20. Lance W. Bennett, Kirsten Foot, and Michael Xenos, "Narratives and Network Organization: A Comparison of Fair Trade Systems in Two Nations," Journal of Communication 61, no.2(2011).

21. Andrew Hoskins and Ben O'Loughlin, "Remediating Jihad for Western News Audiences: The Renewal of Gatekeeping?" Journalism 12, no.2(2011).

22. Doug Gross, "Survey: More Americans Get News from Internet than Newspapers or Radio," CNN Tech, March 1, 2010. Accessed May 23, 2013, http://articles.cnn.com/2010-03-01/tech/social. network. news_1_social-networking sites-social-media-social-experience?_s=PM:TECH.

23. Peter van Ham, Social Power(London: Routledge, 2010). 266.

24. G. John Ikenberry, Liberal Leviathan: The Origins, Crisis, and Transformation of the American World Order(Princeton: Princeton University Press, 2011).

25. Shashi Tharoor, Pax Indica(London: Allen Lane, 2012).

26. Barry Buzan，"The Inaugural Kenneth N. Waltz Lecture 'A World without Superpowers: Decentred Globalism,'" International Relations 25，no.1(2011).

27. Nancy Birdsall and Francis Fukuyama，"The Post-Washington Consensus: Development after the Crisis," Foreign Affairs 90，no.2(2011).

28. Barack Obama，"Remarks by the President at the National Defense University," Fort McNair，Washington D. C. May 23，2013，accessed May 23，2013，http://www. whitehouse. gov/the-press-office/2013/05/23/remarks-president-national-defense-university.

参考文献

The Age. "Iran Resumes Uranium Processing," August 9, 2005, accessed December 3, 2012, http://www.theage.com.au/news/world/iran-resumes-uranium-processing/2005/08/09/1123353289095.html.

Agnew, John. Globalization and Sovereignty. Lanham, MD: Rowman and Littlefield, 2009.

——. "The Territorial Trap: The Geographical Assumptions of International Relations Theory." Review of International Political Economy 1, no.1 (1994):53—80.

Ahmadinejad, Mahmood. "Address by H.E. Dr. Mahmood Ahmadinejad President of the Islamic Republic of Iran before the Sixtieth Session of the United Nations General Assembly." New York, September 17, 2005. Accessed May 21, 2013, http://www.un.org/webcast/ga/60/statements/iran050917eng.pdf.

——. "Message to the American People." November 29, 2006. Accessed April 4, 2013, http://www.ahmadinejad.ir/en/Message_to_the_American_People_.

Albright, Madeleine. "MFN for China Would Advance America's Leadership in Asia." Senate Finance Committee, June 6, 1997. Accessed May 21, 2013, http://www.usembassy israel.org.il/publish/press/state/archive/1997/june/sd90612.htm.

Albrow, Martin, Helmut K. Anheier, Marlies Glasius, Mary Kaldor, and Monroe E.Price, eds. Global Civil Society 2007/8: Communicative Power and Democracy. London: Sage, 2007.

Al-Lami, Mina, Andrew Hoskins, and Ben O'Loughlin. "Mobilisation and Violence in the New Media Ecology: The Dua Khalil Aswad and Camilia

Shehata Cases." Critical Studies on Terrorism 5, no.2(2012):237—256.

Altheide, David L., and Robert P. Snow. Media Logic. London: Sage, 1979.

Anderson, Benedict. Imagined Communities(rev. ed.). London: Verso, 1991.

Andersson, Matilda, Marie Gillespie, and Hugh Mackay. "Mapping Digital Diasporas@ BBC World Service: Users and Uses of the Persian and Arabic Websites." Middle East Journal of Culture and Communication 3, no.2(2010): 256—278.

"Anti-Iran Rhetoric Worries U.N. Nuke Watchdog." NBC News, October 28, 2007. Available at: http://www. nbcnews. com/id/21516968/42739722 ♯.UTTq9Y6PdgM.

Antoniades, Andreas, Alister Miskimmon, and Ben O'Loughlin. "Great Power Politics and Strategic Narratives." Working paper no.7, The Centre for Global Political Economy, University of Sussex, March 2010. Accessed May 22, 2013, https://www. sussex. ac. uk/webteam/gateway/file. php? name = cgpe-wp07-antoniadesmiskimmon-oloughlin.pdf&site=359. 268.

Archetti, Cristina. "People, Processes & Practices: Agency, Communication and the Construction of International Relations." Paper prepared for the International Studies Association meeting, San Francisco, CA, April 3—6, 2013.

——. "Unamerican Views: Why US-Developed Models of Press-State Relations Don't Apply to the Rest of the World." Westminster Papers in Communication and Culture 5, no.3(2008):4—26.

——. Understanding Terrorism in the Age of Global Media: A Communication Approach. Basingstoke: Palgrave Macmillan, 2013.

Ashton, Catherine. "Statement on Iran," European Parliament, January 19, 2010. Accessed May 21, 2013, http://www.eu-un.europa.eu/articles/en/article_9421_en.htm.

Atlas, James. "What Is Fukuyama Saying?" New York Times Magazine, October 22, 1989. Accessed March 13, 2013, http://www. nytimes. com/1989/10/22/magazine/what-is-fukuyama-saying-and-to-whom-is-he-saying-it. html?

pagewanted＝print&src＝pm.

Awan, Akil, Andrew Hoskins, and Ben O'Loughlin. Radicalisation and Media: Connectivity and Terrorism in the New Media Ecology. London: Routledge, 2011.

Bach, Jonathan P. G. Between Sovereignty and Integration: German Foreign Policy and National Identity after 1989. Vol. 23. Münster: LIT Verlag, 1999.

Barnard-Wills, David, and Debi Ashenden. "Securing Virtual Space: Cyber War, Cyber Terror, and Risk." Space and Culture 15, no. 2(2012):110—123.

Barnett, Michael. "Culture, Strategy and Foreign Policy Change: Israel's Road to Oslo." European Journal of International Relations 5, no. 1(1999): 5—36.

Barnett, Michael. The International Humanitarian Order. New York: Taylor & Francis, 2010.

Bacevich, Andrew J. American Empire: The Realities and Consequences of US Diplomacy. Cambridge, MA: Harvard University Press, 2002.

Barzilai-Nahon, Karine. "Toward a Theory of Network Gatekeeping: A Framework for Exploring Information Control." Journal of the American Society for Information Science and Technology 59, no. 9(2008):1493—1512.

BBC. "The BBC's Global Strategy: An Overview from the Executive." February, 2011. Accessed September 1, 2012, http://www.bbc.co.uk/bbctrust/assets/files/pdf/review_report_research/strategic_review/global_strategy.txt.

——. "Operating Agreement: BBC World Service." June, 2007. Accessed September 1, 2012, http://www.bbc.co.uk/bbctrust/assets/files/pdf/regulatory_framework/other_activities/world_service_op_agreement.txt.269.

BBC News. "Iran 'Enters New Nuclear Phase.'" April 9, 2007. Accessed April 4, 2013, http://news.bbc.co.uk/1/hi/world/middle_east/6538957.stm.

——. "Iran Marks Ayatolla Khomeini Anniversary." June 4, 2009. http://news.bbc.co.uk/2/hi/8082386.stm, Beck, Ulrich. German Europe. London: Polity, 2013.

Benjamin, Walter. Illuminations: Essays and Reflections. New York: Schocken, 1969.

Bennett, W. Lance, and Alexandra Segerberg. "The Logic of Connective Action: Digital Media and the Personalization of Contentious Politics." Information, Communication & Society 15, no.5(2012):739—768.

Bennett, W. Lance, and Jarol B. Manheim. "The One-Step Flow of Communication." The Annals of the American Academy of Political and Social Science 608, no.1(2006):213—232.

Bennett, W. Lance, Kirsten Foot, and Michael Xenos. "Narratives and Network Organization: A Comparison of Fair Trade Systems in Two Nations." Journal of Communication 61, no.2(2011):219—245.

Bentley, Michelle. "War and/of Words: Constructing WMD in US Foreign Policy." Security Studies 22, no.1(2013):68—97.

Berenskoetter, Felix S. "Mapping the Mind Gap: A Comparison of US and European Security Strategies." Security Dialogue 36, no.1(2005):71—92.

———. "Parameters of a National Biography." European Journal of International Relations. Online First Version, October 16, 2012.

Berenskoetter, Felix, and Bastian Giegerich. "From NATO to ESDP: A Social Constructivist Analysis of German Strategic Adjustment after the End of the Cold War." Security Studies 19, no.3(2010):407—452.

Bernardi, Daniel Leonard, Pauline Hope Cheong, Chris Lundry, and Scott W. Ruston. Narrative Landmines: Rumors, Islamist Extremism, and the Struggle for Strategic Influence. New Brunswick, NJ: Rutgers University Press, 2012.

Betts, Richard K. "Is Strategy an Illusion?" International Security 25, no.2(2000):5—50.

Bially Mattern, Janice. Ordering International Politics: Identity, Crisis, and Representational Force. New York: Routledge, 2005.

Billig, Michael. Arguing and Thinking: A Rhetorical Approach to Social Psychology. Cambridge: Cambridge University Press, 1987.

———. Banal Nationalism. London: Sage, 1995. 270.

Bimber, Bruce. Information and American Democracy: Technology in the

Evolution of Political Power. Cambridge: Cambridge University Press, 2003.

———. "The Study of Information Technology and Civic Engagement." Political Communication 17, no.4(2000):329—333.

Birdsall, Nancy, and Francis Fukuyama. "The Post-Washington Consensus: Development after the Crisis." Foreign Affairs 90, no.2(2011):45—53.

"The Birth of an Obama Doctrine." Economist(Lexington), March 28, 2011. Accessed September 1, 2011, http://www. economist. com/blogs/lexington/2011/03/libya_4.

Biscop, Sven. The European Security Strategy: A Global Agenda for Positive Power. Abingdon: Ashgate, 2005.

———, ed. "The Value of Power, the Power of Values: A Call for an EU Grand Strategy." Egmont Paper 33. Egmont Royal Institute for International Relations, October, 2009.

Blanchard, Christopher M. "Libya: Unrest and U.S. Policy." CRS Report for Congress 7—5700. Accessed August 21, 2011, http://www.fpc.state.gov/documents/organization/159788.pdf.

Blitz, James. "Public Opposes Wider Libya Campaign." Financial Times, June 20, 2011, including Harris Opinion Poll for the Financial Times, June 20, 2011. Accessed August 21, 2011, http://www.ft.com/cms/s/0/19f0dc8a-9b5c-11e0-bbc6-00144feabdc0.html#axzz1qPRjAE6X.

Borger, Julian, Patrick Wintour, and Michael Oliver. "Iran Nuclear Plant: Miliband Refuses to Rule Out Military Action." The Guardian, September 26, 2009. Accessed May 21, 2013, http://www.guardian.co.uk/world/2009/sep/26/miliband-iran-nuclear-plant.

Bostdorff, Denise M. "Harry S. Truman, 'Special Message to the Congress on Greece and Turkey: The Truman Doctrine'(12 March 1947)." Voices of Democracy 4(2009):1—22.

Bowen, Wyn Q., and Jonathan Brewer. "Iran's Nuclear Challenge: Nine Years and Counting." International Affairs 87, no.4(2011):923—943.

Bowker, Geoffrey C., Karen Baker, Florence Millerand, and David Ribes. "Toward Information Infrastructure Studies: Ways of Knowing in a Networked Environment." In International Handbook of Internet Research, edited by Jeremy Husinger, Lisbeth Klastrup, and Matthew Allen. Heidelberg, Germany: Springer, 2010.

Bowker, Geoffrey C., and Susan Leigh Star. Sorting Things Out: Classification and its Consequences. Cambridge, MA: MIT Press, 1999. 271.

Brand, Laurie A. "National Narratives and Migration: Discursive Strategies of Inclusion and Exclusion in Jordan and Lebanon." International Migration Review 44, no.1(2010):78—110.

Bromwich, David. "Advice to the Prince." New York Review of Books 56 (2009):12. Accessed August 29, 2012, http://www.nybooks.com/articles/archives/2009/jul/16/advice-to-the-prince/.

Brooks, Brian S., George Kennedy, Daryl R. Moen, and Don Ranly. News Reporting and Writing. Boston: Bedford, 2005.

Brooks, Stephen G., and William C. Wohlforth. World Out of Balance: International Relations and the Challenge of American Primacy. Princeton, NJ: Princeton University Press, 2008.

Brown, Robin. "Getting to War: Communication and Mobilization in the 2002—2003 Iraq Crisis." In Media and Conflict in the Twenty-First Century, edited by Philip Seib. New York: Palgrave, 2005. 57—82.

Bucher, Jessica, Lena Engel, Stephanie Harfensteller, and Hylke Dijkstra. "Domestic Politics, News Media and Humanitarian Intervention: Why France and Germany Diverged over Libya." European Security. Published Online, 2013. Accessed May 21, 2013, http://www.tandfonline.com/doi/full/10.1080/09662839.2013.766597#.UePH2haLBgI.

Bull, Hedley. The Anarchical Society (4th ed.). Basingstoke: Palgrave. 2012.

Bulmer, Simon, and William E. Paterson. "Germany and the European Union: From 'Tamed Power' to Normalized Power?" International Affairs 86, no.5(2010):1051—1073.

Bush, George W. State of the Union Address, January 29, 2002. Accessed May 20, 2013, http://millercenter.org/president/speeches/detail/4540.

———. The National Security Strategy of the United States of America (NSS 2002). Washington, DC: Executive Office of the President, 2002.

——. The National Security Strategy of the United States of America (NSS 2006). Washington, DC: Executive Office of the President, 2006.

Buzan, Barry. "Civilisational Realpolitik as the New World Order?" Survival 39, no.1(1997):180—183.

——. "The Inaugural Kenneth N. Waltz Annual Lecture: A World Order Without Superpowers: Decentred Globalism." International Relations 25, no.1 (2011):3—25.

Buzan, Barry, Ole Waever, and Jaap De Wilde. Security: A New Framework for Analysis. London: Lynne Rienner, 1998.

Callahan, William A. China: The Pessoptimist Nation. Oxford: Oxford University Press, 2010. 272.

——. "Forum: The Rise of China: How to Understand China: The Dangers and Opportunities of Being a Rising Power." Review of International Studies 31(2005):701—714.

Calleo, David P. "The Tyranny of False Vision: America's Unipolar Fantasy." Survival 50, no.5(2008):61—78.

Callon, Michel. "Some Elements of a Sociology of Translation: Domestication of the Scallops and the Fishermen of St Brieuc Bay." In Power, Action and Belief: A New Sociology of Knowledge, edited by John Law. London: Routledge and Kegan Paul, 1986.

Campbell, David. Writing Security. Minneapolis, MN: University of Minnesota Press, 1992.

"Canada's Approach in Afghanistan." Canada's Engagement in Afghanistan, August 24, 2011. Government of Canada/Government du Canada. Accessed May 21, 2013, http://www.afghanistan.gc.ca/canada-afghanistan/approach-approche/index.aspx?lang=eng.

Carter, Patrick(Lord Carter of Coles). Public Diplomacy Review. London: Foreign and Commonwealth Office, December 2005. Accessed September 1, 2012,http://www.britishcouncil.org/home-carter-report.

Casey, Steven. "Selling NSC-68: The Truman Administration, Public Opinion, and the Politics of Mobilization, 1950—1951." Diplomatic History 29, no.4(2005):655—690.

Castells, Manuel. The Internet Galaxy: Reflections on the Internet, Business, and Society. New York: Oxford University Press, 2003.

——. "Communication, Power and Counter-Power in the Network Society." International Journal of Communication 1, no.1(2007):238—266.

Castells, Manuel. Communication Power. Oxford: Oxford University Press, 2009.

——. The Information Age: Economy, Society, and Culture. Vol.1, The Rise of the Network Society. Oxford: Wiley-Blackwell, 2011.

——. The Information Age: Economy, Society, and Culture. Vol.2, The Power of Identity. Oxford: Wiley-Blackwell, 2011.

——. Networks of Outrage and Hope. Cambridge: Polity, 2012.

Chadwick, Andrew. The Hybrid Media System: Power and Politics. Oxford: Oxford University Press, 2013.

Checkel, Jeffrey T. Ideas and International Political Change: Soviet/Russian Behavior and the End of the Cold War. New Haven: Yale University Press, 1997. 273.

——. "Social Constructivism in Global and European Politics: A Review Essay." Review of International Studies 30, no.2(2004):229—244.

Chollet, Derek, and James M. Goldgeier. America between the Wars: From 11/9 to 9/11: The Misunderstood Years between the Fall of the Berlin Wall and the Start of the War on Terror. New York: Public Affairs, 2008.

Chubin, Shahram. "The Iranian Nuclear Riddle after June 12." The Washington Quarterly 33, no.1(2010):163—172.

Churkin, Vitaly. "Statement by Mr. Vitaly Churkin, Permanent Representative of the Russian Federation to the United Nations, at the Official UN Security Council Meeting during the Vote on the Resolution on Libya, New York, March 17, 2011." Accessed August 21, 2011, http://www.rusembassy.ca/node/546.

Chyi, Hsiang Iris, and Maxwell McCombs. "Media Salience and the Process of Framing: Coverage of the Columbine School Shootings." Journalism & Mass Communication Quarterly 81, no.1(2004):22—35.

Ciută, Felix. "Narratives of Security: Strategy and Identity in the European Context." In Discursive Constructions of Identity in European Politics, edited by Richard Mole. Basingstoke: Palgrave MacMillan, 2007.

Clark, Ian. Legitimacy in International Society. Oxford: Oxford University Press, 2005.

Clegg, Stewart R. Frameworks of Power. London: Sage, 1989.

Clunan, Anne L. The Social Construction of Russia's Resurgence. Baltimore: Johns Hopkins University Press, 2009.

Comor, Edward, and Hamilton Bean. "America's 'Engagement' Delusion: Critiquing a Public Diplomacy Consensus." International Communication Gazette 74, no.3(2012):203—220.

Conrad, Sebastian, and Dominic Sachsenmaier. Competing Visions of World Order: Global Moments and Movements, 1880s—1930s. Basingstoke: Palgrave Macmillan, 2007.

Coole, Diana. "Rethinking Agency: A Phenomenological Approach to Embodiment and Agentic Capacities." Political Studies 53, no.1(2005):124—142.

Cooper, Robert. The Post-Modern State and the World Order. London: Demos, 2000.

——. The Breaking of Nations: Order and Chaos in the Twenty-First Century. London: Atlantic Books, 2004.

Corman, Steven R., Angela Trethewey, and H. L. Goodall, Jr. Weapons of Mass Persuasion: Strategic Communication to Combat Violent Extremism. Vol.15. New York: Peter Lang, 2008. 274.

Cover, Robert M. "The Supreme Court, 1982 Term-Foreword: Nomos and Narrative." Harvard Law Review 97(1983):1—4.

Cox, Michael. "Power Shifts, Economic Change and the Decline of the West?" International Relations 26, no.4(2012):369—388.

Cox, Robert W. "Social Forces, States and World Orders: Beyond International Relations Theory." Millennium: Journal of International Studies 10, no.2(1981):126.

Croft, Stuart. Securitizing Islam: Identity and the Search for Security. Cambridge: Cambridge University Press, 2012.

Cruz, Consuelo. "Identity and Persuasion: How Nations Remember Their Past and Make Their Futures." World Politics 52, no.3(2000):275—312.

Daalder, Ivo H., and James G. Stavridis. "NATO's Victory in Libya." Foreign Affairs 91, no.2,(2012):2—7.

Dahl, Robert A. "The Concept of Power." Behavioral Science 2, no. 3 (1957):201—215. D'Andrade, Roy. "Schemas and Motivations." In Human Motives and Cultural Models, edited by Roy G. D'Andrade and Claudia Strauss. Cambridge: Cambridge University Press, 1992.

Dannreuther, Roland, and John Peterson. Security Strategy and Transatlantic Relations. London: Routledge, 2006.

Davis, Aeron. "New Media and Fat Democracy: The Paradox of Online Participation." New Media & Society 12, no.5(2010):745—761.

Davies, Graeme A. M. "Coercive Diplomacy Meets Diversionary Incentives: The Impact of US and Iranian Domestic Politics during the Bush and Obama Presidencies." Foreign Policy Analysis 8, no.3(2012):313—331.

DeLuca, Kevin M. Image Politics: The New Rhetoric of Environmental Activism, Revisioning Rhetoric. New York: Guilford Press, 1999.

Derrida, Jacques. Of Grammatology. Baltimore: Johns Hopkins University Press, 1974.

Deibert, Ronald J. Parchment, Printing, and Hypermedia: Communication in World Order Transformation. New York: Columbia University Press, 1997.

Domke, David, David Perlmutter, and Meg Spratt. "The Primes of Our Times? An Examination of the 'Power' of Visual Images." Journalism 3, no.2 (2002):131—159.

Douglas, Frank Scott. "Waging the Inchoate War: Defining, Fighting, and Second-Guessing the 'Long War.'" The Journal of Strategic Studies 30, no.3(2007):391—420. 275.

Drogin, Bob, and Kim Murphy. "U.N. Calls U.S. Data on Iran's Nuclear Aims Unreliable." Los Angeles Times, February 25, 2007. Accessed May 21, 2013, http://articles.latimes.com/2007/feb/25/world/fg-usiran25.

Dryzek, John S. Deliberative Global Politics: Discourse and Democracy in a Divided World. London: Polity, 2006.

Dyson, Tom. Neoclassical Realism and Defence Reform in Post-Cold War Europe. Basingstoke: Palgrave Macmillan, 2010.

Eder, Klaus. "A Theory of Collective Identity: Making Sense of the Debate on a 'European Identity.'" European Journal of Social Theory 12, no.4 (November 2009):427—447.

Eichenberg, Richard C. "Victory Has Many Friends: U.S. Public Opinion and the Use of Military Force, 1981—2005." International Security 30, no.1 (2005):7—45.

ElBaradei, Mohamed. "Director General's Intervention on Non-Proliferation Issues at IAEA Board of Governors." Statements of Director General. International Atomic Energy Agency, June 17, 2009. Accessed April 4, 2013, http://www.iaea.org/newscenter/statements/2009/ebsp2009n007.html.

Elliot, Philip. "White House Relays Obama's Cairo Message to Web." ABC News, June 4, 2009. http://abcnews.go.com/Technology/wireStory?id=7755103.

Entman, Robert M. Projections of Power: Framing News, Public Opinion, and US Foreign Policy. Chicago: University of Chicago Press, 2009.

——. Review of Framing Public Life: Perspectives on Media and Our Understanding of the Social World, edited by Stephen D. Reese, Oscar H. Gandy, Jr., and August E. Grant(Mahwah, NJ: Lawrence Erlbaum, 2001). Political Communication 23, no.1(2006):121—122.

Epstein, Charlotte. "Constructivism or the Eternal Return of Universals: Why Returning to Language is Vital for Prolonging the Owl's Flight." European Journal of International Relations, 19, no.3(forthcoming).

——. "Moby Dick or Moby Doll? Discourse or How to Study 'the Social Construction of' All the Way Down." In Constructing the International Economy, edited by Rawi Abdelal, Mark Blyth, and Craig Parsons. Ithaca, NY: Cornell University Press, 2010.

——. The Power of Words in International Relations: Birth of an Anti-Whaling Discourse. Cambridge, MA: MIT Press, 2008.

——. "Stop Telling Us How to Behave: Socialization or Infantilization?"

International Studies Perspectives 13, no.2(2012):135—145.

Erlanger, Steven. "Sarkozy puts France at Vanguard of West's War Effort." New York Times, March 21, 2011: 12. 276.

Fearon, James D. "Signaling Versus the Balance of Power and Interests." Journal of Conflict Resolution 38(1994):68—90.

Feaver, Peter. "Holding Out for the National Security Strategy." Foreign Policy, January 20, 2010. Accessed May 22, 2013, http://shadow.foreignpolicy.com/posts/2010/01/20/holding_out_for_the_national_security_strategy.

Feller, Ben. "Obama Doctrine on Military Intervention Tested in Libya." Huffington Post, March 9, 2011. Accessed September 1, 2011, http://www.huffingtonpost.com/2011/03/09/obama-libya-military-intervention_n_833345.html.

Fierke, Karin M. Changing Games, Changing Strategies: Critical Investigations in Security. Manchester: Manchester University Press, 1998.

——. Diplomatic Interventions: Conflict and Change in a Globalizing World. Basingstoke: Palgrave Macmillan, 2005.

Finnemore, Martha. "Legitimacy, Hypocrisy, and the Social Structure of Unipolarity: Why Being a Unipole Isn't All It's Cracked Up to Be." World Politics 61, no.1(2009):58—85.

——. "Legitimacy, Hypocrisy, and the Social Structure of Unipolarity: Why Being a Unipole Isn't All It's Cracked Up to Be." In International Relations Theory and the Consequences of Unipolarity, edited by G. John Ikenberry, Michael Mastanduno, and William C. Wohlforth. Cambridge: Cambridge University Press, 2011. 67—98.

Fischer, Frank. Reframing Public Policy: Discursive Politics and Deliberative Practices. Oxford: Oxford University Press, 2003.

Fischer, Joschka. "The Case for Bargaining with Iran." Washington Post, May 29, 2006. Accessed May 21, 2013, http://www.washingtonpost.com/wpdyn/content/article/2006/05/28/AR2006052800978.html.

Fishman, Brian. "Using the Mistakes of al Qaeda's Franchises to Undermine Its Strategies." Annals of the American Academy of Political and Social Science 618(2008):48—54.

Foucault, Michel. The Archaeology of Knowledge. Translated by A. M. Sheridan Smith. London: Tavistock, 1972.

——. The History of Sexuality: An Introduction. Translated by Robert Hurley. London: Penguin Books, 1984.

——. Power/Knowledge: Selected Interviews and Other Writings, 1972—1977. London: Vintage Books, 1980. 277.

"France and Germany Clash over No Fly Zone." EurActiv, March 15, 2011. Accessed September 1, 2011, http://www.euractiv.com/en/global-europe/france-germany-clash-libya-fly-zone-news-503090.

Freeden, Michael. The Political Theory of Politics. Full Research Report: ESRC End of Award Report, RES-051-27-0098. Swindon: ESRC, 2008.

Freedman, Lawrence. The Evolution of Nuclear Strategy. London: MacMillan Press, 1981.

——. "Networks, Culture and Narratives." Adelphi Papers Series 45, no.379 (2006):11—26. Available at: http://dx.doi.org/10.1080/05679320600661640.

——. "Order and Disorder in the New World." Foreign Affairs 71, no.1 (1991):20—37.

Friedman, Thomas L. "Obama on Obama." New York Times, June 3, 2009. http://www.nytimes.com/2009/06/03/opinion/03friedman.html?_r=0.

"French German Libya Rift Deepens." European Voice, March 25, 2011. Accessed August 21, 2011, http://www.europeanvoice.com/article/2011/march/french-german-libya-rift-deepens/70661.aspx.

Fukuyama, Francis. "The End of History?" The National Interest 16 (1989):3—18.

——. The Origins of Political Order: From Prehuman Times to the French Revolution. London: Profile Books, 2012.

Fung, Victor, William K. Fung, and Yoram R. Wind. Competing in a Flat World: Building Enterprises in a Borderless World. Upper Saddle River, NJ: Prentice Hall, 2007.

Gaddis, John Lewis. "Was the Truman Doctrine a Real Turning Point?" Foreign Affairs 52, no.2(January 1974):386—402.

Gallie, Walter B. Philosophy and the Historical Understanding. New

York: Schocken Books, 1964.

Garton-Ash, Timothy. "1989!" New York Review of Books 56, no. 17 (November 5, 2009). Accessed May 22, 2001, http://www.nybooks.com/articles/archives/2009/nov/05/1989/.

Gebauer, Matthias. "Are German Soldiers Secretly Helping Fight Gadhafi?" Spiegel Online, August 19, 2011. Accessed September 1, 2011, http://www.spiegel.de/international/world/0,1518,781197,00.html.

Geertz, Clifford. The Interpretation of Cultures: Selected Essays. Vol. 5019. London: Basic Books, 1973. 278.

George, Alexander. "Domestic Constraints on Regime Change in US Foreign Policy: The Need for Policy Legitimacy." In American Foreign Policy: Theoretical Essays, edited by G. J. Ikenberry. Glenview: Scott, Foresman, 1989. 583—608.

——. Bridging the Gap: Theory and Practice in Foreign Policy. Washington, DC: United States Institute of Peace Press, 1993.

"German Defends Cautious Approach to Libya, Denies Isolation." Deutsche Welle, March 21, 2011. Accessed September 1, 2011, http://www.dw-world.de/dw/article/0,14926360,00.html.

Gilboa, Eytan. "Global Television News and Foreign Policy: Debating the CNN Effect." International Studies Perspectives 6, no.3(2005):325—341.

Gillespie, Marie, David Herbert, and Matilda Andersson. "The Mumbai Attacks and Diasporic Nationalism: BBC World Service Online Forums as Conflict, Contact and Comfort Zones." South Asian Diaspora 2, no.1(2010):109—129.

Gillespie, Marie. "BBC Arabic, Social Media and Citizen Production: An Experiment in Digital Democracy before the Arab Spring." Theory, Culture and Society 30, no.4(2013):1—39. doi: 10.1177/0263276413482382.

Gilpin, Robert. War and Change in World Politics. Princeton, NJ: Princeton University Press, 1981.

Gleick, James. The Information: A History, a Theory, a Flood. London: Fourth Estate, 2011.

Goldmann, Kjell. The Logic of Internationalism: Coercion and Accommodation. London: Routledge, 1994.

Gomis, Benoit. "Franco-British Defence and Security Treaties: Entente While It Lasts?"

Royal Institute for International Affairs/Chatham House, Programme Paper: ISP PP 2001/01, 2011.

Gorst, Isabelle, and Neil Buckley. "Medvedev and Putin Clash over Libya." Financial Times, March 21, 2011. Accessed May 22, 2013, http://www. ft.com/cms/s/0/2e62b08e-53d2—11e0-a01c-00144feab49a.html.

Gould, Stephen Jay. Full House: The Spread of Excellence from Plato to Darwin. Cambridge, MA: Harvard University Press, 2011.

Gourevitch, Peter. "The Second Image Reversed: The International Sources of Domestic Politics." International Organization 32, no. 4 (1978): 881—912.

Gow, James, and Milena Michalski. War, Image and Legitimacy: Viewing Contemporary Conflict. Vol.47. London: Routledge, 2007. 279.

Gowing, Nik. "Skyful of Lies" and Black Swans: The New Tyranny of Shifting Information Power in Crises. Oxford: Reuters Institute for the Study of Journalism, University of Oxford, 2009.

Grant, Mark. L. "Evidence to House of Commons Defence Select Committee HC905." October 12, 2011, London. Accessed March 1, 2012, http://www.publications.parliament.uk/pa/cm201012/cmselect/cmdfence/950/11101201.htm.

——. "Explanation of Vote Delivered by Sir Mark Lyall Grant, Ambassador and Permanent Representative of the UK Mission to the United Nations, on Security Council Resolution on Libya." March 17, 2011, New York. Accessed September 1, 2011, http://ukun.fco.gov.uk/en/news/?view=News&id=568282782.

Gross, Doug. "Survey: More Americans Get News from Internet than Newspapers or Radio." CNN Tech, March 1, 2010. Accessed May 23, 2013, http://articles.cnn.com/2010-0301/tech/social.network.news_1_social-networking-sites-social-media-social-experience?_s=PM:TECH.

Habermas, Jürgen. The Structural Transformation of the Public Sphere: An Inquiry into a Category of Bourgeois Society. Cambridge, MA: The MIT

Press, 1989.

Hague, William. Foreign Secretary Comments on UN Vote on Libya No Fly Zone. March 18, 2011, London. Accessed August 21, 2011, http://ukun.fco.gov.uk/en/news/?view=News&id=568543282.

———. Statement to the House of Commons, March 24, 2011, London. Accessed August 21, 2011, http://www.fco.gov.uk/en/news/latest-news/?view=PressS&id=571853282.

Hague, William. Statement to the House of Commons on North Africa and the Middle East. House of Commons Official Report. Parliamentary Debates(Hansard), Vol.525, no.139(March 24, 2011):1113—1130.

Hajer, Martin A. The Politics of Environmental Discourse: Ecological Modernization and the Policy Process. Oxford: Oxford University Press, 1995.

Hallin, Daniel C. The Uncensored War: The Media and Vietnam. Berkeley: University of California Press, 1989.

Halverson, Jeffry R., H. Lloyd Goodall, and Steven R. Corman. Master Narratives of Islamist Extremism. Basingstoke: Palgrave Macmillan, 2011.

Hanau Santini, Ruth. "European Union Discourses and Practices on the Iranian Nuclear Programme." European Security 19, no.3(2010):467—489.

Handel, Michael. Weak States in the International System. London: Frank Cass, 1990.

Handley, Robert L., and Lou Rutigliano. "Journalistic Field Wars: Defending and Attacking the National Narrative in a Diversifying Journalistic Field." Media, Culture & Society 34, no.6(2012):744—60. 280.

Hansen, Lene. Security as Practice. London: Routledge, 2006.

———. "Theorizing the Image for Security Studies: Visual Securitization and the Muhammad Cartoon Crisis." European Journal of International Relations 17, no.1(2011):51—74.

Hanson, Elizabeth. The Information Revolution and World Politics. Lanham: Rowman and Littlefield, 2008.

Hayden, Craig. The Rhetoric of Soft Power: Public Diplomacy in Global Contexts. Lanham, MD: Lexington Books, 2012.

He, Kai. "Undermining Adversaries: Unipolarity, Threat Perception, and Negative Balancing Strategies after the Cold War." Security Studies 21, no.2(2012):154—191.

Hendrickson, Ryan C. "Libya and American War Powers: Barak Obama as Commander in Chief." Paper presented to the Annual Convention of the International Studies Association, San Diego, April 2—5, 2012.

Herman, Robert G. "Identity, Norms, and National Security: The Soviet Foreign Policy Revolution and the End of the Cold War." In The Culture of National Security: Norms and Identity in World Politics, edited by Peter Katzenstein. New York: Columbia University Press, 1996. 272—316.

Hetherington, Marc J., and Michael Nelson. "Anatomy of a Rally Effect: George W. Bush and the War on Terrorism." Political Science and Politics 36, no.1(2003):37—42.

Hill, Fiona, and Clifford G. Gaddy. Mr. Putin: Operative in the Kremlin. Washington, DC: Brookings Institution Press, 2013.

Hogan, Michael J. A Cross of Iron. Cambridge: Cambridge University Press, 1998.

Hokayem, Emile. Foreign Policy: The Middle East Channel—The War of Narratives. International Institute for Strategic Studies, February 8, 2011. Accessed March 2, 2013, http://www. iiss. org/whats-new/iiss-in-the-press/press-coverage-2011/february-2011/the-war-of-narratives/.

Holsti, Kaleavi J. "National Role Conceptions in the Study of Foreign Policy." International Studies Quarterly 14, no.3(1970):233—309.

Hopf, Ted. Social Construction of International Politics: Identities & Foreign Policies, Moscow, 1955 and 1999. Ithaca, NY: Cornell University Press, 2002.

Hoskins, Andrew. Televising War: From Vietnam to Iraq. London: Continuum, 2004.

——. "Temporality, Proximity, and Security: Terror in a Media-drenched Age." International Relations 20(2007):453—466.

Hoskins, Andrew, and Ben O'Loughlin. Television and Terror: Conflicting Times and the Crisis of News Discourse. Basingstoke: Palgrave Macmillan,

2007. 281.

———. War and Media. Cambridge: Polity, 2010.

———. "Security Journalism and 'The Mainstream' in Britain since 7/7: Translating Terror but Inciting Violence?" International Affairs 86, no. 4 (2010):903—924.

———. "Remediating Jihad for Western News Audiences: The Renewal of Gate-keeping?" Journalism 12, no.2(2011):199—216.

Howard, Philip N. The Digital Origins of Dictatorship and Democracy: Information Technology and Political Islam. New York: Oxford University Press, 2010.

Howorth, Jolyon, and Anand Menon. "Still Not Pushing Back: Why the European Union Is Not Balancing the United States." Journal of Conflict Resolution 53, no.5(2009):727—744.

Hunter, Robert E. "Engage, Don't Isolate, Iran." Rand Corporation, June 27, 2004. Accessed April 4, 2004, http://www.rand.org/commentary/2004/06/27/SDT.html.

Hurrell, Andrew. On Global Order: Power, Values and the Constitution of International Society. Oxford: Oxford University Press, 2007.

Hutcheson, John, David Domke, Andre Billeaudeaux, and Philip Garland. "US National Identity, Political Elites, and a Patriotic Press Following September 11." Political Communication 21, no.1(2004):27—50.

Huth, Paul, and Bruce Russett. "What Makes Deterrence Work: Cases from 1900 to 1980." World Politics 36(1984):496—526.

Hyde-Price, Adrian, and Charlie Jeffery. "Germany in the European Union: Constructing Normality." Journal of Common Market Studies 39, no.4 (Nov.2001):689—717. IAEA(International Atomic Energy Agency). "Communication Dated 13 January 2006 Received from the Permanent Missions of France, Germany and the United Kingdom to the Agency." INFCIRC/662, January 13, 2006. Accessed April 4, 2013, http://www.iaea.org/Publications/Documents/Infcircs/2006/infcirc662.pdf.

———. "Communication on 5 March 2004 from the Permanent Mission of the Islamic Republic of Iran Concerning the Report of the Director General

Contained in GOV/2004/11." INFCIRC/628, March 5, 2004. Accessed May 21, 2013, http://www. iaea. org/Publications/Documents/Infcircs/2004/infcirc628.pdf.

——. "Implementation of the NPT Safeguards Agreement in the Islamic Republic of Iran." GOV/2003/63, August 26, 2003. Accessed April 4, 2013, http://www.iaea.org/Publications/Documents/Board/2003/gov2003-63.pdf.

——. "Implementation of the NPT Safeguards Agreement in the Islamic Republic of Iran." GOV/2004/11, February 24, 2004. Accessed May 21, 2013, http://www. iaea. org/Publications/Documents/Board/2004/gov2004-11.pdf.282.

——. "Implementation of the NPT Safeguards Agreement in the Islamic Republic of Iran." GOV/2005/77, September 24, 2005. Accessed December 3, 2012, http://www.iaea.org/Publications/Documents/Board/2005/gov2005-77.pdf.

——. "Iran-EU Agreement on Nuclear Programme." November 14, 2004. Accessed April 5, 2013 http://www. iaea. org/newscenter/focus/iaeairan/eu_iran14112004.shtml.

IFOP(Institut Français d'Opinion Publique). "Survey of French Views of Libya Crisis from March 2011—June 2011." Accessed March 1, 2013, http://www.ifop.com/media/poll/1558-2-study_file.pdf.

Ignatieff, Michael. "The Diplomatic Life: The Dream of Albanians." The New Yorker, January 11, 1999:34—39.

Ikenberry, G. John. After Victory: Institutions, Strategic Restraint, and the Rebuilding of Order after Major Wars. Princeton, NJ: Princeton University Press, 2001.

——. ed. America Unrivalled: The Future of the Balance of Power. Ithaca, NY: Cornell University Press, 2002.

——. "Liberal Internationalism 3.0: America and the Dilemmas of Liberal World Order." Perspectives on Politics 7, no.1(2009):71—87.

——. Liberal Leviathan: The Origins, Crisis, and Transformation of the American World Order. Princeton, NJ: Princeton University Press, 2011.

——. 2008. "The Rise of China and the Future of the West: Can the Liberal System Survive." Foreign Affairs 87, no.1(January/February 2008):

23—37.

———. "A Weaker World." Prospect, November(2010):30—33.

Ikenberry, G. John, Michael Mastanduno, and William C. Wohlforth, ed. International Relations Theory and the Consequences of Unipolarity. Cambridge: Cambridge University Press, 2011.

Infratest diMap. Poll on Libya for ARD, March 8—9, 2011. Accessed August 21, 2011, http://www.infratest dimap.de/uploads/media/dt1103_bericht.pdf.

Ipsos MORI. "Military Action in Libya: Topline Results." April 12, 2011. Accessed August 21, 2011, http://www.ipsos mori.com/Assets/Docs/Polls/Reuters-Libya-topline-Apr11.PDF.

Iran Ministry for Foreign Affairs. "Statement by the Iranian Government and visiting EU Foreign Ministers." NuclearFiles.org, October 21, 2003. Accessed May 21, 2013, http://www.nuclearfiles.org/menu/key-issues/nuclear-weapons/issues/proliferation/iran/statement-visiting-eu-ministers.htm.

Irish, John, and Tim Hepher. France Fails to Get G-8 Accord on Libya No Fly Zone. Reuters, March 15, 2011. Accessed September 1, 2011, http://www.reuters.com/article/2011/03/15/us-g8-libya-idUSTRE72E0BX20110315.283.

Irwin-Zarecka, Iwona. Frames of Remembrance: The Dynamics of Collective Memory. Somerset, NJ: Transaction, 1994.

Isaacson, Walter, and Evan Thomas. The Wise Men: Six Friends and the World They Made. New York: Simon & Schuster, 2012.

Jackson, Patrick Thaddeus. "Defending the West: Occidentalism and the Formation of NATO." Journal of Political Philosophy 11, no.3(2003):223—252.

Jamieson, Kathleen Hall. Dirty Politics: Deception, Distraction, and Democracy. Oxford: Oxford University Press, 1992.

Jentleson, Bruce W., and Steven Weber. "America's Hard Sell." Foreign Policy 1(2008):169.

Jones, Ben. "Franco-British Defence Co-operation: A New Engine for European Defence?" Occasional Paper No.88, European Union Institute for Security Studies, February 2011. Accessed April 14, 2011, http://www.iss.

europa. eu/uploads/media/op88—Franco-British_military_cooperation—a_new_engine_for_European_defence. pdf.

Jones, Bruce D. "Libya and the Responsibilities of Power." Survival 53, no.3(2011):51—60.

Juppé, Alain. "Libya—Speech by Alain Juppé, Minister of Foreign Affairs and European Affairs, to the United Nations Security Council, March 17, 2011." France in the United Kingdom, French Embassy in London. http://www.ambafrance-uk.org/Alain-Juppe-backs-UN-resolution.

Kagan, Robert. Paradise and Power: America and Europe in the New World Order. London: Atlantic Books, 2003.

Kaldor, Mary. New & Old Wars: Organized Violence in a Global Era. Stanford, CA: Stanford University Press, 2007.

Kaldor, Mary, Mary Martin, and Sabine Selchow. "Human Security: A New Strategic Narrative for the EU." International Affairs 83, no.2(2007): 273—288.

Kang, David C. China Rising: Peace, Power, and Order in East Asia. New York: Columbia University Press, 2007.

Katzenstein, Peter J., ed. The Culture of National Security: Norms and Identity in World Politics. New York: Columbia University Press, 1996.

——, Tamed Power: Germany in Europe. Ithaca, NY: Cornell University Press, 1997.

Keck, Margaret E., and Kathryn Sikkink. Activists beyond Borders: Advocacy Networks in International Politics. Ithaca, NY: Cornell University Press, 1998. 284.

Kelley, Colleen E. The Rhetoric of First Lady Hillary Rodham Clinton: Crisis Management Discourse. London: Praeger, 2001.

Khatib, Lina, William Dutton, and Michael Thelwall. "Public Diplomacy 2.0: An Exploratory Case Study of the US Digital Outreach Team." The Middle East Journal 2(2011). http://ssrn.com/abstract=1734850.

Kinnvall, Catarina. "Globalization and Religious Nationalism: Self, Identity, and the Search for Ontological Security." Political Psychology 25, no.5 (2004):741—767.

——. "European Trauma Governance and the Psychological Moment." Alternatives: Global, Local, Political 37, no.3(2012):266—281.

Knorr-Cetina, Karin. "Complex Global Microstructures: The New Terrorist Societies." Theory, Culture & Society 22, no.5(2005):213—234.

Krauthammer, Charles. "Decline Is a Choice. The New Liberalism and the End of American Ascendancy." The Weekly Standard 15, no.5(2009). Accessed May 22, 2013, http://www.weeklystandard.com/Content/Public/Articles/000/000/017/056lfnpr.asp.

Krebs, Ronald R., and Patrick Thaddeus Jackson. "Twisting Tongues and Twisting Arms: The Power of Political Rhetoric." European Journal of International Relations 13, no.1(2007):35—66.

"Krieg in Libyen: Über 60 Prozent der Deutschen befürworten den Angriff." Bild am Sonntag, March 20, 2011. Accessed August 21, 2011, http://www.bild.de/politik/2011/libyen-krise/aber-mehrheit-lehnt-beteiligung-ab-16933388.bild.html.

Kroes, Neelie. "Working Together to Protect Cyber Security." In Telecom Ministerial Conference on Critical Information Infrastructure Protection. Balatonfüred, Hungary, April 15, 2011. http://europa.eu/rapid/pressReleasesAction.do?reference=SPEECH/11/275&format=HTML&aged=0&language=EN&guiLanguage=en.

Krotz, Ulrich, and Joachim Schild. Shaping Europe: France, Germany, and Embedded Bilateralism from the Elysee Treaty to Twenty-First Century Politics. Oxford: Oxford University Press, 2012.

Kubálková, Vendulka. Foreign Policy in a Constructed World. Vol.4. Armonk, NY: M.E. Sharpe, 2001.

Kupchan, Charles A. "After Pax Americana: Benign Power, Regional Integration, and the Sources of a Stable Multipolarity." International Security 23, no.2(1998):40—79.

——. The End of the American Era: US Foreign Policy and the Geopolitics of the Twenty-First Century. New York: Knopf, 2002. 285.

Lake, David A. Hierarchy in International Relations. Ithaca, NY: Cornell University Press, 2009.

Lapid, Yosef, and Friedrich V. Kratochwil, eds. The Return of Culture and Identity in IR Theory. Boulder, CO: Lynne Rienner, 1996.

Latour, Bruno. "Visualisation and Cognition: Thinking With Hands and Eyes." Knowledge and Society 6(1987):1—40.

———. "What If We Talked Politics a Little?" Contemporary Political Theory 2, no.2(2003):143—164.

Lawson, George. "The Eternal Divide? History and International Relations." European Journal of International Relations 18, no.2(2012):203—226.

Layne, Christopher. "The Global Power Shift from West to East." The National Interest 119(2012):22.

———. "A Matter of Historical Debate." Foreign Affairs 85, no.6(2006): 181—182.

———. "The Unipolar Illusion: Why New Great Powers Will Rise." International Security 17, no.4(1993):5—51.

———. "The Unipolar Illusion Revisited: The Coming End of the United States' Unipolar Moment." International Security 31, no.2(2006):7—41.

Leavy, Patricia. Iconic Events: Media, Politics, and Power in Retelling History. Lanham, MD: Lexington Books, 2007.

Lebow, Richard Ned, and Benjamin Valentino. "Lost in Transition: A Critical Analysis of Power Transition Theory." International Relations 23, no.3 (2009):389—410.

Leffler, Melvyn P., and Jeffrey W. Legro, eds. To Lead the World: American Strategy after the Bush Doctrine. Oxford: Oxford University Press, 2008.

Legro, Jeffrey W. "What China Will Want: The Future Intentions of a Rising Power." Perspectives on Politics 5, no.3(2007):515—534.

———. Rethinking the World: Great Power Strategies and International Order. Ithaca, NY: Cornell University Press, 2005.

Leonard, Mark, ed. China 3.0, London: European Council on Foreign Relations, 2012.

———. ed. What Does China Think? New York: Public Affairs, 2008.

Levy, Jack. War in the Modern Great Power System. Lexington: University Press of Kentucky, 1983. 286.

Li, Baodong. "Explanation of Vote by Ambassador Li Baodong after Adoption of Security Council Resolution on Libya, March 17, 2011." China-UN.org. Accessed August 21, 2011, http://www.china-un.org/eng/gdxw/t807544.htm.

Lippmann, Walter. The Phantom Public. New Brunswick: Transaction, 2002.

——. Public Opinion(1921). Accessed May 1, 2013, http://xroads.virginia.edu/~Hyper2/CDFinal/Lippman/cover.html.

Lipset, Seymour Martin. American Exceptionalism: A Double-Edged Sword. New York: Norton, 1997.

Livingston, Steven. "The CNN Effect Reconsidered(Again): Problematizing ICT and Global Governance in the CNN Effect Research Agenda." Media, War & Conflict 4, no.1(2011):20—36.

——. "Transparency and the News Media." In Power and Conflict in the Age of Transparency, edited by Bernard I. Finel and Kristin M. Lord. New York: Pal-grave, 2003. 115—135.

Litwak, Robert. Rogue States and U.S. Foreign Policy: Containment after the Cold War. Baltimore: Johns Hopkins University Press, 2000.

Los Angeles Times. "Iran Rejects U.N. Request to Halt its Nuclear Activity." April 14, 2006. Accessed April 4, 2013, http://articles.latimes.com/2006/apr/14/world/fg-iran14.

Lundby, Knut, ed. The Mediatization of Communication. Berlin: De Gruyter Mouton, forthcoming.

Lynch, Marc. State Interests and Public Spheres: The International Politics of Jordan's Identity. New York: Columbia University Press, 1999.

——. "Why Engage? China and the Logic of Communicative Engagement." European Journal of International Relations 8, no.2(2002):187—230.

Mackay, Hugh. "Understanding Impact." Report for the BBC World Service, 2012. Accessed November 4, 2012, http://www8.open.ac.uk/researchprojects/diasporas/news/public-policy-fellowship-at-the-bbc-world-service.

Mackay, Hugh, and Jingrong Tong. "Interactivity, the Global Conversation and World Service Research: Digital China." Participations: Journal of Audience and Reception Studies 8, no.1(2011):48—74. Accessed September 1, 2012, http://www.participations.org/Volume%208/Issue%201/PDF/mackay.pdf.

MacMillan, Margaret. Paris 1919: Six Months that Changed the World. London: Random House, 2007.

Main, Linda. "The Global Information Infrastructure: Empowerment or Imperialism?" Third World Quarterly 22, no.1(2001):83—97. 287.

Manjikian, Mary M. "From Global Village to Virtual Battlespace: The Colonizing of the Internet and the Extension of Realpolitik." International Studies Quarterly 54, no.2(2010):381—401.

Mann, Michael. The Sources of Social Power. Vol.2A, A History of Power from the Beginning to AD 1760. Cambridge: Cambridge University Press, 1986.

——. The Sources of Social Power. Vol. 2, The Rise of Classes and Nation-States, 1760—1914. Cambridge: Cambridge University Press, 1993.

Manners, Ian. "The European Union as a Normative Power: A Response to Thomas Diez." Millennium-Journal of International Studies 35, no.1(2006): 167—180.

——. "Normative Power Europe: A Contradiction in Terms?" JCMS: Journal of Common Market Studies 40, no.2(2002):235—258.

Massumi, Brian. "Fear(The Spectrum Said)." Positions: East Asia Cultures Critique 13, no.1(2005):31—48.

——. "National Enterprise Emergency: Steps toward an Ecology of Powers." Theory, Culture & Society 26, no.6(2009):153—185.

Mastanduno, Michael. "Preserving the Unipolar Moment: Realist Theories and US Grand Strategy after the Cold War." International Security 21, no.4(1997):49—88.

March, James G., and Johan P. Olsen. The Logic of Appropriateness. ARENA Working Papers 04/09, Centre for European Studies, University of Oslo, 2004. Accessed May 22,2013, http://www.sv.uio.no/arena/english/research/publications/arena-publications/workingpapers/working-papers2004/wp04_9.pdf.

Maull, Hanns W. "Germany and Japan: The New Civilian Powers." Foreign Affairs 69, no.5(Winter, 1990):91—106.

McCarthy, Daniel R. "Open Networks and the Open Door: American Foreign Policy and the Narration of the Internet." Foreign Policy Analysis 7, no.1(2011):89—111.

McEvoy-Levy, Siobhan. American Exceptionalism and US Foreign Policy. Basing-stoke: Palgrave, 2001.

McGregor, Richard, and Daniel Dombey. "Foreign Policy: A Reticent America." Financial Times, March 23, 2011. Accessed September 1, 2011, http://www.ft.com/cms/s/0/3ddd2d0c-557e-11e0-a2b1-00144feab49a.html#axzz2QtWEz7j3.

McLuhan, Marshall. Understanding Media: The Extensions of Man. Cambridge, MA: MIT Press, 1994.

Mearsheimer, John J. The Tragedy of Great Power Politics. New York: Norton, 2001.

Melissen, Jan. The New Public Diplomacy. Basingstoke: Palgrave Macmillan, 2005. 288.

Meraz, Sharon, and Zizi Papacharissi. "Networked Gatekeeping and Networked Framing on Egypt." The International Journal of Press/Politics 18, no.2(2013):138—166.

"Merkel Cabinet Agrees AWACS for Afghanistan." Spiegel Online, March 23, 2011. Accessed August 21, 2011, http://www.spiegel.de/international/world/0,1518,752709,00.html.

Miller, Derek B. Media Pressure on Foreign Policy: The Evolving Theoretical Framework. Basingstoke: Palgrave Macmillan, 2007.

Ministry of Defence. "Strategic Communication: The Defence Contribution." Joint Doctrine Note 1/11, 2011. Accessed May 22, 2013, https://www.gov.uk/government/uploads/system/uploads/attachment _ data/file/33710/20120126jdn112_Strategic_CommsU.pdf.

Minow, Martha. "Stories in Law." In Law's Stories: Narrative and Rhetoric in the Law, edited by Peters Brooks and Paul Gewirtz. New Haven, CT: Yale University Press, 1996. 24—36.

Miskimmon, Alister. "Falling into Line? Kosovo and the Course of German Foreign Policy." International Affairs 85, no.3(2009):561—573.

——. "German Foreign Policy and the Libya Crisis." German Politics 21, no.4(2012):392—410.

Miskimmon, Alister, Ben O'Loughlin, and Laura Roselle. "Forging the World: Strategic Narratives and International Relations." Centre for European Politics/New Political Communications Unit Working Paper, 2012. Accessed May 23, 2013, http://newpolcom.rhul.ac.uk/storage/Forging%20the%20World%20Working%20Paper%202012.pdf.

——. ed. Strategic Narrative in International Relations. Ann Arbor: Michigan University Press, 2014.

Mitchell, William John Thomas. Cloning Terror: The War of Images, 9/11 to the Present. Chicago: University of Chicago Press, 2011.

——. "There Are No Visual Media." Journal of Visual Culture 4, no.2 (2005):257—266.

Mitzen, Jennifer. "Governing Together: Global Governance as Collective Intention." In Arguing Global Governance: Agency, Lifeworld and Shared Reasoning, edited by Corneliu Bjola and Markus Kornprobst. London: Routledge, 2010. 52—66.

——. "Ontological Security in World Politics: State Identity and the Security Dilemma." European Journal of International Relations 12, no.3(2006): 341—370.

Mor, Ben D. "Accounts and Impression Management in Public Diplomacy: Israeli Justification of Force during the 2006 Lebanon War." Global Change, Peace & Security 21, no.2(2009):219—239. 289.

——. "Credibility Talk in Public Diplomacy." Review of International Studies 38, no.02(2012):393—422.

——. "Public Diplomacy in Grand Strategy." Foreign Policy Analysis 2, no.2(2006):157—176.

——. "The Rhetoric of Public Diplomacy and Propaganda Wars: A View from Self-Presentation Theory." European Journal of Political Research 46, no.5(2007):661—683.

——. "Using Force to Save Face: The Performative Side of War." Peace

&. Change 37, no.1(2012):95—121.

Morgenthau, Hans Joachim. Politics among Nations: The Struggle for Power and Peace. New York: Knopf, 1960.

——. Truth and Power: Essays of a Decade, 1960—1970. London: Pall Mall, 1970.

Morozov, Evgeny. The Net Delusion: How Not to Liberate the World. New York: Penguin, 2011.

National Security Act 1947. July 26, Washington D.C. Public Law 80—253, 61 STAT 495. Accessed March 13, 2013, http://intelligence.senate.gov/nsaact1947.pdf.

National Security Council Report 68, 1950. Accessed 13 March 2013, https://www.mtholyoke.edu/acad/intrel/nsc-68/nsc68-1.htm.

Nayak, Meghana, and Eric Selbin. Decentering International Relations. London: Zed Books, 2010.

Negroponte, Nicholas. Being Digital. New York: Knopf, 1995.

Nelson, Thomas E., Rosalee A. Clawson, and Zoe M. Oxley. "Media Framing of a Civil Liberties Conflict and Its Effect on Tolerance." American Political Science Review(1997):567—583.

Nettelfield, Lara. Courting Democracy in Bosnia and Herzegovina: The Hague Tribunal's Impact in a Postwar State. New York: Cambridge University Press, 2010.

——. "Research and Repercussions of Death Tolls: The Case of the Bosnian Book of the Dead." In Sex, Drugs, and Body Counts: The Politics of Numbers in Global Crime and Conflict, edited by Peter Andreas and Kelly M. Greenhill. Ithaca, NY: Cornell University Press, 2010. 159—187.

Newey, Glen. "Philosophy, Politics and Contestability." Journal of Political Ideologies 6, no.3(2001):245—261.

Nitze, Paul. "The Development of NSC 68." International Security 4, no.4 (1980):170—176.

Norris, Christopher. Derrida. London: Fontana, 1987. 290.

Norris, Pippa, and Ronald Inglehart. Cosmopolitan Communications. Cambridge: Cambridge University Press, 2009.

Nye, Joseph S., Jr. "American and Chinese Power after the Financial Crisis." The Washington Quarterly, 33(2010):143—153.

———. "The Changing Nature of World Power." Political Science Quarterly 105, no.2(1990):177—192.

———. The Paradox of American Power: Why the World's Only Superpower Can't Go It Alone. New York: Oxford University Press, 2002.

———. "Public Diplomacy and Soft Power." The Annals of the American Academy of Political and Social Science 616, no.1(2008):94—109.

———. "Soft Power." Foreign Policy 80(1990):153—171.

———. "US Power and Strategy after Iraq." Foreign Affairs(2003):60—73. O'Hanlon, Michael. "Libya and the Obama Doctrine." Foreign Policy, August 31, 2011. Accessed September 1, 2011, http://www.foreignaffairs.com/articles/68237/michael-ohanlon/libya-and-the-obama-doctrine.

———. "Winning Ugly in Libya." Foreign Policy, March 30, 2011. Accessed September 1, 2011, http://www.foreignaffairs.com/articles/67684/michael-ohanlon/winning-ugly-in-libya.

O'Loughlin, Ben. "Images as Weapons of War: Representation, Mediation and Interpretation." Review of International Studies 37, no.1(2010):71—91.

———. "Small Pivots: Should Local Struggles take on Global Significance?" Global Policy, April 29, 2013. http://www.globalpolicyjournal.com/blog/29/04/2013/small-pivots-should-local-struggles-take-global-significance.

Oates, Sarah. 2006. "Through a Lens Darkly? Russian Television and Terrorism Coverage in Comparative Perspective." Paper prepared for The Mass Media in Post-Soviet Russia International Conference, University of Surrey, April 2006.

Obama, Barack. Inaugural Address. Washington, DC, January 20, 2009. Accessed April 4, 2013. Available at: www.whitehouse.gov/blog/inaugural-address.

———. "Remarks by the President at the National Defense University," May 23, 2013. Accessed May 23, 2013, http://www.whitehouse.gov/the-press-office/2013/05/23/remarks-president-national-defense-university.

———. "Remarks by the President on a New Beginning." Cairo University,

Cairo, Egypt, June 4, 2009. Accessed May 21, 2013, http://www. whitehouse. gov/the-press-office/remarks-president-cairo-university-6-04-09.291.

——. "Remarks by the President on Securing Our Nation's Cyber Infrastructure." The White House, Office of the Press Secretary, May 29, 2009. Accessed August 29, 2012, http://www. whitehouse. gov/the-press-office/remarks-president-securing-our-nations-cyber infrastructure.

——. "Renewing American Leadership." Foreign Affairs(2007):2—16.

——. Speech to the National Defense University, Washington, DC, March 28, 2011. Accessed May 1, 2013, http://www.whitehouse.gov/the-press-office/2011/03/28/remarks-president-address-nationlibya. "Obama Speech Gets Solid Reaction World-Wide." Wall Street Journal, June 4, 2009. Accessed September 1, 2012, http://online.wsj.com/article/SB124412266343885095.html.

"Obama: We'll Mull 'Sanctions that Bite' If Iran Nuclear Talks Fail." Haaretz, September 25, 2009. Accessed April 4, 2013, http://www.haaretz.com/news/obama-we-ll-mull-sanctions-that-bite-if-iran-nuclear-talks-fail-1. 7174. Office of the Director of National Intelligence. Iran: Nuclear Intentions and Capabilities, National Intelligence Estimate. November 2007. Accessed April 4, 2013, http://www. dni. gov/files/documents/Newsroom/Reports% 20and% 20Pubs/20071203_release.pdf.

Orford, Anne. Reading Humanitarian Intervention: Human Rights and the Use of Force in International Law. Vol. 30. Cambridge University Press, 2003.

Organski, Abramo F. K. World Politics. New York: Knopf, 1958.

ÓTuathail, Gearóid. "Theorizing Practical Geopolitical Reasoning: The Case of the United States' Response to the War in Bosnia." Political Geography 21, no.5(2002):601—628.

Owen, John M., IV. The Clash of Ideas in World Politics: Transnational Networks, States, and Regime Change, 1510—2010. Princeton, NJ: Princeton University Press, 2010.

Pamment, James. New Public Diplomacy in the 21st Century: A Comparative Study of Policy and Practice. London: Routledge, 2012.

Panke, Diana, and Ulrich Petersohn. "Why International Norms Disappear Sometimes." European Journal of International Relations 18, no.4(2012): 719—742.

Parasiliti, Andrew. "Iran: Diplomacy and Deterrence." Survival 51, no.5 (2009):5—13.

Pape, Robert A. "Soft Balancing against the United States." International Security 30, no.1(2005):7—45.

Paul, Thazha V. "Soft Balancing in the Age of US Primacy." International Security 30, no.1(2005):46—71. 292.

Pew Research Center. "Public Wary of Military Intervention in Libya: Broad Concern that U.S. Military Is Overcommitted." March 14, 2011. Accessed May 22, 2013, http://www. people-press. org/2011/03/14/public-wary- of-military-intervention-in-libya/.

Petersen, Thomas. "Testing Visual Signals in Representative Surveys." International Journal of Public Opinion Research 17, no.4(2005):456—472.

Pfau, Michael, Michel M. Haigh, Theresa Shannon, Toni Tones, Deborah Mercurio, Raina Williams, Blanca Binstock, "The Influence of Television News Depictions of the Images of War on Viewers." Journal of Broadcasting & Electronic Media 52, no.2(2008):303—322.

Porter, Wayne, and Mark Mykleby. A National Strategic Narrative. Washington DC: Woodrow Wilson International Center for Scholars, 2011.

Posen, Barry R., and Andrew L. Ross. "Competing Visions for US Grand Strategy." International Security 21, no.3(1997):5—53.

Postman, Neil. "The Reformed English Curriculum." In The Shape of the Future in American Secondary Education, edited by Alvin C. Eurich. New York: Pitman, 1970. 160—168.

Press, Daryl G. Calculating Credibility: How Leaders Assess Military Threats. Ithaca, NY: Cornell University Press, 2005.

Price, Monroe E.. Media and Sovereignty: The Global Information Revolution and Its Challenge to State Power. Cambridge, MA: MIT University Press, 2002.

——. "Al-Obedi's Tripoli Surprise and the Packaging of Libya's Future." Huffington Post, April 20, 2011. Accessed May 22, 2013, http://www.huffingtonpost.com/monroe-price/strategic-narratives-of-t_b_851701.html.

——. Fierceness of Competition, Softness of Power: Freedom of Expression in a Time of Strategic Communicators, forthcoming.

Putnam, Robert D. "Diplomacy and Domestic Politics: The Logic of Two-Level Games." International Organization 42(Summer 1988):427—460.

Ramo, Joshua Cooper. "The Beijing Consensus." Foreign Policy Centre, 2004. Accessed March 13, 2013, http://fpc.org.uk/fsblob/244.pdf.

Ramo, Joshua Cooper. Brand China. Foreign Policy Centre, 2007.

Rengger, Nicholas J. International Relations, Political Theory, and the Problem of Order: Beyond International Relations Theory? London: Routledge, 2000.

Rice, Susan. "Remarks by Ambassador Susan E. Rice, U.S. Permanent Representative to the United Nations, in an Explanation of Vote on UN Security Council Resolution 1973", March 17, 2011, New York. Accessed September 1, 2011, http://usun.state.gov/briefing/statements/2011/158559.htm. 293.

Richards, Barry. Emotional Governance: Politics, Media and Terror. Basingstoke: Palgrave Macmillan, 2007.

Ringmar, Erik. "Inter-Texual Relations: The Quarrel over the Iraq War as a Conflict between Narrative Types." Cooperation and Conflict 41, no.4 (2006):403—421.

Ringsmose, Jens, & Børgensen, Berit. "Shaping Public Attitudes toward the Deployment of Military Power: NATO, Afghanistan and the Use of Strategic Narratives." European Security, 20, no.4(2011):505—528.

Risse, Thomas. "International Norms and Domestic Change: Arguing and Communicative Behavior in the Human Rights Arena." Politics and Society 27, no.4(1999):529—559.

——. "'Let's Argue!': Communicative Action in World Politics." International Organization 54, no.1(2000):1—39.

Roberts, Geoffrey. "History, Theory and the Narrative Turn in IR." Review of International Studies 32, no.4(2006):703—714.

Rogin, Josh. "European Governments 'Completely Puzzled' about U.S. Position on Libya." Foreign Policy, March 16, 2011. Accessed August

21, 2011, http://thecable.foreignpolicy.com/posts/2011/03/16/european_governments_completely_puzzled_about_us_position_on_libya.

———. "How Obama Turned on a Dime toward War." Foreign Policy, March 18, 2011. Accessed August 21, 2011, http://thecable.foreignpolicy.com/posts/2011/03/18/how_obama_turned_on_a_dime_toward_war.

Rose, Nikolas. "Governing 'Advanced' Liberal Democracies." In Foucault and Political Reason: Liberalism, Neo-liberalism, and Rationalities of Government, edited by Andrew Barry, Thomas Osborne, and Nikolas Rose. London: UCL, 1996.

Rose, Nikolas, and Peter Miller. "Political Power beyond the State: Problematics of Government." British Journal of Sociology 61(1992):271—303.

Roselle, Laura. Media and the Politics of Failure: Great Powers, Communication Strategies, and Military Defeats. 2nd ed. New York: Palgrave Macmillan, 2011.

Rosenau, James N. Distant Proximities: Dynamics beyond Globalization. Princeton, NJ: Princeton University Press, 2003.

Rotberg, Robert I. "Failed States, Collapsed States, Weak States: Causes and Indicators." In State Failure and State Weakness in a Time of Terror, edited by Robert I.

Rotberg. Washington, DC: World Peace Foundation, 2003. 1—25.

Rousseau, David L. Identifying Threats and Threatening Identities: The Social Construction of Realism and Liberalism. Stanford: Stanford University Press, 2006. 294.

Rousseau, David L., and Rocio Garcia-Retamero. "Identity, Power, and Threat Perception: A Cross-National Experimental Study." Journal of Conflict Resolution 51, no.5(2007):744—771.

Rumelt, Richard. Good Strategy, Bad Strategy: The Difference and Why It Matters. London: Profile Books, 2011.

Runciman, David. The Politics of Good Intentions. Princeton, NJ: Princeton University Press, 2006.

Ryan, Marie-Laure. "On the Theoretical Foundations of Transmedial Narratology." In Narratology beyond Literary Criticism: Mediality, Disciplinarity, edited by Jan-Christoph Meister, Tom Kindt, and Wilhelm Schernus. Berlin/ New York: De Gruyter, 2005. 1—24.

Sarkozy, Nicolas. "Libya—Paris Summit for the Support of the Libyan People—Statement by Nicolas Sarkozy, President of the Republic." March 19, 2011. http://www.ambafrance-uk.org/President-Sarkozy-urges-Gaddafi-to.

Schimmelfennig, Frank. "The Community Trap: Liberal Norms, Rhetorical Action, and the Eastern Enlargement of the European Union." International Organization 55, no.1(2001):47—80.

———. The EU, NATO and the Integration of Europe: Rules and Rhetoric. Cambridge: Cambridge University Press, 2003.

Schmidt, Vivien A. "Does Discourse Matter in the Politics of Welfare State Adjustment?" Comparative Political Studies 35, no.2(2002):168—193.

Schmidt, Vivien A., and Claudio M. Radaelli. "Policy Change and Discourse in Europe: Conceptual and Methodological Issues." West European Politics 27, no.2(2004):183—210.

Schudson, Michael. Watergate in American Memory: How We Remember, Forget, and Reconstruct the Past. New York: Basic Books, 1992.

Schultz, George P. "Diplomacy in the Information Age." In the Conference on Virtual Diplomacy. Washington, DC: U.S. Institute of Peace, April 1, 1997.

Schweller, Randall L., and Xiaoyu Pu. "After Unipolarity: China's Visions of International Order in an Era of US Decline." International Security 36, no.1(2011):41—72.

Seib, Philip. The Al Jazeera Effect: How the New Global Media Are Reshaping World Politics. Washington, DC: Potomac Books, 2008.

———. New Media and the New Middle East. Basingstoke: Palgrave Macmillan, 2007.

———. Real-Time Diplomacy: Politics and Power in the Social Media Era. Basing-stoke:Palgrave Macmillan, 2012. 295.

———. ed. Towards a New Public Diplomacy. Basingstoke: Palgrave, 2009.

———. "Transnational Journalism, Public Diplomacy, and Virtual States."

Paper prepared for conference entitled "Journalism in the 21st Century: Between Globalization and National Identity," University of Melbourne, July 16—17, 2009.

Selbin, Eric. Revolution, Rebellion, Resistance: The Power of Story. London: Zed Books, 2009.

Sen, Amartya. Identity and Violence: The Illusion of Destiny. London: Penguin Books India, 2007.

Shah, Nisha. "Beyond Sovereignty and the State of Nature: Metaphorical Readings of Global Order." In Metaphors of Globalization, edited by Markus Kornprobst, Vincent Pouliot, Nisha Shah, and Ruben Zaiotti. Basingstoke: Palgrave Macmillan, 2007.

Sharp, Paul. Diplomatic Theory of International Relations. Cambridge: Cambridge University Press, 2009.

——. "Obama, Clinton and the Diplomacy of Change." The Hague Journal of Diplomacy 6, no.3—4(2011):393—411.

Shlapentokh, Vladimir. "Perceptions of Foreign Threat to the Regime: From Lenin to Putin." Communist and Post-Communist Studies 42, no. 3 (2009):305—324.

Sikkink, Kathryn. "Beyond the Justice Cascade: How Agentic Constructivism Could Help Explain Change in International Politics." Revised paper from a keynote address, Millennium Annual Conference, October 22, 2011, "Out of the Ivory Tower: Weaving the Theories and Practice of International Relations," London School of Economics, to be presented at the Princeton University IR Colloquium, November 21, 2011.

Simon, Luis. Geopolitical Change, Grand Strategy and European Security. Basing-stoke: Palgrave Macmillan, 2013.

Simpson, Emile. War from the Ground Up: Twenty-First-Century Combat as Politics. London: Hurst, 2012.

Singh, J. P. "The Meta-Power of Interactions: Security and Commerce in Networked Environments." In The Meta-Power Paradigm: Impacts and Transformation of Agents, Institutions, and Social Systems: Capitalism, State, and Democracy in a Global Context, edited by Tom R. Burns and Peter M.

Hall. New York: Peter Lang, 2012. 469—490.

Skinner, Quentin. Liberty before Liberalism. Cambridge: Cambridge University Press, 1998.

Skonieczny, Amy. "Trade Talk: Narratives of US Identity in the Making of Economic Policy." Paper prepared for the Annual Meeting of the American Political Science Association. Toronto, Canada, September 3—6, 2009. 296.

Skuse, Andrew, Marie Gillespie, and Gerry Power, eds. Drama for Development: Cultural Translation and Social Change. London: Sage, 2011.

Slaughter, Anne-Marie. "America's Edge-Power in the Networked Century." Foreign Affairs 88(2009):94.

——. A New World Order. Princeton: Princeton University Press, 2005.

Smith, Daniel, W., and Yousif al-Timini. "Iraq TV: Obama in Cairo, Dog Eaten Corpses." Iraq Slogger, June 4, 2009. Accessed September 4, 2012, http://iraqslogger. powweb. com/index. php/post/7742? PHPSESSID = 86b6121176d9268d5067ebce23e8a267.

Snyder, Jack. Myths of Empire: Domestic Politics and International Ambition. Ithaca, NY: Cornell University Press, 1991.

Sontag, Susan. Regarding the Pain of Others. New York: Farrar, Straus and Giroux, 2003.

Steele, Brent J. Defacing Power: The Aesthetics of Insecurity in Global Politics. Ann Arbor: University of Michigan Press, 2012.

——. "The Limit(ation)s of International Society?" In Maritime Piracy and the Construction of Global Governance, edited by Michael Streutt, Jon D. Carlson, and Mark Nance. Abingdon, UK: Routledge, 2012. 171—191.

Stiegler, Bernard. For a New Critique of Political Economy. Cambridge: Polity, 2009.

Strauss, Claudia. "Models and Motives." In Human Motives and Cultural Models, edited by Roy G. D'Andrade and Claudia Strauss. Cambridge: Cambridge University Press 1992.

Straw, Jack. "Interview with Foreign Secretary Jack Straw on UK Diplomatic Relations with Iran." UK Foreign and Commonwealth Office, July 4, 2004. http://www.iranwatch.org/government/UK/uk-mfa-strawinterview-070404.htm.

Suganami, Hidemi. "Agents, Structures, Narratives." European Journal of International Relations 5, no.3(1999):365—386.

——. "Narratives of War Origins and Endings: A Note on the End of the Cold War." Millennium 26(1997):631—650.

Tharoor, Shashi. Pax Indica. London: Allen Lane, 2012.

Thies, Cameron G. "International Socialization Processes vs. Israeli National Role Conceptions: Can Role Theory Integrate IR Theory and Foreign Policy Analysis?" Foreign Policy Analysis 8, no.1(2012):25—46.

——. "Role Theory and Foreign Policy." Working paper, University of Iowa, 2009. http://myweb.uiowa.edu/bhlai/workshop/role.pdf.297.

——. "The Roles of Bipolarity: A Role Theoretic Understanding of the Effects of Ideas and Material Factors on the Cold War." International Studies Perspectives(2012).

Thompson, Mark. "Delivering Public Value: The BBC and Public Sector Reform." Smith Institute Media Lecture, October 11, 2006. Accessed September 4, 2012, http://www.bbc.co.uk/pressoffice/speeches/stories/thompson_smith.shtml.

Thrift, Nigel. "The Insubstantial Pageant: Producing an Untoward Land." Cultural Geographies 19, no.2(2012):141—168.

Tisdall, Simon. "Libya: Reaction: Britain and France Appear Ever More Isolated as World Opinion Turns Hostile: China, Russia, Germany, Brazil Voice Objections NATO Also Divided as Turkey Block Agreement." The Guardian, March 22, 2011:6.

Todorov, Tzvetan. The Poetics of Prose. Oxford: Blackwell, 1977.

Tomlinson, John. "Global Immediacy." In Cultural Politics in a Global Age: Uncertainty, Solidarity and Innovation, edited by David Held and Henrietta L. Moore. Oxford: Oneworld, 2008.

——. Globalization and Culture. Chicago: University of Chicago Press, 1999.

Traub, James. "Obama Realism May Not Play Well in Cairo Streets." New York Times, May 30, 2009. http://www.nytimes.com/2009/05/31/weekinreview/31traub.html.

Trend. "Iran May Be Willing to Talk on Nuclear Issue, Says EU's Ashton." May 22, 2010. Accessed May 21, 2013, http://en.trend.az/regions/iran/1692278.html.

Turner, Bryan S. "Religious Authority and the New Media." Theory, Culture & Society 24, no. 2 (2007): 117—134. United Nations Security Council. Resolution 1737, S/RES/1737, December 23, 2006. Accessed April 4, 2013, http://www.cfr.org/iran/un-security-council-resolution-1737-iran/p12334.

——. "Security Council Demands Iran Suspend Uranium Enrichment by 31 August, or Face Possible Economic Sanctions." SC/8792, 5500th Meeting (AM), July 31, 2006. Accessed May 21, 2013, http://www.un.org/News/Press/docs/2006/sc8792.doc.htm.

——. SC/10200, 6498th Meeting. Accessed September 1, 2011, http://www.un.org/News/Press/docs/2011/sc10200.doc.htm # Resolution. United States Senate. "A Resolution Strongly Condemning ... Libya." S.Res.85, 112th Cong. (March 1, 2011). Accessed May 1, 2013, http://thomas.loc.gov/cgibin/query/z?c112:S.RES.85. U.S. Department of State. The National Security Strategy of the United States of America. September 2002. Washington, DC: Office of the Executive, 2002. Accessed May 21, 2013, http://www.state.gov/documents/organization/63562.pdf.298.

——. The National Security Strategy of the United States of America. March 2006. Washington, DC: Office of the Executive, 2006. Accessed April 4, 2013, http://www.comw.org/qdr/fulltext/nss2006.pdf.

Van Ham, Peter. Social Power. London: Routledge, 2010.

Walker, Stephen G. "Role Theory and Foreign Policy Analysis: An Evaluation." In Role Theory and Foreign Policy Analysis, edited by Stephen G. Walker. Durham, NC: Duke University Press. 241—259.

Walt, Stephen M. Origins of Alliances. Ithaca, NY: Cornell University Press, 1987.

——. Taming American Power: The Global Response to U.S. Primacy. New York: Norton, 2005.

Waltz, Kenneth N. "The Emerging Structure of International Politics."

International Security 18, no.2(1993):44—79.

———. "Imitations of Multipolarity." In New World Order: Contrasting Theories, edited by Birthe Hansen and Bertel Heurlin. Basingstoke: Palgrave, 2000.

———. Theory of International Politics. Reading, MA: Addison-Wesley, 1979.

———. "Why Iran Should Get the Bomb: Nuclear Balancing Would Mean Stability." Foreign Affairs 91(2012):2.

Weber, Cynthia. "Popular Visual Language as Global Communication: The Remediation of United Airlines Flight 93." Review of International Studies 34, no.1(2008):137—153.

Weber, Steven, and Bruce W. Jentleson. The End of Arrogance: America in the Global Competition of Ideas. Cambridge: Harvard University Press, 2010.

"The Welcome Return of French Diplomacy." Economist, March 20, 2011. Accessed September 1, 2011, http://www.economist.com/blogs/newsbook/2011/03/frances_role_libya.

Weldes, Jutta. "Constructing National Interests." European Journal of International Relations 2, no.3(1996):275—318.

———. Constructing National Interests. Minneapolis, MN: University of Minnesota Press, 1999.

Wendt, Alexander. "Identity and Structural Change in International Politics." In The Return of Culture and Identity in IR Theory, edited by Yosef Lapid and Friedrich Kratochwil. Boulder, CO: Lynne Rienner, 1996. 47—64.

———. Social Theory of International Politics. Cambridge: Cambridge University Press, 1999. 299.

Wibben, Annick. Feminist Security Studies: A Narrative Approach. London: Routledge, 2011.

Williams, Michael J. "(Un)Sustainable Peacebuilding: NATO's Suitability for Post-conflict Reconstruction in Multiactor Environments." Global Governance: A Review of Multilateralism and International Organizations 17, no.1 (2011):115—134.

Williams, Michael C. "What Is the national interest? The Neoconservative

Challenge in IR Theory." European Journal of International Relations 11, no.3 (2005):307—337.

———. "Words, Images, Enemies: Securitization and International Politics." International Studies Quarterly 47, no.4(2003):511—531.

Wittgenstein, Ludwig. Philosophical Investigations. Oxford: Blackwell, 2001.

Wittig, Peter. "Explanation of Vote by Ambassador Wittig on the Security Council Resolution on Libya," March 17, 2011, New York. Accessed September 1, 2011, http://www.new-york-un.diplo.de/Vertretung/newyorkvn/en/_pr/Speeches/PM_2011/20110317_20Explanation_20of_20vote_20-_20Libya.html?archive=2984642.

Wohlforth, William C. "The Stability of a Unipolar World." International Security 24, no.1(1999):5—41.

Wolfers, Arnold. Discord and Collaboration: Essays on International Politics. Baltimore: Johns Hopkins University Press, 1962.

Wolfsfeld, Gadi. Media and the Path to Peace. Cambridge: Cambridge University Press, 2004.

Woodley, Daniel. 2013. "Radical Right Discourse Contra State-Based Authoritarian Populism: Neoliberalism, Identity and Exclusion after the Crisis." In Analysing Fascist Discourse: European Fascism in Talk and Text, edited by Ruth Wodak and John E. Richardson. New York: Routledge, 2013. 17—41.

Wu, Tim. The Master Switch: The Rise and Fall of Information Empires. London: Atlantic Books, 2010.

Yang, Aimei, Anna Klyueva, and Maureen Taylor. "Beyond a Dyadic Approach to Public Diplomacy: Understanding Relationships in a Multipolar World." Public Relations Review 38, no.5(2012):652—664.

Zakaria, Fareed. The Post-American World. New York: Norton, 2008.

Zarakol, Ayşe. "Ontological(In)Security and State Denial of Historical Crimes: Turkey and Japan." International Relations 24, no.1(2010):3—23.

———. After Defeat: How the East Learned to Live with the West. Vol.118. Cambridge: Cambridge University Press, 2010. 300.

Zehfuss, Maja. Constructivism in International Relations: The Politics of Reality. Vol.83. Cambridge: Cambridge University Press, 2002.

图书在版编目(CIP)数据

战略叙事:传播力与新世界秩序/(英)阿利斯特
·米斯基蒙(Alister Miskimmon)等著;孙吉胜等译
.—上海:上海人民出版社,2023
(国际政治语言学译丛/孙吉胜主编)
书名原文:Strategic Narratives:Communication
Power and the New World Order
ISBN 978-7-208-18159-5

Ⅰ.①战⋯ Ⅱ.①阿⋯ ②孙⋯ Ⅲ.①国际关系-研
究②国际政治-研究 Ⅳ.①D81②D5

中国国家版本馆 CIP 数据核字(2023)第 143960 号

责任编辑　王　冲
封扉设计　人马艺术设计·储平

国际政治语言学译丛
战略叙事:传播力与新世界秩序
[英]阿利斯特·米斯基蒙
[英]本·奥洛克林　　　　著
[美]劳拉·罗塞尔
孙吉胜　等 译

出　　版　上海人民出版社
　　　　　(201101　上海市闵行区号景路 159 弄 C 座)
发　　行　上海人民出版社发行中心
印　　刷　苏州工业园区美柯乐制版印务有限责任公司
开　　本　635×965　1/16
印　　张　16
插　　页　4
字　　数　232,000
版　　次　2023 年 12 月第 1 版
印　　次　2024 年 11 月第 2 次印刷
ISBN 978-7-208-18159-5/D·4086
定　　价　78.00 元